手挽銀河水

清季人物、歷史與記憶

Turning the Tide

Historical Actors and Social Memory in Late Qing China

Ronald C. Po
布琮任

目次

學海雖無涯，浪擊岸而止。人之能耐於資源固有限，仍用以追尋無窮之知識，是故治學須務創新，展領域，敢更正，求效應。此即忘年交琮任先生歷年著述之標誌，讀後教採陳料道陳說者汗顏。書名新鮮之々手挽銀河水〻即為此效應之明證。此品質之書稿罕見，出版社必優先刊佈。拉雜數語，不成體統，僅略書心中言云爾。

壬寅年中秋節後五日馬幼垣于
檀島東郊宛珍館

贊語

學海雖無涯，浪擊岸而止。人之能耐與資源固有限，仍用以追尋無窮之知識，是故治學須務創新，展領域，敢更正，求效應。此即忘年交琮任先生歷年著述之標誌，讀後教採陳料道陳說者汗顏。書名新鮮之《手挽銀河水》即為此效應之明證。此品質之書稿罕見，出版社必優先刊佈。拉雜數語，不成體統，僅略書心中言云爾。

壬寅年中秋節後五日馬幼垣於檀島東郊宛珍館

推薦序一

中國歷史在十九世紀中葉之後的一些關鍵面向

李仁淵／中央研究院歷史語言研究所助研究員

布琮任教授的舊作新集《手挽銀河水：清季人物、歷史與記憶》，焦點在清末數位人物：「曾左李」、薛福成、丁日昌與馬士（H. B. Morse）。人物主題在歷史寫作中向來有重要地位。中國傳統史學的主流被認為是帝王將相的歷史，本紀與列傳組成基本敘述。從彰顯個人功業的傳記，到時代稍晚有以重要人物串聯起來的各種歷史，如由大思想家組成的思想史、重要科學家組成的科學革命史、大導演組成的電影史。這樣的書寫模式背後預設的是，推動時代前進的力量是少數偉人的雄才大略，他們的智能、創造與野心。而選擇誰當英雄、強調那些特質，則反映了時代的特色。如在晚清，受到日本明治維新以來偉人傳記的影響，班超、鄭和，以及「虛無黨女傑蘇菲亞」成為傳記主角與作者期許讀者們仿效的對象。

相較於這類偉大敘述，另一種與之並行的人物書寫是知名人物的逸聞趣事。這類邊角小敘事可說是來自《世說》及品評人物的傳統，一度是筆記中的重要類別。在晚清之後由於新媒體引入，簡短有趣的名人軼事正適合放進報章雜誌。從報刊集結的黃濬《花隨人聖盦摭憶》可說是其中翹楚，成為晚清民初人物掌故的經典之作。

隨著歷史學的學科化與社會科學化，強調個人獨特性的人物書寫一度在學術寫作中受到抑制。歷史學者所應該探討的是歷史中的環境生態、物質基礎、社會結構、階級衝突、時代精神等集體因素，而不是在拉抬特定人物及其所代表的性質。傳記或年譜在某些標準下亦不被當成學術著作。然而這樣的方向若推到極端，成為沒有「人」的歷史，也勢必遭到質疑。個人的生命歷程雖然受身處時代所限，但時代沒有把每個人都變得一模一樣。個人在時代限制下的選擇、意志與行動的展現，往往是讓歷史軌跡有不同方向的關鍵所在。

由是近年無論學術與非學術的歷史寫作中，人物又重新被帶了進來。其中一種特別有力的寫法是藉由歷史中較邊緣的人物，從他們的人生經歷中帶出以往歷史大敘述中無法揭示的部分，如Laurel Thatcher Ulrich 寫美國獨立革命後不久新英格蘭鄉村的產婆、Henrietta Harrison 寫改朝換代時的山西鄉紳與馬戛爾尼使華時兩邊的翻譯，以及最近程美寶寫十九世紀珠江口華洋交界一名「不知何許人」的少年。這種寫法得以成立，必須歸功於歷史材料的發掘與運用。無論是檔案、書信與個人日記，這些材料都可讓後來的研究者更接近歷史人物的生命歷程。即使之前已經有許多研究的大人物，在材料的發現與重新檢視，以及研究視角的變化之下，也可以呈現新的歷史意義。

另外這種帶進人物的寫法可以展現出力量的條件之一，往往是這些被書寫的人物處在歷史的變動之中，如時間上的「改朝換代」或空間上的「華洋交界」。在變動之下，個人必須在夾縫中做出許多選擇，無論是新與舊的交替、或是不同政治與文化間的碰撞。而這些選擇都可能讓他或她的生命轉往不可預期的方向。這種不可預期製造出來的戲劇性懸念，就是吸引讀者目光、引導讀者重新思考歷史情境的動力所在。

《手挽銀河水》選擇的人物，無疑是在中國近代史的變動之中。他們一方面因為這些變動與前代人有不同的生命軌跡，而他們個人的作為也成為推進歷史變動的力量。曾左李、薛福成、丁日昌與馬士共同經歷的是十九世紀中葉太平天國及其後清帝國的各種改造運動。這裡的重要背景是清帝國經過內外的頓挫，從地方督撫出發的革新力量主導情勢，而以之為核心的幕府成為有才者施展手腳的場域。經由舉業上升的管道已壅塞多時，而由於地方大員開展各種新事業需要各種能人，諸如薛福成與丁日昌等人才掌握了這樣的機會，投入轉換的輪轍之中。這些新事業所需要的人，固然不與傳統的學問全然斷絕，但同時需要的是接受並轉化新觀念，以及處理實際事務的能力。布琮任教授從他們的言說與作為當中梳理出新舊交接的面向。

這些新事業的觀念與技術很大部分來自海外，除了轉譯的功夫之外，也需要直接來自歐美的人才。一如美亞非洲的新天地，中國也成為歐美年輕人發展生涯的目的地。儘管未必有相關背景，畢業自哈佛學院的馬士和許多年輕人一起被招募到中國工作。從相關的書信資料，布琮任教授可以帶我們回頭看這樣一個年輕人在中國開展事業時所遭遇的情況，諸如同學網絡的重要性，或是概念與工作態度的衝突。在許多來到中國的年輕人當中，馬士顯然做了較多正確的選擇。本書著重的是他前半段在中國的生涯，馬士回到歐美之後，中國經驗加上他本身的天分與勤奮，他對中國錢幣的研究，及所撰寫的三冊《中華帝國國際關係》（*The International Relations of the Chinese Empire*）與五冊《東印度公司中國貿易記事編年，一六三五－一八三四》（*The Chronicles of the East India Company Trading to China, 1635-1834*），讓他成為二十世紀上半葉中國研究的知名學者，並且影響了之後美國中國研究最重要的學者費正清（John K. Fairbank）。而他假借一名中國軍官兼翻譯的視角所寫的太平天國記事《太平之日》（*In the Days of the Taipings*），則又巧合地呼應前述的一些主題。

布琮任教授在本書中回顧的人物，除了第一章的曾左李之外，並不是一般認為的英雄偉人，但也不是邊緣的小人物。在學者眼中並非籍籍無名，但對一般讀者來說或許不太熟悉。這些位在

「中間」的中介人物可以讓我們看到中國歷史在十九世紀中葉之後的一些關鍵面向：傳統學問與外來的思想資源、既有的政治結構與新創發的組織、對社會組成的舊想像與變動的新事實、以往的網絡集結方式與新的網絡、必須引入中國與之直接碰撞的西洋人，以及必須走到西洋受到正面衝擊的中國人。在布琮任教授的筆下，讀者可以發現，主導了書中人物的生涯與際遇的，便是晚清時期這些最關鍵的張力。

推薦序二

歷史書寫與人物歷史之議題的反思

盧正恒／國立陽明交通大學人文社會學系助理教授

距離二〇一九年六月十三日出版的 *The Blue Frontier: Maritime Vision and Power in the Qing Empire* 僅三年、二〇二二年八月十日出版《海不揚波：清代中國與亞洲海洋》一書出版更僅一年；作為教務繁重的大學教授，加上全球因疫情阻隔，布琮任寫作速度，或可媲美他在文中特別談到、讚譽的兩位學者：史景遷與歐陽泰。閱讀那流暢的書寫文筆，我認為這本書在某種程度上，承繼了史景遷、歐陽泰那種從小人物（即使如布琮任自己所述，他們可能在各種人群的眼光中不是小人物、而人物的大或小也是取決於歷史、社會視野之不同）對時代洪流進行觀察。若用一句話來概括這本書——即使不容易簡單地描述這本愈讀愈有滋味的「類論文集」——我會說作者嘗試從三種不同的面向，分別是概念、制度、實務，帶我們重新認識晚清的國家社會、文化潮流，進而思考個體在各種位置上的遭遇和舉措。

初見布琮任，是在二〇二〇年廈門大學舉辦楊國楨教授大壽會議上。我們的共同好友廈門大學陳博翼教授引薦彼此認識，尤其記得他當時說的話：「我一定要介紹你一個人，你們如果這次會議還不認識，那就是我失職了。」當時我正在進行博士論文收尾階段，主要嘗試用幾個類似「人物傳記」來建構「新清史」與「華南研究」對話。另一方面，我也開始規劃畢業後的研究課題，我嘗試重拾我對於海洋史的關懷和興趣，因此萌生了「新清海洋史」這個想法。在該場會議前一年的美國亞洲年會（AAS）上，布琮任與幾位學者共組了一場名為 The New Qing History: A Maritime Approach 的 panel；在這一年，我自己關於滿文海洋地圖的研究也正式出刊。大約在同一時間，我們兩個在地球的兩端，同樣構思出了類似的觀點——但我必須強調，布琮任才是第一位提出這個有意義課題的第一人，雖然他稱之為「海上新清史」而我在其基礎上稱之為「新清海洋史」。我們的友誼自此展開，因為疫情、也身處不同地區，但我們常常通過網路聊天、談論各種課題，通宵達旦。

相較於布琮任已經有了豐富的教書經驗，正如他在這本書和《海不揚波》中所提過，教學時往往會因此累積不少有趣的問題意識，在此書中就是：歷史人物研究的重要性。雖然布琮任稱此書為一本論文集，許多學者往往會把過往研究成果累積起來結集成冊，但如何在興趣廣泛的各種單篇論文中發現一個貫穿的問題意識是相當困難的。記得在修讀碩士時期，當時正值懵懂與疑惑的我，在與一位學養豐富的同學聊天時，他告訴我每一個人在學術研究的過程中都有一個關心的核心議題。當時的我仍然不知道我關心的是什麼。相反地，布琮任其過去十餘年的成果，雖然他個人似乎認為是不知不覺中發現了一個關鍵的議題、存在連結和一個脈絡，來呈現過去研究旨趣的階段性紀錄，從而進行探索。實際上，我認為他心中本來就存在一個連貫的課題，從人物來理解清代歷史。

一如他在文章中所說「人物研究便是歷史的基礎」，過往中國歷史書寫中就有著「列傳」、「人物志」等篇章。歷史研究的課題下，我們可以發現布琮任的研究結合最新和最傳統兩種明確、矛盾卻不衝突的面向。他利用觀察新文化史強調的小人物之研究，通過由下而上作歷史觀察；同時，他也注意到那些在民族國家創建過程中，有關「民族英雄」建構之討論。研究方法上，他使用蒐羅大規模文字資料的各種電子資料庫，通過新時代方法，配合更加仔細的考證功力，展現更宏觀的人物歷史研究之視野。書寫上，我們也可以看到布琮任的引經據典、旁徵博引，觀察一種歷史書寫與人物歷史的議題之反思。

與其說這本書是考證歷史人物的個人傳記，不如說布琮任是用歷史人物為中心、為引子，觀察大時空背景下面臨「轉變」的各種觀察，諸如太平天國、辛亥革命、自強運動等都是這個特殊時代的轉變。我可以大概將這本書分成三個層次，首先是「轉變」——甚至可以誇張地說「鼎革」——下，一個「概念」如何被改變和理解，諸如晚清、民初時人對「曾左李」概念的認識；薛福成在接觸西方社會後對於既有「四民」的理解和「新四民」想法之倡議；馬士在幕僚帳下、臺灣的生活也都觸及概念、身分認同的選擇和面對中國官僚文化之衝擊與反應。第二個層次則是制度上的觀察，包括漢人、洋人在幕僚體制下的活動；這種脫離正式官員，卻又扮演舉足輕重建言、實務推動身分，甚至得以在未來脫離幕僚身分成為封疆大吏的過程。最後一個面向則是中西交流下如何務實推動，在最後兩章，布琮任討論了馬相伯、馬建忠兄弟在幕僚的身分，以及如何延伸到後續的洋務運動扮演之角色。還有丁日昌作為幕僚的觀察和生活，對於曾國藩、李鴻章提供的建議。

我並不是研究書中這些人物的專家，嚴格說來，我對於他們的熟悉是來自幾位重要作者、歷史課本、還有布琮任這本書。不過，我也曾經是一位探索人物歷史的工作者，我嘗試理解和認識十七世紀鄭氏家族各個人物，無論他們舉足輕重如鄭成功，或是被歷史忽略到不知姓名者，對我來說他們都受到歷史、環境、制度所影響，同樣的他們的一顰一笑也對歷史產生蝴蝶效應的衝擊。正如許雪姬、黃富三等臺灣史重要的學者近年來亦強調歷史人物之研究，我相信我們並非在書寫〈××列傳〉，但卻是通過他們的眼睛看到一個更龐大、揉雜過的歷史空間。

Ron（我如是稱呼布琮任教授），有著顯著的英倫紳士的翩翩風采，骨子裡卻有著傳統儒學的文采和學養，好似書中所談論的那些身處中西交流重要時刻的人物般，我推薦讀者從Ron的筆下、眼中，看過去晚清歷史。

序　論

有關歷史人物研究的幾個問題

或許因為網路資訊急速膨脹的關係，每當我們遇到一個不太熟悉的歷史角色，很自然便會先去谷歌、維基，又或者百度一下。從按下搜索鍵的一瞬間，不消幾分鐘，便可以簡單掌握他或她的生命歷程、個人成就、以至各種豐功偉業；如此一來，特別是年青的一代，自然不用依賴書架上的傳記文獻，或是由後人所編撰的傳記辭典。[1]久而久之，以人物為出發點的歷史研究也好像沒有太大的吸引力。除非他是一個舉足輕重，甚至是家喻戶曉的時代傳奇，諸如乾隆皇帝（一七一一－一七九九）、李鴻章（一八二三－一九〇一）、梁啟超（一八七三－一九二九）、秋瑾（一八七五－一九〇七）、蔣介石（一八八七－一九七五）、宋慶齡（一八九三－一九八一），否則便很難找到適合的出版市場和閱讀群組。資訊發達當然是一件令人快慰，且對研究大有助益的樂事，但在這個資訊氾濫的大時代，我們也開始發現「假消息」和「偽證據」充斥的現象；網路世界的結構亦因此變得複雜紛繁，讀者或會感到困惑，難以判定資料來源的真假，其中更遑論它有被過濾或修改的可能。

更嚴重的是，根據我的經驗，有些學生甚至不認為網路資訊會有機會出錯。他們在撰寫論文的時候，總會不自覺地植入從網路上所取得的資料，不經查考，全文載錄或引徵。我覺得這種閱讀和寫作習慣，很可能會釀成一系列的毛病。最簡單的例子，就是處理人物生卒年的問題。中外歷史上同名同姓的人物比比皆是，特別在歐美世界，可以說是一點也不稀奇。比如與臺灣有深厚淵源的 William Pickering（必麒麟，一八四〇－一九〇七），在十九世紀的倫敦和波士頓，便可以找到兩位姓名相同的作家和學者。[2]至於西晉初年的李密（二二四－二八七）與隋末唐初的李密（五八二－六一九）、漢朝大司馬衛青（？－前一〇六）和明仁宗時代的衛青（？－一四三六）、唐代的王圭（五七一－六三九）與北宋的王圭（一〇一九－一〇八五）、清中葉的李鴻賓

---

1 說起傳記叢書，有興趣的讀者可以參考由周駿富編修的《明代傳記叢刊》（臺北：明文書局，一九九一）與《清代傳記叢刊》（臺北：明文書局，一九八六），安徽師範大學「歷史人物傳記選注」編寫組輯錄的《歷史人物傳記選注》（蕪湖：安徽師範大學，一九七六），邵延淼的《古今中外人物傳記指南錄》（南京：江蘇教育出版社，一九九〇），馮爾康的《清代人物傳記史料研究》（北京：商務印書館，二〇〇〇），王思治、李鴻彬主編的《清代人物傳稿》（北京：中華書局，一九九五），以及下列這些英文著作：Arthur W. Hummel, *Eminent Chinese of the Ch'ing Period, 1644-1912* (Washington: United States Government Printing Office, 1943); L. Carrington Goodrich, Zhaoying Fang (eds.), *Dictionary of Ming Biography, 1368-1644* (New York: Columbia University Press, 1976); Lily Xiao Hong Lee, Sue Wiles (eds.), *Biographical Dictionary of Chinese Women: Tang through Ming, 618-1644* (New York: M.E. Sharpe, 2014); Lily Xiao Hong Lee, Agnes D. Stefanowska, Clara Wing-chung Ho (eds.), *Biographical Dictionary of Chinese Women: The Qing Period, 1644-1911* (New York: M.E. Sharpe, 1998); Kerry Brown, *The Berkshire Dictionary of Chinese Biography* (Oxford: Oxford University Press, 2014). 礙於篇幅，在這裡只能列舉這十一個例子，但在書末的〈延伸閱讀〉，將會附載一個更詳盡的書目，以便大家檢稽。

2 例如在倫敦出版界非常活躍的 William Pickering（1786-1854），以及美籍天文學家 William Pickering（1858-1938），都是十九、二十世紀同名同姓的歷史人物。

（一七六七—一八四六）和清末駐義大利大臣李鴻賓，很明顯，他們都是生於不同時空的歷史人物。但有時候，我們可能因為過分依賴網路資料，便無暇去查核正確的生卒年月了。[3]另一方面，網上資訊也會出現一些讓人尷尬的手民之誤。例如把李鴻章寫成李鴻藻（一八二〇—一八九七），丁日昌（一八二三—一八八二）錯載為丁汝昌（一八三六—一八九五）。當然，這些錯謬絕不局限於網上世界，我們撰寫文稿，確實很難全然避免這些差錯；但相對於一些不經審查，便可以隨手發表的網路文章而言，在專業期刊或出版社刊載的，普遍來說，在勘誤方面也相對謹慎和嚴格一點。不過，我在這裡帶出這些議題，並不是執意去比較在不同平臺發表文章的出錯機率，我只希望帶出一個觀察，就是網路資訊來得方便，可不代表它一定來得精準。

如是者，在網路世界之外，以歷史人物為基礎的專業考究，依舊存具相當的價值和重要性。不過，我所指的人物考察，並不只是平鋪直敘的史實陳述與史料排比。這門研究的目的，在於透過歷史人物的心路歷程與思想行為，剖析他們與地區、家國、甚至是宏觀時局之間的互動與連結。透過他們的經歷、著述、成敗、得失，從而啟發我們對歷史變易、人類進程、以至動植物世界、自然環境等客觀處境的理解和求索。余英時（一九三〇—二〇二一）的《歷史人物與文化危機》，陳學霖（一九三八—二〇一一）的《明代人物與傳說》，張玉法的《近代變局中的歷史人物》，戴逸的《清代人物研究》，何冠彪的《明清人物與著述》，以及蘇同炳的《清代史事與人物》，都是這方面的代表作品。[4]

事實上，在這些著作面世之前，國學大師錢穆（一八九五－一九九〇）早於一九六〇年，在其《中國歷史研究法》一書，解讀〈如何研究中國歷史人物〉這專題。他在文章開宗明義：

歷史是人事的紀錄，必是先有了人才有歷史的。但不一定有人必會有歷史，定要在人中有少數人能來創造歷史。又且創造了歷史，也不一定能繼續綿延的，定要不斷有人來維持這歷史，使他承續不絕。[5]

3 有關歷史人物生卒年月的問題，讀者大可參考以下這幾部年表：姜亮夫，《歷代人物年里碑傳綜表》（臺北：文史哲出版社，一九八五）；吳海林，李延沛（編），《中國歷史人物生卒年表》（哈爾濱：黑龍江人民出版社，一九八一）；梁廷燦、于士雄（編），《歷代名人生卒年表》（北京：北京圖書館出版社，二〇〇二）；江慶柏，《清代人物生卒年表》（北京：人民文學出版社，二〇〇五）。

4 余英時，《歷史人物與文化危機（三版）》（臺北：三民書局，二〇二〇）；陳學霖，《明代人物與傳說》（香港：香港中文大學出版社，一九九七）；張玉法，《近代變局中的歷史人物》（北京：九州出版社，二〇一九）；戴逸，《清代人物研究》（北京：故宮出版社，二〇一四）；何冠彪，《明清人物與著述》（臺北：臺灣商務印書館，一九八五）；蘇同炳，《清代史事與人物》（臺北：臺灣商務印書館，一九九六）。

5 錢穆，《中國歷史研究法》（北京：新華書店，二〇〇一），頁九三。

按照錢穆的說法，歷史基本上就是以人為本的故事和編寫；換言之，人物研究便是歷史的基礎，是故傳統中國早有〈列傳〉、〈人物志〉記史的體例。[6]這個邏輯合情合理，相信亦不難理解。

不過，錢穆在這裡還有一個挺有意思的諦視：強調歷史是由人類所書寫和「創造」而來；至於「創造歷史之人」，大多是群體中出類拔萃的少數，他們或許是帝王將相、亦有可能是領導潮流的思想巨擘或學人智者，是平凡中的不平凡。如果沒有他們的推動、貢獻與參與，歷史是沒有辦法被「創造」出來的。所以，錢穆認為「研究歷史，首先要懂得人，尤其需要懂得少數的歷史人物。如其不懂得人，不懂得歷史人物，亦即無法研究歷史。」[7]無獨有偶，我們熟悉的一代思想家梁啟超也曾經表示，人類的歷史實際上就是一部英雄史：

> 凡真能創造歷史的人，就要仔細研究他，替他作很詳盡的傳。而且不但留心他的大事，即小事亦當注意。大事看環境、社會、風俗、時代；小事看性格、家世、地方、嗜好、平常的言語行動，乃至小端末節，概不放鬆。最要緊的是看歷史人物為什麼有那種力量。[8]

很明顯，這是一種菁英主義（elitism）的取徑，從現實主義出發去闡釋世局的更迭和發展。倘若我們參照義大利政治學家莫斯卡（Gaetano Mosca, 1858-1941）、美國史學家魯賓遜（James

Harvey Robinson, 1863-1936）等人的剖析，梁啟超與錢穆的觀點，亦可算是一種「由上而下」（history from above）去俯瞰歷史的角度與立場。[9]

錢穆所言及的「創造」，在我看來，箇中還有一層理論涵義。歷史不僅關乎人的歷史，它其實也是由一群歷史學家所構建、模塑、「創造」出來的歷史，附載著一定的文化估量和主觀判斷。十八世紀的歷史學家維柯（Giambattista Vico, 1668-1744），便嘗以「心界」（world of minds）、「自然界」（world of nature）、「外知識」（outer knowledge）和「內知識」（inner knowledge）四大概念，分析人類社會的行為、樂利與關懷。[10]所謂「心界」和「內知識」，實

6 〈列傳〉首推司馬遷的《史記》，而〈人物志〉則非曹魏劉邵所著的《人物志》莫屬。

7 同上註，頁九三－九四。

8 梁啟超，《中國歷史研究法》（長沙：湖南人民出版社，二〇一〇），頁一四七。

9 魯賓遜與莫斯卡的代表作品，可參James Harvey Robinson, *The New History－Essays Illustrating the Modern Historical Outlook* (New York: The Macmillan Company, 1912) 與Gaetano Mosca; Hannah D. Kahn (trans.), *The Ruling Class [Elementi di Scienza Politica]* (New York and London: McGraw-Hill Book Company, Inc., 1939).

10 Giambattista Vico, *Thomas Goddard Bergin and Max Harold Fisch (trans.), The New Science of Giambattista Vico* (Ithaca and London: Cornell University Press, 1970).

則包括人文思想、宗教制度在內的社會科學；至於「自然界」與「外知識」，便是社會科學以外的一種「客體」，由一系列「歷史事實」拼湊出來。值得注意的是，這裡所言及的「事實」，不一定每每來得客觀，它們大有可能涉及記事者的價值研判，且受其成長、生活、文化和工作背景所影響。簡單而言，在客體之中所存在的「事實」，實際上是一種從「心界」所衍生而至的主體性。換句話說，所謂客觀的知識與紀錄，無非是一種主觀建構，它可以是個別群組對相關事件的陳述，而後陶染不同的社會圈子與群組。

如果我們參考維柯的說法，歷史學家便是主導我們「心界」認知的一群創造者，負責飾選、築建，甚至是「合理化」普羅大眾所認知的史實。[11]推而論之，後現代主義者（post-modernist）諸如漢斯柯爾納（Hans Kellner）、安克斯密特（Frank Ankersmit）之所以對歷史學的本質大肆抨擊，大概就是源於他們認為歷史記載只是一本又一本帶有史家立場的作品，與文學、小說等文本創作並無二致。[12]按照海登．懷特（Hayden White, 1928-2018）的說法，歷史文本只是一種埋藏於史學家「內心深處的想像性建構，而這種建構總是有意無意地遵循著一個時代特有的深層結構」[13]。

偶合湊巧，梁啟超也曾經揚言，中國歷朝的二十四史，歸根究柢，也不過是古今帝王將相的「家譜」；[14]然則我們一直信奉的官修正史，亦只是為國家服務的文獻紀錄，是一部部偏頗政權、逢迎君上的作品。梁任公當然不是後現代主義者，但他卻成功帶出一個問題，指示我們所認識的官方歷史，在一定的程度上，無非一段被「創造」出來的偏頗敘述；與此同時，它也是一個

11 順帶一提，如果按照保羅．利科（Paul Ricoeur）、格利高里．斯密斯（Gregory Smith）等人的觀點，讀者本身也在創造歷史；因為他們大多自覺或不自覺地將自己的期望，投射和寄託在所閱讀的作品當中，且以自身的認知，去理解和解釋作品的大意和內容。如是者，讀者與作者的位置便好像被顛倒過來，後者的權威性不復存在，「正式死亡」。這個過程便是後現代史學家曾經提出的「作者已死」。詳參 Paul Ricoeur; John B. Thompson (trans.), *Hermeneutics and the Human Sciences: Essays on Language, Action and Interpretation* (Cambridge: Cambridge University Press, 1981); Gregory Smith, *Nietzsche, Heidegger and the Transition to Postmodernity* (Chicago: University of Chicago Press, 1996), pp. 175-280.

12 Hans Kellner, *Language and Historical Representation: Getting the Story Crooked* (Madison: University of Wisconsin Press, 1989), pp. 127-137; Frank Ankersmit, "Historiography and Postmodernism," *History and Theory*, vol. 28 no. 2 (1989), pp. 137-153.

13 對懷特與「後現代史學」有興趣的讀者，可以參考海登．懷特（著），張萬娟、陳永國（譯／編），《後現代歷史敘事學》（北京：中國社會科學院出版，二〇〇三）。上述引文便是轉自此書的內容簡介而來。除此之外，王晴佳與古偉瀛也曾就後現代史學的源起、發展與中心思想作出詳實的分析，見他們的《現代與歷史學：中西比較》（濟南：山東大學出版社，二〇〇六）。

14 全文為「二十四史非史也，二十四姓之家譜而已。」見梁啟超，〈新史學〉，載其《飲冰室合集》（北京：中華書局，一九八九），〈文集之九〉，頁三。梁氏這段引文流傳甚廣，多年來被史學家反覆引用與討論。

涉及政治博奕、「話語權誰屬」的大議題。事實上，歷史筆錄既然出自史家之手，讀者質疑史家是否客觀，並非沒有緣故。所以「疑史」的風潮，絕不始於清末民初，眼觀古今中外，早已有之。話說至此，歷史研究好像再沒有什麼公信力。我們所接收的歷史記載，彷彿流於一段被塑造出來的歷史記憶，既不全面，亦不準確；所記必有走漏，所書也未必如實，是故宋人孫甫（九九八－一〇五七）便有云：「為史者難乎具載也」。[15]然而，歷史的精神果真如此嗎？即便我們素有「文史不分」的論調，但史學家與文學家，在本質上真的沒有任何分別嗎？[16]

儘管後現代史學的觀點曾經洛陽紙貴，風頭一時無兩，但它依舊沒有完全把史學作為一門人文學科的位置連根拔起。究其原因，無非由於傳統史學，不論東西，終究有它的研究法則、學術道德與存在意義。縱然歷史是由人所創造，由史學家所書寫，而部分記事者或在上者也會刻意竄改史實，但歷史學自中世紀以來，畢竟有一種獨立自主的原則和堅持；至於歷史的良窳，到底有其繩墨可循。所以歐陽修（一〇〇七－一〇七二）會強調春秋筆法的「一字褒貶」，[17]鄭樵（一一〇四－一一六二）則有「修書（即修史）之人必能文，能文之人未必能修書」[18]的觀察，而章學誠（一七三八－一八〇一）也有史才，史學，史識，史德的討論；[19]另一邊廂，西方史學自十九世紀工業革命之後，更加出現「學院化」、「專業化」與「獨立化」的進程，據守「不為政教服務，不屑淪為權貴餘興」的走向。[20]或許這就是歷史學與文學創作沒有完全合二為一的原因。即使歷史不一定能夠建構百分百的真相，無法絕對客觀（objectivity），但至少可以合乎情理（plausibility），爭取到「直未必盡」的境界。[21]有關這一點，我相信錢穆先生大致上也會認同的。

話說回來，針對中國自古以來的歷史人物，錢穆把他們歸類為「盛世人物」、「亂世人物」、「得志人物」、「失敗人物」與「有表現」、「沒甚表現」的歷史角色。錢氏的分類

15 孫甫語，〈唐史論斷〉，收入紀昀等總纂《文淵閣四庫全書》（臺北：臺灣商務印書館，一九八三），冊六八五，頁六四五。

16 有關「文史不分家」的討論，讀者可以參考熊湘，〈史家看文人：文史關係下的身分認同及批評意義〉，《中南大學學報》，第二十五卷第三期，二〇一九年五月，頁一六〇－一六七。

17 瞿林東，《中國史學史綱》（臺北：五南圖書公司，二〇〇二），頁四五三。

18 鄭樵，《鄭樵文集》（北京：書目文獻出版社，一九九二），〈上宰相書〉，頁三七。

19 章學誠，《文史通義》（道光壬辰年版），卷三，〈內篇三〉，〈史德〉，葉一上－三下。

20 引文見汪榮祖，〈新時代的歷史話語權問題〉，《國際漢學》，卷十五，二〇一八年第二期，頁九－一〇。至於相關討論，讀者也可以參考劉龍心，《學術與制度：學科體制與現代中國史學的建立》（臺北：遠流出版公司，二〇〇二）。

21 有關「絕對客觀」、「合情合理」、「直未必盡」的說法，均可見汪榮祖，〈記憶與歷史：葉赫那拉氏個案論述〉，《近代史研究集刊》，第六十四期，二〇〇九年六月，頁二〇。

宏闊，基本上已網羅歷史上大部分的人傑英才。而這六種分類，都是存在一定正反關係的，譬如「盛世」與「亂世」之分；「得志」與「失意」之別。我們一般也會認為，盛世滋生人丁，河清海晏，所以在這段期間的「得志人物」，理應較衰亂之世為多；然而，錢穆卻不太認同這種說法。他在文中清楚指出，生於亂世，且對歷史發生作用和影響的有識之士，往往較治平隆盛之世的更為得志，更有機會發揮所長。余英時也曾經表示，「王綱解紐」往往會帶來思想上的解放，從而形成人才輩出的局面。[22]如果我的觀察沒有大錯，這些想法大概就是「英雄造時勢，時勢造英雄」的思路邏輯。

事實上，錢穆與余英時的看法並非沒有道理。比如滿清一朝，自嘉道以來，由於貪腐問題與各種內憂外患，國勢江河日下，社稷危如累卵，如果不是中興名臣諸如曾國藩（一八一一－一八七二）、左宗棠（一八一二－一八八五）、李鴻章等人力挽狂瀾，清室的統治在太平天國席捲江南之際，恐怕已經是岌岌可危，回天乏術。另一方面，我們卻不能否認，如果不是十九世紀這個「千年未有之變局」，[23]這批中興漢臣也難以施展他們的渾身解數，躍身成為舉足輕重的國家棟梁；而滿洲政府或許亦不會考慮下放權力，促令以漢人將帥為核心的地方勢力得以抬頭。很明顯，曾、左、李等人的冒起，與清代國勢的衰微息息相關；進而言之，時局形勢與英雄人物之間，無疑存在著一種相輔而行的扣連，其中關係相互替變，並且錯綜複雜。

不過，所謂「亂世造英雄」的邏輯，箇中也有它的學術盲點。首先，亂世英雄輩出，是否代表盛世鮮有人傑？這當然是一個有欠嚴謹的推理；[24]至於「中國歷史人物，似乎衰亂世更多過了治盛世」，[25]這論證也值得我們多加斟酌。實際上，我們不時會有一種閱讀習慣，就是偏好時勢紛亂、危機重重的歷史；同樣地，就我個人的觀察，治史者也比較喜歡探詢促令時局急轉直下、由盛轉衰的轉捩點或分水嶺。就以關注清朝歷史的著作為例，自上世紀五〇年代伊始，學者諸如芮瑪麗（Mary C. Wright, 1917-1970）、羅林森（John L. Rawlinson, 1920-2009）、費正

22 引文見余英時，《歷史人物與文化危機》（臺北：三民書局，二〇一一年三版），頁二七二－二七三。

23 「三千餘年一大變局」一句，出自李鴻章於同治十一年五月的〈復議製造輪船未可裁撤折〉，現節錄如下：「臣竊惟歐洲諸國，百十年來，由印度而南洋，由南洋而中國，闖入邊界腹地，凡前史所未載，亙古所未通，無不款關而求互市。我皇上如天之度，概與立約通商，以牢籠之，合地球東西南朔九萬里之遙，胥聚於中國，此三千餘年一大變局也。」至於「數千年未有之變局」一語，則可見於李氏在光緒元年上奏的〈因臺灣事變籌畫海防折〉：「歷代備邊，多在西北。其強弱之勢、主客之形，皆適相埒，且猶有中外界限。今則東南海疆萬餘里，各國通商傳教，來往自如，麇集京師及各省腹地，陽托和好之名，陰懷吞噬之計，一國生事，數國構煽，實為數千年未有之變局。」

24 梁啟超便曾經有言「惟亂世乃有英雄，而平世則無英雄」（見其《李鴻章傳》，頁三二），不過梁氏的觀察自有他的時代限制，在此先不具論。

25 錢穆，《中國歷史研究法》，頁九五。

清（John King Fairbank, 1907-1991）、鄧嗣禹（一九〇六－一九八八）、郭廷以（一九〇四－一九七五）、王爾敏、張朋園、艾爾曼（Benjamin A. Elman）、藍詩玲（Julia Lovell）、裴士鋒（Stephen R. Platt）等人，也曾對十九世紀鴉片戰爭之後，由於西力衝擊，中國有沒有經歷現代化的一段歷史大書特書；[26]反觀聚焦十八世紀康乾盛世的史學著述，在出版數量方面顯然有所不及。[27]另一個例子，就是以明清交接為時代背景所衍生的各式論述，在中外學界也是相對風行。至於十六世紀的其他時期，即便是黃仁宇（一九一八－二〇〇〇）的經典傑作《萬曆十五年》，英文書題為「一個沒有重大意義的年份：一五八七年」（*1587, A Year of No Significance: The Ming Dynasty in Decline*），也非旨在訴說盛世了無大事的歷史，而是利用一個看似天下盛平的時代為切點，分析明朝逐漸步向滅亡的成因和過程。[28]

雖說題材的取捨，多少與個人興趣與喜好有關，但我們必須承認，有關紛亂之世的歷史研究，就出版數量的統計來說，的確較得作者與讀者的青睞。這種閱讀與研究傾向，其實也沒有什麼問題，但我們卻要留意，即便在所謂的「聖明極盛之世」，[29]亦不代表英雄人物會比衰亂之世少，而在貌似國泰民安之時，也非等同無事可記、沒有值得我們關注的歷史變易。我的推論很簡單，要維持一個國家的安穩，並不一定較在亂世中突圍而出容易；所以李世民（五九八－六四九）會有「創業難，守業更難」的感慨。而以「長十八世紀」的康、雍、乾時代為例，我們一向習慣稱之為「康乾盛世」，但要撐持這個盛世，除了憑藉君主的雄才偉略、知人善任之外，在上者也要仰賴一群股肱名臣的盡心戮力。康雍年間的張廷玉（一六七二－一七五五）、馬齊（一

26 上引學者都是著作等身的史學名家，現僅列舉他們的部分作品，以饗讀者：Mary C. Wright, *The Last Stand of Chinese Conservatism: The T'ung Chih Restoration, 1862-1874* (Stanford: Stanford University Press, 1957); John L. Rawlinson, *China's Struggle for Naval Development, 1839-1895* (Cambridge, Mass.: Harvard University Press, 1967); John King Fairbank and Têng Ssu-yü, *China's Response to the West: A Documentary Survey, 1839-1923* (Cambridge, Mass.: Harvard University Press, 1979)；郭廷以，《近代中國的變局》（臺北：聯經出版公司，一九八七）；王爾敏，《清季兵工業的興起》（桂林：廣西師範大學出版社，二〇〇九）；張朋園，《知識分子與近代中國的現代化》（南昌：百花洲文藝出版社，二〇〇二）；Benjamin A. Elman, *On Their Own Terms: Science in China, 1550-1900* (Cambridge, Mass.: Harvard University Press, 2005); Julia Lovell, *The Opium War: Drugs, Dreams and the Making of China* (London: Picador, 2011); Stephen Platt, *Autumn in the Heavenly Kingdom: China, the West, and the Epic Story of the Taiping Civil War* (London: Atlantic Books, 2012).

27 此處並非表示十八世紀的歷史無人問津，事實上，特別在上世紀八〇年代之後，以十八世紀中國為主題的研究，可謂推陳出新，中外如是，有關這一點，本書在〈延伸閱讀〉將會向讀者再作介紹。

28 Ray Huang, *1587, A Year of No Significance: The Ming Dynasty in Decline* (New Haven and London: Yale University Press, 1981).

29 「聖明極盛之世」語出宋應星的《天工開物》；研究明清史經年的徐泓，最近便以此句為題，出版《聖明極盛之世？：明清社會史論集》（臺北：聯經出版公司，二〇二一）。

六五二－一七三九）、藍廷珍（一六四四－一七三〇）、田文鏡（一六六二－一七三三）、李衛（一六八八－一七三八）、岳鍾琪（一六八八－一七五四）等人，便是力竭所能，扶匡國家社稷的表表例子。如果沒有他們的鞠躬盡瘁，這個「輝煌盛世」是無法傲然挺立的。

當然，稍有關注清史研究的朋友也應該知道，近年來已有不少專家學者陸續指出，「康乾盛世」基本上是虛有其表、名不副實。[30]嚴格來說，自康熙五十年之後，清廷的隱憂已經逐漸浮現：朋黨相爭、貧富不均、人口壓力、農耕失收等問題接踵而來，若非雍正皇帝推行新政、改革流弊，乾隆早期的政經格局，基本上也是難以維持。但可惜的是，即便經歷了雍正年間的勵精圖治，在步入乾隆中葉之後，由於邊疆戰事連連、人口爆炸、田產不勝負荷，再加上和珅（一七五〇－一七九九）集團的變本加厲，十八世紀後期的滿清王朝實際上是民力凋敝、官吏驕橫、外強中乾、千瘡百孔。易言之，所謂歌舞昇平、文恬武嬉的浮華盛世，亦只不過是一個過甚其詞的虛幻「假象」。[31]

說到「康乾盛世」，我在另一部著作中曾經表示，所謂「盛世」不「盛世」，無非是在治亂興衰的週期框架內，一個透過相互比較所得出來的概念而已。[32]打個比喻，相對十九世紀的清帝國，十八世紀的康、雍、乾政府無疑相對穩定，至少我們沒有看到列強環伺進逼，忍痛割地賠款的「百年國恥」。不過，十八世紀看似「盛世」，但卻不代表這是一個平穩而無大事的年代。

研究嘉慶一朝的羅威廉（William Rowe）、王文生（Wensheng Wang）、倪玉平、張國驥等人早已指出，乾隆中葉以來的結構性問題，便是嘉道以後官僚體系崩壞、稅收制度滯濟、南北漕運破損、中央與地方管治失衡，國家走向中衰的癥結；然則我們在分析十九世紀的國道「中落」時，斷不能只著眼於嘉、道、咸、同的衰敗。[33]由此可見，有關「盛世」與「亂世」的分類，其實可以再複雜一點。換個角度來說，「盛世」也可以有「亂世」的問題，它既可以是「亂世之源」，亦有機會是「亂世之始」；至於「亂世」之中，也可以有中興、改革、維新的契機，猶如「盛世之源」。如是者，倘若「盛世」與「亂世」的分類如此多變，有關「盛世」英雄人物每每較「亂世」為多的論斷，自然需要作出適度的修正和評估。

---

30 張宏杰，《飢餓的盛世：乾隆時代的得與失》（臺北：廣場出版，二〇一五）。

31 余英時，《歷史人物與文化危機》，頁四。

32 布琮任，《海不揚波：清代中國與亞洲海洋》（臺北：時報出版，二〇二一），頁一一九－一二〇。

33 參 William Rowe, *Speaking of Profit: Bao Shichen and Reform in Nineteenth-Century China* (Cambridge, Mass.: Harvard University Press, 2018); Wensheng Wang, *White Lotus Rebels and South China Pirates: Crisis and Reform in the Qing Empire* (Cambridge, Mass.: Harvard University Press, 2014)；張國驥，《清嘉慶道光時期政治危機研究》（長沙：嶽麓書社，二〇一二）；倪玉平，《清代嘉道財政與社會》（北京：商務印書館，二〇一三）。

除此之外，錢穆的〈如何研究中國歷史人物〉，是以「英雄人物」為重心的。在五、六〇年代的學術氛圍、文化史未及流行之際，這種取徑自然可以理解；有趣的是，他在文中特意指出，在歷史上遭遇失敗的菁英人物，往往較「凡屬成功」的角色「更顯突出」、更具價值。他之所以有此結論，是因為失意之人即使在事業上未及圓滿，但卻反倒會把他們的真實性情表露出來。他在文中便以衛青、霍去病（公元前一四〇－公元前一一七）、李靖（五七一－六四九）、李勣（五九四－六六九）、岳飛（一一〇三－一一四二）、史可法（一六〇二－一六四五）等英雄豪傑的人生際遇，配合他的觀點作出以下詮釋：

> 衛青、霍去病、李靖、李勣諸人之成功，只表現在事業上，事業表現即代表了其人。我們可以說，衛、霍、二李，其人與其事業，價值若相等。但岳飛、史可法諸人，因為他們的事業失敗了，故其事業不能代表其人，最多只代表了其人之一部分，而此等人物之整體性，則遠超乎其事業之外。我們看衛、霍、二李，只見他們擊匈奴、敗突厥，覺得他們的事到此而止了。因而其人物之本身價值，反不見有什麼突出性。但我們看那些失敗英雄時，此等人物乃被其所努力之事業拋棄在外，因而其全心全人格反而感得特別突出。宋儒陸象山曾說：人不可依草附木。一有依附，其人格價值便不會出色。縱使依附於事業，也一樣如此。失敗英

雄，因無事業可依附，而更見出色。[34]

錢穆的看法，大抵是在說明，於人生低潮而不失本性的英雄人物，其歷史價值更為可貴，歷史形象更為完整。依照這一思路，孫臏（公元前三八二－公元前三一六）的韜光養晦、句踐（？－公元前四六四年）的臥薪嘗膽，大概就是他們在歷史上「更顯突出」的原因之一。[35]錢穆這觀點大致和他對「亂世出英豪」的理解相輔相成；而他對「英雄」的定義，很明顯，是以獨具軍事才能的名帥大將為討論焦點。衛、霍、二李，再加上岳飛和史可法，都是在沙場上屢見軍功的良將豪傑；由於他們的軍事將才，在錢穆眼中，絕對足以成為「照耀後世」的顯赫人物。雖然錢氏也曾以周公和孔子（公元前五五一－公元前四七九）作例，但綜觀其文，他對智勇兼備的將帥良才，還是較為鍾情和偏好的。

---

34 錢穆，《中國歷史研究法》，頁一〇〇。

35 順帶一提，史學家柯文（Paul A. Cohen）便曾以句踐忍辱負重的英雄故事為主線，揭示二十世紀中國與這段歷史傳承的微妙關係，箇中涉及各種屈辱、自強、歷史記憶、思想改造的討論，十分精彩。詳參他的 *Speaking to History: The Story of King Goujian in Twentieth-Century China* (Berkeley: University of California Press, 2009).

持平而論，在沙場上馳騁縱橫的名宿大將，因為軍功卓越位列英雄人物，無疑是傳統知識人界定英雄豪傑的一項準則。「三不朽」中有關「立功」的價值命題，往往也與軍事上的戰功赫赫有關。由此觀之，我們大可以把它視為一種史學書寫的偏向，中外如是。[36]不過，我只想藉此補充一點：不論是東方抑或西方世界，那些享譽軍功的良將英才，除了因其行軍布陣精妙、保家衛國的形象鮮明之外，他們在歷史上得以人所共知，其實也與一個「民族英雄」被建構和塑造的過程有關。[37]這與我在上文提到「史家創造歷史」的現象，基本上是類近相同。這種建構過程，對於我們解讀歷史上的英雄人物，不時會產生多重深遠的影響。有關英雄崇拜、建構傳說這方面，中外學者已經有非常深入的探討，[38]本書的第一章〈「柔順也，安分也？」：「曾左李」的由來與內容涵義之演變〉，也會就此多談一點；然而，我在這裡特別希望指出，在源遠流長的歷史江河之中，也有不少沒被史家或政權刻意建構，甚至是「被神化」的大小人物與無名英雄，同樣值得我們去關注與留意。

自新文化史興起以來，史學家開始執言提倡，歷史文明的發展走向，絕不只是關乎帝王將相的英雄故事。儘管是寂寂無名的「小人物」，不論男女，在歷史巨輪中也有他們的推動作用。這種研究和書寫的方向，大概就是一種「由下而上」去仰視世局更變的史觀：透過低下階層、普羅大眾的生活和記事，辨析他們對周遭環境的感受、看法和肆應，從而展現社會生活的多重概況與面貌。按照英國史家希爾頓（Rodney Howard Hilton, 1916-2002）的說法：「如果從下往上看歷史，我們就有可能獲得整個社會和國家的確切圖景。」[39]希爾頓所指的「確切圖景」，便是一個相對接近地區情形的社會結構；這些區域歷史，往往要通過一個較為微觀的視角去觀察，與「由上而下」、聚焦英雄人物的角度有所不同。

---

36 Jeffrey W. Anderson, "Military Heroism: An Occupational Definition," *Armed Forces & Society*, vol.12 no.4(1986), pp. 591-606.

37 我在這裡特別希望向大家介紹潘光哲的《華盛頓在中國：製作「國父」》（臺北：三民書局，二〇〇六）。作者以「華盛頓神話」在近代中國的傳播為例，顯示歷史人物形象所承載的意義，其實是在「特定的政治勢力在具體的時空裡建構操弄而成」。潘氏的論點十分精彩，我在修訂〈「曾左李」〉一文時確實獲益良多。

38 事實上，英雄崇拜等問題早在十九世紀已有相關的學術討論，詳參 Thomas Carlyle, *On Heroes, Hero-Worship, and the Heroic in History* (New York: D. Appleton & Co., 1841).

39 對「從下而上」檢視歷史有興趣的讀者，可以參考 Rodney Hilton, *The English Peasantry in the Later Middle Ages* (Oxford: Oxford University Press, 1975); *Class Conflict and the Crisis of Feudalism: Essays in Medieval Social History* (London: The Hambledon Press, 1985); *English and French Towns in Feudal Society: A Comparative Study* (Cambridge: Cambridge University Press, 1992)，以及Edward Palmer Thompson, *The Making of the English Working Class* (New York: Pantheon Books, 1963), Christopher Hill, *The World Turned Upside Down: Radical Ideas during the English Revolution* (London: Penguin, 1991).

曾任教耶魯大學歷史系的史景遷（Jonathan Spence, 1936-2021），便是開拓「由下而上」去撰著歷史的先行學者。他的《康熙與曹寅》（*Tsao Yin and the Kang-Hsi Emperor: Bondservant and Master*）和《王氏之死》（*The Death of Woman Wang*），相信對中國歷史有興趣的讀者，都已曾經聽聞。[40]這兩部作品的筆法細膩，鋪排匠心，一辭莫贊，實在不用多加介紹；但我希望指出的，是史景遷對明清歷史「小人物」的重視，確乎為學界灌注了相當新鮮的動力。而他的學生，包括歐陽泰（Tonio Andrade）等人，更相繼朝著這個研究方向，提倡「微觀環球史」（global microhistory）的概念，以歷史上相對失色的「小人物」及其故事為經緯，梳理、闡述與剖析大時代的變局和更動。[41]事實上，這類研究的難度相當高。由於圍繞「小人物」的記述往往較為零散，資料也相對瑣碎，所以不易稽查；即便在歷史檔案中找到與他們相關的記載，很多時候也只是寥寥數字，點到即止，是以要利用他們的生命歷史為軸心，繼而拼湊出一個完整的故事，往往需要穿州過省，訪覽中外的檔案資料館，「撿拾」不同種類的歷史文獻，抽絲剝繭，仔細考究；整個研究過程，從來都不是一件容易的工作。[42]沈艾娣（Henrietta Harrison）的《夢醒子：一位華北村莊士紳的生平，一八五七－一九四二》（*The Man Awakened from Dreams: One Man's Life in a North China Village 1857-1942*），以及程美寶新近出版的《遇見黃東：十八至十九世紀珠江口的小人物與大世界》，都是這方面的上佳作品，值得有興趣的讀者細閱參考。[43]

我的這部小書，也是以歷史人物為中心；至於他們是「大人物」還是「小人物」，其實我還未能夠妄下定論。我之所以有所遲疑，大概因為我對如何定義「大人物」和「小人物」，終究還是有點躊躇。如果「大人物」就等同我們耳熟能詳的英雄、聖賢、人傑的話，那我們便要先對「英雄」這個概念有所了解。政治哲學家科恩（Ari Kohen）便曾經從人性的憂患意識出發，解析英雄人物的出現，往往與人類的焦慮與徬徨有關。每當遇上危機之時，若有一個領袖人才挺身而出，為大眾排憂解難，他或她便很有機會成為社群中的英雄魁首，「時代之驕兒」；[44]在社會

---

40 Jonathan Spence, *Tsao Yin and the Kang-Hsi Emperor: Bondservant and Master* (New Haven: Yale University Press, 1988); *The Death of Woman Wang* (New York: Penguin Books, 1978).

41 Tonio Andrade, "A Chinese Farmer, Two African Boys, and a Warlord: Toward a Global Microhistory," *Journal of World History*, vol. 21, No. 4 (December 2010), pp. 573-591.

42 「撿拾」一詞，出自程美寶，〈「Whang Tong」的故事：在域外撿拾普通人的歷史〉，《史林》，二〇〇三年第二期，頁一〇六－一一六。

43 Henrietta Harrison, *The Man Awakened from Dreams: One Man's Life in a North China Village 1857-1942* (Stanford: Stanford University Press, 2005)；程美寶，《遇見黃東：十八至十九世紀珠江口的小人物與大世界》（香港：中華書局，二〇二一）。

44 Ari Kohen, *Untangling Heroism: Classical Philosophy and the Concept of the Hero* (New York: Routledge, 2014).

學家特納（Ralph H. Turner）的立場，英雄的出現，其實與神話傳說與圖騰崇拜沒有什麼分別，它們都與人類的渴望或「精神性」想像有關，內藏一定的發展規律；老百姓甚至會模仿他們心目中的英雄人物，激發自身的潛能。[45]至於看在歷史學家眼裡，「英雄」人物大多具備一系列普世特質，他們不是才華洋溢、有功勳貢獻、便是曾經出戰沙場、對國家大局有顯著勛績者。[46]

以上的各種解讀，都是一個以宏觀視野和「回顧式」的角度，評判英雄人物的標準，嘗試從中找出共性，為「英雄」的理念定型，尋求一般性的通則。然而，如果我們以一個相對微觀、且從地區視角出發解讀「英雄」的話，在古今中外，也有不少名不見經傳的歷史人物，曾經被地方社群追崇，並且被標榜成他們心目中的地區英雄。即使在不被官方承認的海盜集團之中，我們也可以找到一些「羅賓漢式」的俠盜，被時人描畫成為海洋世界的英雄人物，張保仔（一七八六－一八二二）、鄭一嫂（一七七五－一八四四），便是其中的例子。另一方面，英雄是否有必要「舉天下人而譽之」，這個也不一定。按照梁啟超的分析，「譽滿天下（者），未必不為鄉愿」，而「謗滿天下，（也）未必不為偉人……蓋棺論定。吾見有蓋棺後數十年數百年，而論猶未定者矣。各是其所是，非其所非，論人者將烏從而鑑之……譽之者達其極點，毀之者亦達其極點；今之所毀，適足與前之所譽相消，他之所譽，亦足與此之所毀相償。」[47]換言之，英雄這概念，不僅存在著「整體（宏觀）」與「局部（微觀）」視野的差別，整個概念本身也是十分主觀的。

另一方面，如果說英雄人物，就必須耳熟能詳，人所共知，這裡也可以有一些討論空間。哪怕是我們相對熟悉的曾國藩、左宗棠和李鴻章，正如我在下一章將會論及，在十九世紀後期，也不是人人知道曾、左、李是誰。事實上，過往歷史不少英雄人物，正如我在前文所述，很大程度上，都需要經歷時間的沉澱，繼而被後人「創造」出來；「譽之者（可以）千萬，而毀之者亦（可以）千萬」。至於他們在世之時是否已經家喻戶曉，這就愈發待考了。所以，何謂「耳熟能詳」，其實也要考慮不少因素。或許我們可以利用一個計量史學的方法，統計個別歷史人物被記載的次數，整合大數據，從而得出一個比較準確的答案。不過，這個統計方法也存在它的時代限制，譬如在十九世紀所統計出來的結果，與二十世紀前期和後期的，或許會有很大分別。這種差別，無非因為操掌話語權的政客、史家、作者、知識人，不時也會根據時局的更變，調度他們論說的重心，引導讀者去解讀不同的歷史人物。所以梁啟超會說「李鴻章不能為非常之英雄者」，因為李氏：

45 Ralph H. Turner, "Role Theory," in Jonathan H. Turner (ed.), *Handbook of Sociological Theory* (New York: Springer, 2001), p. 238.
46 John Price, *Everyday Heroism: Victorian Constructions of the Heroic Civilian* (London and New York: Bloomsbury, 2014).
47 梁啟超，《李鴻章傳》（武漢：湖北人民出版社，二〇〇四），頁五。

不識國民之原理，不通世界之大勢，不知政治之本原，當此十九世紀競爭進化之世，而惟彌縫補苴，偷一時之安，不務擴養國民實力，置其國於威德完盛之域，而僅摭拾泰西皮毛，汲流忘源，遂乃自足，更挾小智小術，欲與地球著名之大政治家相角，讓其大者，而爭其小者，非不盡瘁，庸有濟乎？[48]

當然，梁啟超並沒有全盤否定李鴻章的意思，他只是認為後者稱不上是「創造時勢的非常英雄」，所以有他晚年的「著著失敗」而已。如是者，英雄人物終歸如何界定，大人物與小人物之間應該如何分劃界線，而在大人物與小人物之間，會不會有一種「非大亦非小」的「中間角色」？又或者是一些只在歷史上風雲一時，爾後卻被大眾遺忘的時代人物呢？[49]相信這些都是可以延續討論的地方。不寧惟是，我感覺大人物與小人物，也能夠看作是一種比較的概念。簡單來說，一些我們認為是大人物的英雄豪傑，在另一個大人物之前，他便有可能變成小人物了。與此同時，沒有大人物，便不會有小人物；同理，沒有小人物，便不會有大人物，這一道貌似「白馬非馬」的論辯，其實也是一組對比的思維，透過相互比較，從而分析出來的結果。總的來說，凡上種種都是挺有意思的議題，有待我們多加參詳。當然，我在這裡提出這些思疑，絕不代表我有意推倒「由下而上」與「小人物研究」的學術意義。恰好相反，我的目的，只是希望向讀者介紹以不同視角觀察歷史人物的學術取徑，並且就著現有的研究趨勢，提出一些值得討論的問題與觀察而已。

無論如何，不管是「大人物」還是「小人物」，我希望收錄在這部小書的大、中、小角色，都可以深化我們對十九、二十世紀清代家國社會、文化潮流等方面的認知，從而刺激讀者們對這些議題有所聯想，思考中外人物在晚清時代的生命特色、身分認同、政治參與、文化位置、思想脈絡、地區貢獻，以及他們所遭遇的困難、限制與挫折等等。不管他們是「英雄」豪傑還是相對乏人問津的歷史人物，他們都是曾經參與家國事宜，或是積極追求改變，對世局和社會充滿關懷的時代角色。所以本書題為《手挽銀河水》，其中一個目的，就是希望彰顯他們的意志與信念，呈現這群知識人對家國穩定、盛世太平的追求、宏旨與盼望。

「手挽銀河水」一句，最先出自南宋詩人胡仲弓的〈長人詩〉：「裙長難掩膝，絕似漢金人。樓志幻全體。天丁現後身。眼高傾四海，力大引千鈞。手挽銀河水，來涓衣上塵。」[50]胡

48 同上註，頁七。

49 Bryan Perrett 便曾在他的著作帶出類似的觀察。見其 *Heroes of the Hour: Brief Moments of Military Glory* (London: Orion, 2001).

50 胡仲弓，〈長人詩〉，《葦航漫遊稿》（欽定四庫全書版），卷二，葉八下。

〈詩〉理應是對一名魁岸壯漢的記述，「眼高傾四海」、「力大引千鈞」、「手挽銀河水」，估計是對其身高、氣力、狀貌等方面的描摹，與家國關懷、保境安民，感覺沒有什麼直接的關係。不過，被譽為「詞中之龍」的辛棄疾（一一四〇－一二〇七），便曾經援引「手挽銀河水」的意思，表達他對南宋雄師的祝願與期許。他在〈水調歌頭．壽趙漕介庵〉中有云：「聞道清都帝所，要挽銀河仙浪，西北洗胡沙」；[51]這裡所言及的「銀河仙浪」，大概就是一股可以撥亂反正、去蕪存菁、拂拭紛亂塵垢的力量和清泉。辛棄疾的用意，顯然是盼望宋軍奉命出師北伐，最後能夠成功驅逐金人，洗淨中原大地的異族「胡沙」，扭轉南宋偏安一隅的危局。不論是「手挽銀河水」，還是「要挽銀河仙浪」，「銀河水」在闋詞中所承載的寓意，相信也不難琢磨。

再舉一例，左宗棠在他的〈甘肅諸葛武侯祠聯〉中，亦曾引用「手挽銀河水」的典故，寄寓他的雄圖大志與滿腔熱情。文襄公的詞藻意境振奮澎湃，值得在這裡交代一下：「生入玉門關，幸仗天子威靈，重拜宗臣遺像；手挽銀河水，莫謂吾才衰老，一展函夏雄圖。」左宗棠一生經歷太平天國、陝甘回亂、新疆戰役、中法戰爭等內憂外患，志氣高遠，他透過〈祠聯〉表示，即便自己年紀漸老，卻從來沒有「追逐水鷗」[52]的閒情逸致，反之，他依舊希望能夠全力以赴，報效國家，手挽銀河水，扶正朝廷歪風，推行洋務自強。由此可見，「手挽銀河水」一語，自辛棄疾之後，大致與古今人物竭盡所能、扶顛持危、求其更新、盡心報國等昂首志向相關。

為了讓讀者對書中的各個章節有所掌握，我會在這裡對各篇章作一摘要式的介紹，並且配合上文的討論，帶出章節之間的聯繫與共通點。第一章：〈「柔順也，安分也？」：「曾左李」的由來與內容涵義之演變〉，顧名思義，是以清代中興名臣曾國藩、左宗棠與李鴻章為討論的起點。曾、左、李三人對推動中國近代化的努力眾所周知，所以本書也無意冗贅介紹。不過，令我備感興趣的，是有關他們被合稱「曾左李」的歷史原由。這個詞組究竟何時見於記載？清代學人為何並稱三者？至於二十世紀初期的知識分子，又曾經對這個合稱作出怎樣的申述呢？這些都是我希望在〈第一章〉嘗試解決的問題。

事實上，「曾左李」並不是一個隨意生成的民間俗語或辭彙；它的出現，大可以讓我們進一步了解時代變易、歷史文化與名詞源流發展的互動情況，藉此分析不同知識群體，以至接近權力核心的上層階級，如何爭取和掌握一種「話語的闡釋權」（discourse of power）。[53]這種涉及話

---

51 遲雙明，《辛棄疾詞全鑑》（北京：中國紡織出版社，二〇二〇），頁一〇。

52 左宗棠的聯句並沒有提及「追逐水鷗」，我只是引用李鴻章〈入都·其一〉中的經典名句：「丈夫隻手把吳鉤，意氣高於百尺樓。一萬年來誰著史，三千里外欲封侯。定將捷足隨途驥，那有閒情逐水鷗。笑指瀘溝橋畔月，幾人從此到瀛洲？」

53 有關話語權（discourse of power）的研究，讀者可以參考 Barry Hindess, *Discourse of Power: From Hobbs to Foucault* (Oxford: Blackwell Publisher, Ltd., 1996)、Moira Chimombo, Robert L. Roseberry, *The Power of Discourse: An Introduction to Discourse Analysis* (New York: Routledge, 2009).

語權的角逐，恰好與我在上文討論到「英雄人物」如何被塑造的建構過程不無關係。與此同時，「曾左李」在不同時空下所呈現的百般評介，以至箇中所衍生而來的書寫、隱喻與引用，也足以證明一些特有的簡稱或詞組，往往會隨著世局的更變，繼而被營造為一些或正或負的社會標誌、甚至是鼓動民心的政治工具。[54]要而言之，從「曾左李」發展成為時代「話語」的一段歷史來看，上至達官貴人、朝廷官吏，下至詩人墨客、革命志士，都曾著力操作「曾左李」的闡釋權，以期主導歷史記憶，抒發他們對家國的欽慕、崇敬、憧憬、痛恨或感傷。

相較「曾、左、李」三公，〈第二章〉的主角薛福成（一八三八－一八九四），名氣或許沒甚顯赫；如果「曾、左、李」是「大人物」的話，薛福成或者就是「小人物」了。然而，薛氏在推行洋務運動時所付出的心力和貢獻，都是時人有目共睹的。事實上，晚清中國由於西力衝擊，再加上一系列的內在問題，國內相對開明的文化學人，均無不嘗試尋找救國救時的妙法良方，以期積極求變，自立自強。[55]在眾多思想家之中，我認為祖籍江蘇無錫，累遷湖南按察使，且曾出使英、法、意、比、德、瑞等國的薛福成，變法主張特別精彩。薛氏不僅敏銳地分析與評估西方現代化的因由，同時亦能著墨比較歐美列國的強弱優劣；更難能可貴的是，他對中國傳統的「四民（士、農、工、商）」思想作出批判，以西方世界的經驗為用，中國的國情為本，重新審視宋明以來四民觀念在次第、性質、以及社會位階上的意涵，提出一種「新四民觀」。

薛福成對四民性質的解構別出心裁，條理清楚，不同流俗，但卻未曾引起史家的深入鑽研。誠然，薛氏針對中國國情的各種自強方針，主調皆可從他對「四民」的表述與論說中出發。總的來說，薛福成的「新四民觀」，大抵可以分類為「倒毀以士為尊的迷思」、「重估商賈興國的根本」、「匯聚工器人才的力量」、以及「訓練農務人才推廣農政」四方面。值得注意的是，薛福成這種針對社會結構的文化構想，一方面源自外在形勢與清季思想脈絡的轉變，另一方面，則來自他借鑑世界、批判傳統的自身內省。有關這些問題，我將會在〈第二章〉向大家娓娓道來。

薛福成之所以有機會接觸和了解國際世局的更變，很大程度上，和他與曾國藩、李鴻章的「從屬關係」有關。他於同治四年，因為「上萬言書」一事，得到曾國藩的稱揚和賞識，爾後即被招攬為其幕友，甚至成為文正公的關門弟子。而在曾氏逐漸退出政治舞臺之後，薛福成隨之得到曾國藩的推薦，加入「李幕」，相輔李鴻章籌辦各式改革工作。無可否認，「曾幕」與「李幕」在十九世紀的發展與歷史，都是我們認識晚清政局毋庸忽視的一環。自太平天國舉事以降，

54 有關「社會記憶與歷史書寫」的關係，讀者可以參考陳永明在其《清代前期的政治認同與歷史書寫》（上海：上海古籍出版社，二〇一一）的討論。

55 王爾敏，〈儒家傳統與近代中西思潮之會通〉，《新亞學術集刊》，第二期，一九七九，頁一六三－一七八。

「幕府」這個存活在官僚格局以外的影子結構，愈漸變得不可或缺。所謂「幕府」，實際上就是一個直屬個別名臣公卿的人才庫與智囊團。

早在春秋戰國時代，這種「儲才自用」的風氣已經有跡可尋。齊國宗室大臣、且被稱頌為戰國四公子之一的孟嘗君（？－公元前二七九年），便曾以招攬「食客數千人，無貴賤一與文等」而青史留名；[56]至於其他三位公子，也都分別延攬食客超過三千人，他們之間更有爭奪人才的事例，所以《史記．平原君列傳》便有載言：「是時齊有孟嘗，魏有信陵，楚有春申，故爭相傾以待（得）士。」[57]「食客」者，即在官宦顯貴府上寄食，且為主公出謀劃策、奔走效力的才識智士；他們大多才情橫溢、滿腹經綸。「廣攬食客」這種風氣一直延續到唐末五代，甚至形成一種「辟召之風」。「辟召」的意思，是指地方官員皆可以自行聘任僚屬，然後向朝廷舉薦仕官。有唐一代，更有多位皇族女姓，諸如平陽（約五九〇－六二三）、太平（六六五－七一三）與安樂公主（六八四－七一〇），相繼開設「幕府」，招賢任能，建立她們的參謀集團。[58]不過，踏入明代以後，或許因為皇權高度集中的原因，「建幕儲才」與辟召的潮流不再風行。直至十九世紀中葉，時值中央與地方的關係有變，國家管治基礎有所動搖，由曾、左、李等人所樹立的幕府團隊，方才重新燃起「蓄幕攬賢」的趨勢，成為影響朝野上下的一股有形勢力。薛福成便是憑藉曾、李兩幕的緣故，以鄉試副榜出身的資格入仕為官，成就他的外交生涯。

與薛福成的經歷相似，本書〈第三章〉的主角丁日昌，亦是透過曾、李兩幕的牽引，成功晉身官場，戮力經營水師。事實上，在同光時代參與洋務運動的官員，大多一度在曾、李兩幕任職，且與曾、李二人並肩馳騁沙場，出生入死，擊潰太平天國的「長毛亂匪」。丁日昌便於一八六〇年左右，自薦投身在安徽與太平軍作戰的湘軍麾下，襄助曾國藩督辦軍務，其間也有涉管一些吏政事宜。話說回來，曾、李兩幕之所以愈漸龐大，固然與曾國藩和李鴻章的個人魅力與治幕手法有關，但其得以成為十九世紀中葉以後的兩大幕府，究其原因，無非與二人在對抗太平天國時期所成立的湘軍與淮軍有莫大關連。我們在第三章：〈佐主為治：丁日昌的幕僚際遇與家國關懷〉，便會透過丁氏的入幕過程與其幕友生涯，詳細探討曾、李兩幕與清季政治變局、太平天國、洋務運動、以至各種官僚網絡之間的角力和競逐若何。

如果要比較「曾幕」與「李幕」的分別，便不得不提及李鴻章在十九世紀六〇年代開始招募的洋人幕僚。李鴻章手執洋務運動的旗幟，除了需要倚靠自身幕府的駿才之外，也有必要借助和兼聽西方顧問的專業意見，推行大大小小的洋務工程。他的「洋幕」成員來自英、德、法、美

56 司馬遷，《史記》（北京：中華書局，一九六三），卷七十五，〈孟嘗君列傳第十五〉，頁二三五四。
57 同上註，卷七十六，〈平原君虞卿列傳第十六〉，頁二三六六。
58 石雲濤，《唐代幕府制度研究》（北京：中國社會科學出版社，二〇〇三），頁三一六。

等泰西國家，在晚清一代，可以說是前所未有、史無先例。而在眾多西洋幕客當中，我認為馬士（Hosea Ballou Morse, 1855-1934）的經歷十分有意思。相信熟悉中國歷史的讀者，對於被譽為「北美中國研究」先行者的費正清，必定不會陌生。費正清的其中一位老師，便是曾經任職「李氏洋幕」的馬士；至於馬士本人，更是《中華帝國對外關係史》（*The International Relations of the Chinese Empire*）與《東印度公司對華貿易編年史》（*The Chronicles of the East India Company Trading to China :1635-1834*）兩部鉅著的作者。

事實上，馬士的一生可謂曲折傳奇。他是哈佛學院的高材生，及後輾轉西渡太平洋，在清代中國落地生根。他與李鴻章的關係密切，也與時任海關總稅務司赫德的感情要好。除此之外，他更與其他同於哈佛畢業，並且一起來華的西洋專才組成一個頗為牢固的社會網絡，彼此在東方世界關顧照應、相互扶持。如此看來，馬士的在華經歷恰似一帆風順，徑情直遂。然而，他在「李幕」的工作絕非想像中般稱心如意，期間更不時遭遇各種各樣的干預和掣肘。我們在第四章〈西方顧問在華的肆應：以馬士之在幕生涯為例〉，以及第五章〈「改變中國」的再反思：從馬士、馬相伯與馬建忠在李鴻章幕府的關係說起〉，便會詳細闡述他在華工作時的願景、抱負與窒礙；與此同時，我們也會利用馬士的在幕生涯，比較他與其他西方幕僚和洋顧問在中國的歷程及際遇。縱然馬士一心改革流弊、抱持「改變中國」的心態和期望、致力協助清室匡正自強；可惜的是，他很多革新性的計畫和建議，往往因為官場生態的迂腐或頑固不前而石沉大海。既然英雄屈志難伸，幹才不能舒展，馬士難免意興闌珊，鬱鬱不得志，最後決定毅然辭離「李幕」，重新加入以洋人為骨幹的海關團隊；他其後更被赫德調遷至臺灣府，擔任稅務司一職，自此與李鴻章的直隸勢力保持一定距離。

馬士離開李鴻章幕府之後，他的「政治資本」固然有所消減；不過，受惠於他與清季海關網絡的關係，他並沒有完全被排拒於晚清的官僚體制之外。如是者，他便有機會繼續施展其抱負才華，為自強運動作出貢獻。而他此後的工作，更加與臺灣淡水一帶的發展和革新緊密相連。我們在〈第六章〉，將會針對馬士在臺灣任職時所推行的各種建議與政策，剖析「洋海關」在貿易管理、沿岸建設、庫房稅收、以至中國近代化等方面所施展的作用。另一方面，我們亦會透過馬士在臺灣的經歷，進一步了解西方顧問在華工作時所會面臨的難題。史景遷在他另一部名著《改變中國》（*To Change China: Western Advisers in China, 1620-1960*）中曾經表示，明清以來決定東渡來華的西方專才，大多抱持一個「改革中國」、匡正時弊的志向與決心。[59]史景遷的觀察不無道

59 Jonathan Spence, *To Change China: Western Advisers in China, 1620-1960* (Boston and Toronto: Little, Brown and Company, 1969), p. 292.

理，他在著作中選取的大部分角色，都是致力在中國成就一番事業的風雲人物；不過，要真正在清代中國做出成績，除了憑藉個人的決心與理想外，很大程度上，也取決於這些洋顧問對清代官場生態、官式思維與政治格局的肆應和結合情況。馬士的例子告訴我們，並非所有西洋專才都可以暢心順利地在這個天朝體制下生存。他們或會選擇淡出政壇、或會憤然離職、或會心灰意冷、或會委曲求全，是故西方顧問的在華歲月，在某程度上也難逃一定的「挑戰」與「衝擊」。

總的來說，本書所收六篇文章，主題大致圍繞曾、左、李三位「英雄人物」的故事、社會連結、以至其幕府勢力的組成與擴伸。我曾經有一個想法，不如乾脆把書的副題命名為「從曾、左、李出發的晚清史事」；然而，思前想後，還是覺得以「清季人物、歷史與記憶」為題比較恰當。雖說曾、左、李與書中其他角色，或多或少也有若干關連，但是薛福成、丁日昌、盛宣懷、赫德（Robert Hart, 1835-1911）、馬士、馬建忠（一八四五－一九〇〇）、馬相伯（一八四〇－一九三九）等人本身的遭遇、事功、感悟、乃至是他們針對家國發展的終極關懷，也不僅只與曾、左、李三公相關。換句話說，曾、左、李無疑是《手挽銀河水》的一個討論起點，讓讀者們能夠有效掌握其他角色的時代背景，但另一方面，我們也可以透過這些歷史人物的自身經歷，進而探討一系列涉及政局更變、英雄人物、歷史記憶、以至中西人才流動等大問題。當然，本書雖名為「清季人物」，但是要把十九世紀以來的大小角色盡數網羅，基本上是沒有可能的。不過，話說至此，讀者或會有所疑問，為什麼要特意挑選這些人物呢？有關這一點，我認為也有必要向大家簡單交代一下。

事實上，除了這篇〈序論〉之外，《手挽銀河水》所收錄的六篇文章，初稿都曾經在香港、臺灣和韓國的學術期刊與專著中發表。最早的一篇於二〇〇八年完成，是我出版的第一篇學術論文。所以，這部作品其實是一本論文集，同時也可算是我研究路徑及志趣的一個階段性紀錄。不過，即便這六篇文章相繼分別發表，正如我在前文中提及，我總覺得他們之間存具一定的脈絡和聯結性，因此修訂結集，或有若干可觀之處。其次，雖然書中各文關注的主題都稱不上是宏觀、國際性的大論述，譬如「曾左李」這詞組的演變、「新四民觀」的出現、幕僚「轉幕」的問題、以至馬士在華仕官的「三部曲」，都是一系列比較「聚焦性」、「非主流」的討論，但在我看來，這些問題仍然有助讀者利用一個相對微觀的視角，進而捕捉清季歷史的側影。除此之外，我感覺這六篇文章，也是我學術思路與求索過程的一束映射。如果不是「曾、左、李」這簡稱令我有所思疑，我便不會接觸到曾國藩與李鴻章的千秋功過；如果不是「曾幕」和「李幕」在太平天國以後的舉足輕重，我或者不會留心薛福成與丁日昌，更加不會嘗試比較曾、李兩幕的異同，從而對李鴻章幕府內的西洋幕僚產生興趣，甚至以馬士的經歷作為碩士論文的個案研究之一。以上的寫作因緣，今日驀然回首，總覺滿載溫馨回憶；至於箇中的喜樂辛酸，當然也值得重溫和細味。

第一章

「柔順也，安分也？」

「曾左李」的由來與內容涵義之演變

引言

清代中興名臣曾國藩、左宗棠與李鴻章，即便時至今日，仍有不少作家讀者，習慣合稱他們為「曾左李」。正如我在〈序論〉中有言，「曾左李」在晚清的政經地位舉足輕重，在中國史，以至在亞洲史上也占據著一個中心位置。王國維（一八七七－一九二七）便曾經在〈頤和園詞〉中表示，如果不是曾國藩等將帥成功平定太平天國和捻亂，四海「八荒」那有「重睹中興年」的機會？[1]事實上，自上世紀六〇年代以來，針對曾、左、李與晚清時局變化的論著極多，其中以李鼎芳、Jonathan Porter、李恩涵、王爾敏與劉廣京（一九二一－二〇〇六）等人的研究較具代表性。李鼎芳與Jonathan Porter分別追溯曾國藩年譜、家書、未刊信稿等資料，重塑曾氏「多次科舉落榜」前後的生平往事，且對曾氏的貢獻與其幕府團隊作出仔細的考證與申述，論說結構完整，確有啟迪之功。[2]李恩涵則利用左宗棠收復新疆的幾次重要戰役為基礎，以左氏的成長背景與對抗太平軍時的戎馬生涯為軸，分析其陸防思想和自強觀念的形成與內容。[3]另一方面，王爾敏便嘗以李鴻章組建淮軍的過程為經緯，探討李氏由效力曾幕到自組軍隊的歷程與事功，其中所引史料繁多，見解獨到，為李氏與淮軍研究奠定了重要的基石。[4]在王氏的《淮軍志》出版後，劉廣京則以李鴻章等中興名臣為例，反駁由費正清、鄧嗣禹所提倡的「西方衝擊與中國回應論」

（Western impact—Chinese response approach），[5]強調自強運動得以推行，實不只是西力衝擊的結果；箇中的改革緣由、前因後果，也與傳統士大夫在太平天國以後產生的變局意識有關。劉氏在他的著述中，亦就李鴻章的崛起與決策作出評介，持平地估量他的功過得失。[6]

儘管以上引徵的研究成果豐沛紮實，但至今仍然未有學者認真探詢過，為什麼曾、左、李三人會被合稱為「曾左李」呢？這只是一個約定俗成，口耳相傳的民間俚語嗎？在我看來，其實不然。在閱讀清人筆記文書的時候，我發現他們引用這個詞組時，彷彿也附載著一定的態度，背後也有相關的歷史緣故，驅使他們作出這樣的表達。有見及此，本文遂以曾、左、李三者被合稱的

---

1 王國維的原句為：「親王輔政最稱賢，諸將長征捷奏先。迅掃欃槍回日月，八荒重睹中興年。」

2 詳參李鼎芳，《曾國藩及其幕府人物》（香港：遠東出版社，一九六七）；Jonathan Porter, *Tseng Kuo-fan's Private Bureaucracy* (Berkeley: Center for Chinese Studies, University of California, 1972)。

3 李恩涵，《左宗棠收復新疆的幾次重要戰役》（新加坡：新加坡國立大學中文系，一九八四）。

4 王爾敏，《淮軍志》（臺北：中央研究院近代史研究所，一九六七）。

5 Ssu-yü Teng, John King Fairbank, *China's Response to the West: A Documentary Survey, 1839-1923* (New York: Atheneum, 1954).

6 Kwang-ching Liu, "The Confucian as Patriot and Pragmatist: Li Hung-chang's Formative Years, 1823-1866," and "Li Hung-chang in Chihli: The Emergence of a Policy, 1870-1875," in Kwang-ching Liu, Samuel C. Chu (Eds.), *Li Hung-chang and China's Early Modernization* (New York: M.E. Sharpe Inc., 1994), pp. 17-48; 49-78.

一段歷史為骨幹，鉤沉目下所見的清代文本，嘗試分析「曾左李」這簡稱的由來、內容涵義之演變、以及其中所呈現對歷史人物的次第與評價等問題。[7]與此同時，我們也會討論清末民初的知識分子、報刊文人、以至革命志士，對這簡稱作出怎樣的看法與申述。

我在這章節所依賴的文獻稿本，主要是以收錄於《續修四庫全書》及《四部叢刊》的清人別集為基礎。除此之外，我也曾利用「中國基本古籍庫」、「明清實錄」、「明清實錄數位資料庫」、以及「內閣大庫檔案」等電子資源進行相關檢索。「中國基本古籍庫」係由北京「愛如生數字化技術研究中心」製作的電子資源，其中「藝文庫」內所收錄的清代詩文總集達九十九種，而清代詩文別集則接近一千一百三十五種；至於「明清實錄」與「內閣大庫檔案」，均屬臺灣中央研究院管理，編修彙輯《明實錄》、《清實錄》和內閣文書中，總計七千三百五十六卷的資料，以及超過三十一萬件的內閣稿件。

我之所以採用這些電子資料輔助檢索，無非由於它們可以在前人搜羅和輯錄清人文集的工作上，發揮莫大的貢獻。治史者必須承認，清人文集浩如淵海；雖然不少前輩學者早已窮盡心神，竭力收錄文本，但他們總會感覺書囊無底，藏品數量深不可測。例如文獻學家陳乃乾（一八九六－一九七一）在收編清人文集近三千本後，便有言謂「南北各大圖書館所藏，當在三千種以上」；[8]長於校勘、版本與目錄學的張舜徽（一九一一－一九九二），在收書近一千種後亦自覺

「所得寓目者，才一千一百餘家」；[9]曾經出任中華民國大總統的徐世昌（一八五五－一九三九），在廣輯詩人文集六千一百部後，也幾番慨嘆「書海浩瀚」；[10]而編修《清人別集總目》的李靈年與楊忠，在著錄約四萬部詩文集後「仍覺有所遺誤」；[11]及至柯愈春目索手鈔明末至民初詩人一萬九千七百餘家、詩文別集四萬餘種，卻仍然覺得「發掘工作」尚未完成。[12]總的來說，在史海極為淵闊的情況下，一些相關的電子資源便能夠肩起一定的指導作用，令研究工作更加得心應手。

7 本文將採用尚小明對「學人」所作的定義。尚氏指出：「學人即指學者與文人，其所涉內容非常廣泛，包括經學、史學、諸子學、小學、金石學、校勘目錄學、曆算學、地理學等……凡在以上領域做出貢獻，或有一定地位與影響者，均可以視為學者。同樣，揮毫潑墨、吟詩作畫為中國古代文人性格的重要方面，故凡是在文學、藝術等領域做出貢獻，或有一定地位影響者，均可以視為文人。」見尚小明，《學人游幕清代學術》（北京：社會科學文獻出版社，一九九九），頁一二。

8 陳乃乾，《清代碑傳文通檢》（北京：中華書局，一九五九），頁三。

9 張舜徽，《清人文集別錄》（北京：中華書局，一九八〇），頁二。

10 徐世昌，《晚清簃詩匯》（北京：中國書店，一九八九），頁三。

11 見李靈年、楊忠（編），《清人別集總目》（合肥：安徽教育出版社，二〇〇〇），頁四。

12 柯愈春，《清人詩文集總目提要》（北京：北京古籍出版社，二〇〇二），頁二。

「曾左李」何時見於記載

就我目覽所見，晚清「曾左李」一簡稱分別散見於子部與集部。當中包括許瑤光（一八一七－一八八一）的《上元初集》、陳其元（一八一二－一八八二）的《庸閑齋筆記》、王闓運（一八三三－一九一六）的《湘綺樓文集》、吳汝綸（一八四〇－一九〇三）的《桐城吳先生（汝綸）文集》、張祖翼（一八五〇－一九一七）的《清代野記》以及俞樾（一八二一－一九〇七）的《春在堂詩編》。有關「曾左李」最先見於何人著作的問題，茲就上述文獻資料臚列成表，以輔申述：

作者	著作	記載「曾左李」的卷名與卷數	記載「曾左李」的篇名	原文	估計成文年份
許瑤光	《上元初集》	《上元初集（庚午（一八七〇）至壬申（一八七二））》，卷十一	〈題錢塘張子虞預孝廉負書圖〉[13]	起歲犢犢駱（秉章，一七九三－一八六六）胡（林翼，一八一二－一八六一）曾左李	「曾左李」一詞首見於《上元初集庚午（一八七〇）至壬申（一八七二）》，故估計〈題〉文是於一八七〇至一八七二年之間撰成

陳其元	《庸閑齋筆記》	卷四	〈曾左友誼之始末〉[14]	天下稱之為曾左李	從俞樾在同治十三年（一八七四）為《庸》書所撰的序文得見，[15]這是「（陳氏）近年歸老於家，泉石優遊，居多暇日，乃娛情翰墨」[16]所作，而陳氏是於一八七三年辭官，故〈曾〉文亦應在一八七三年以後完稿
王闓運	《湘綺樓全集》	卷十四	〈誥受光祿大夫太子少保兵部尚書詳勇巴圖魯世襲一等輕車都尉欽差巡視長江水師贈太子太保衡陽彭公季七十有五行狀〉[17]	曾左李諸帥，任寄益隆	行狀中的彭公季則為彭玉麟（一八一六－一八九〇），相信這是王氏於一八九〇年所撰
張祖翼	《清代野記》	上卷	〈滿臣之懵懂〉[18]	（白鬚老翁）突然問予曰：「聞南方官兵見賊（太平軍）即逃，誰平之耶？」予又舉胡曾左李諸人以對，皆不知	雖然目前未能準確考訂〈滿〉文的成文年份，但由於此文為張氏於光緒戊寅年（一八七八）赴京應試時的記述，故相信此文是在一八七八年或以後撰成

作者	著作	記載「曾左李」的卷名與卷數	記載「曾左李」的篇名	原文	估計成文年份
吳汝綸	《桐城吳先生（汝綸）文集》	卷三	〈江安傅君墓表〉[19]	自同治以來，曾左李三公狎主兵事	雖然目前未能確認傅氏的確實生卒，但吳氏記其生平曰：「君（傅誠）遠涉關隴從左文襄公……西居久之，辭去復東，從合肥李相公於天津，數十年不進一階，官終河北通判。」[20]左宗棠係於同治五年（一八六七）二月授欽差大臣銜督辦陝甘軍務，而李鴻章則於同治八年（一八七〇）繼曾國藩出任直隸總督常駐天津，而吳氏云傅氏「數十年不進一階」，相信此墓表最早是在光緒十五年（一八九〇）後所著
俞樾	《春在堂詩編》	卷二十一，〈甲辰編〉	〈胡效山觀察俊章收藏鄉會試題名錄會試及順天鄉試自道光元年始各直省鄉試自咸豐元年始亦本朝一大掌故也餘聞而美之為此歌以張之〉[21]	即從近世論人材，嘉道咸同總有才，試問中興曾左李，何人不自此中來	雖然《續修四庫全書》云其所收《詩編》是「據光緒二十五年（一八九九）版本所刻」，但經筆者考證，《續》書所收版本應為一八九九年以後的刊行本，[22]而〈甲辰編〉所收錄的則為俞氏在光緒三十年（一九〇四）間的詩作[23]

13 許瑤光，《上元初集》，載其《雪門詩草》（據上海辭書出版社圖書館藏清同治十三年〔一八七四〕刻本影印；《續修四庫全書》〔上海：上海古籍出版社，一九九五〕，第一五四六冊，〈集部．別集類〉），頁一九八。《上元初集》為許氏仕官嘉興時（一八七〇—一八七二）所作，凡七卷，詩作以繫年方法類分，記載許氏自同治三年（一八六四）至同治十三年（一八七四）的古今體詩一千零八十六首。《上元初集》七卷分別為《上元初集〔甲子古今體詩百五首〕》、《上元初集〔乙丑古今體詩百十二首〕》、《上元初集〔丙寅古今體詩百二十六首〕》、《上元初集〔丁卯至巳巳古今體詩百四十一首〕》、《上元初集〔庚午至壬申古今體詩百三十六首〕》、《上元初集〔癸酉古今體詩百四十四首〕》及《上元初集〔甲戌古今體詩百十九首〕》。分別載於其《雪門詩草》的第七卷，第八卷，第九卷，第十卷，第十一卷，第十二卷及第十三卷。見許瑤光，《上元初集》，〈上元初集序〉，頁一二六。

14 陳其元，《庸閑齋筆記》（臺北：臺灣商務印書館，一九七六），卷四，葉一一下。《庸閑齋筆記》為陳其元晚年之作，凡十二卷，筆記咸同年間（一八五〇—一八七四）逸事。

15 〈俞序〉中言及此序撰於「同治十有三年太歲在甲戌」。見陳其元，《庸閑齋筆記》，〈序〉，葉一上。

16 陳其元，《庸閑齋筆記》，〈序〉，葉一上。

17 王闓運，《湘綺樓全集》（據光緒三十三年〔一九〇七〕墨莊劉氏長沙刻本影印，《續修四庫全書》，第一五六八冊，〈集部．別集類〉），頁三〇。

18 張祖翼，《清代野記》（北京：中華書局，二〇〇七），卷上，頁一六—一七。《清代野記》，分上、中、下三卷，共收錄張氏的所見所聞的文章近一百二十五篇。見張祖翼，《清代野記》，〈整理說明〉，頁一—二。

19 吳汝綸著，吳闓生編，《桐城吳先生（汝綸）文集》（據光緒三十年〔一九〇四〕本影印，收入《近代中國史料叢刊》〔臺北：文海出版社，一九六九〕，第三六五冊），頁六四七—六五一。

20 吳汝綸，〈江安傅君墓表〉，頁六四七—六五一。

21 俞樾，《春在堂詩編》（據光緒二十五年〔一八九九〕墨莊劉氏長沙刻本影印〔按：藏本年份仍需商榷，詳上註〕，《續修四庫全書》，第一五六八冊，〈集部．別集類〉）。

案觀此表，縱然張祖翼之〈滿〉文與吳汝綸所撰〈行狀〉的準確完稿年份未有定案，但大概也是成稿於光緒年間（一八七四－一九〇八）或以後。由此推斷，就我暫時的搜集所得，「曾左李」見錄於文獻，恐怕以許瑤光的《上元初集》為最早。

許瑤光，字雪門，號復齋，湖南善化人。[24]道光二十九年（一八四九）拔貢。歷任桐廬、淳安、常山、諸暨、仁和等地知縣，有循聲。在出任嘉興府知府的十八年間，聲望卓著、政風謹賢。除著有《雪門詩草》十六卷外，亦有《談浙》四卷，為清代著名學人。[25]許氏〈題錢塘張子虞預孝廉負書圖〉載有「曾左李」的敘說如下：

> 我思中興以來股肱，起歲犢犢駱胡曾左李，赤手挽住銀河水。[26]

22《續修四庫全書》言其所載版本是「據光緒二十五年（一八九九）墨莊劉氏長沙刻本影印」，而柯愈春亦云：「（俞氏）晚年輯入《春在堂全書》者……有《春在堂詩編》二十三卷，光緒二十五年刻，中國國家圖書館藏。」（見柯愈春：《清人詩文集總目提要》，中冊，頁一五六八。）但李靈年則未對這問題作出解釋，見氏著，《清人別集總目》，中冊，頁一六三九－一六四〇。若根據《續》書與柯氏所言，俞氏在一八九九年以後的詩文理應不會收錄於其《春在堂詩編》。然而，俞氏在《詩編》的第二十三卷便曾記述「光緒三十二年（一九〇六）正月十二日立春」事宜，（見俞樾，《春在堂詩編》，卷二十三，〈丙午編〉，〈光緒三十一年正月十二日立春例於前一日迎春而是日適遇忌辰女壻許子原知蘇州府諮求故事不得因從眾議改於初十日迎春余因以詩紀之他日即吳中一故事矣〉，頁六六四。）故《續》書與柯氏所言顯然有誤。事實上，《春在堂詩編》前八卷首於同治七年（一八六八）十月刊刻發行，由時任浙江布政使楊昌浚撰序。（見俞樾，《春在堂詩編》，〈詩序〉，頁三二一。）及至一八九九年，《春在堂全書》的〈總目〉進行重訂，但當中亦只收錄了《春在堂詩編》的首二十卷。（見〈春在堂全書總目〉，載《春在堂全書》〔臺北：中國文獻出版社，一九六八〕，第一冊，頁六。）筆者估計，《續》書與柯氏大概是受〈總目〉影響，誤以為《詩編》二十卷以後的各卷同為一八九九年刊印，遂有此誤。另一方面，按馬曉坤的記述，及至光緒三十一年（一九〇五），《春在堂全書》五百餘卷方刊印。（見馬曉坤，《清季淳儒：俞樾傳》〔杭州：浙江人民出版社，二〇〇五〕，頁二九九。）但相信一九〇五年的版本仍未包括《詩編》的第二十三卷。故目前所見之版本確實的重刊年份仍有待深究，但估計應是在一九〇六年以後進行重編或補加。（按：《春在堂全書》八冊由中國文獻出版社於一九六八年出版）。

23 俞氏曾言：「春在堂詩編十九卷，每卷各以干支字題之。如一卷曰〈乙甲篇〉，則自乙未至甲辰年所作也，二卷曰〈乙己篇〉，則至乙己至己酉年所作也。餘倣此。」見俞樾，〈《春在堂全書》錄要〉，載《春在堂全書》，第八冊，頁五七四七。而《詩》篇由第二十卷始，則按一般干支示之，故〈甲辰編〉應為俞氏一九〇四年的詩作。

24 許氏又號「復叟」。見楊廷福、楊同甫編，《清人室名別稱字號索引》（上海：上海古籍出版社，一九八八），上冊，頁一三八六。

25 參陶湘編，《昭代名人尺牘續集小傳》（收入周駿富編，《清代傳記叢刊》〔臺北：明文出版社，一九八五〕，第三十三冊），第十八卷，頁四五〇；另參《清史列傳》（北京：中華書局，一九八七），第七十六卷，頁四一二。

26 許瑤光，〈題錢塘張子虞預孝廉負書圖〉，頁一九八。

顯然易見，許瑤光大抵是認同「駱（秉章）、胡（林翼）、曾、左、李」五者位列中興良臣的貢獻與位置。許氏更以股肱一語，褒喻五人為輔佐君主的得力功臣。同樣地，曾經出任曾國藩幕府「清客」的王闓運，亦於《湘綺樓文集》有云：「曾左李諸帥，任寄益隆。」[27]雖然許、王二人未有明言「曾左李」的功勞實在何處，但他們賦予三者「赤手挽住銀河水」與「任寄益隆」的美譽，便充分道盡他們的舉足輕重。另一方面，許氏描繪「曾左李」前亦包括「駱、胡」二人，這反映許氏除了認同「曾左李」的地位外，亦對當世時局作出持平表述，帶出駱、胡兩人在咸同年間的事功也不能抹殺、無庸忽視。至於駱、胡、曾、左、李五者的功勞在許氏眼中是否等同？單從次第上是否可以有效窺視箇中高低？駱、胡二人何以在時代演變中被拆去歷史記憶？這則礙於資料所限，暫難稽考。

清代學人將「曾左李」並稱的原因

根據前表，「曾左李」分別可見於清人別集。有趣的是，本文勾勒的各個例子，均對「曾左李」引入不太一樣的表述角度。我將會在此分述陳其元等人是從什麼立場出發，並且剖析「曾左李」得以並稱的原因。

縱使許瑤光在他的〈題錢塘張子虞預孝廉負書圖〉提到「曾左李」為中興良臣，但他卻未有解釋他將三人並稱的理由。及至陳其元撰寫〈曾左友誼之始末〉一文，我們才看到清代學人對「曾左李」得以並舉作出一些說明。陳其元，字子莊，晚年自號庸閑，故其《筆記》亦取名「庸閑齋」。[28]陳氏生於浙江海寧一個鼎族之家，先後受左、曾、李三人的青睞器重，分別署理南匯、青浦及上海縣令。[29]其《庸閑齋筆記》的內容相當豐富，俞樾為其撰序曰：「《庸閑齋筆記》一書，首述家門盛跡，先世軼事，次及遊宦見聞，下逮詼諧遊戲之類，斐然可觀。」[30]〈曾左友誼之始末〉對「曾左李」有以下記述：

27 由於曾國藩對王闓運禮遇而不重用，王氏曾多次前往曾氏大營盤旋，但均不得售其志，唯有自行歸去，故王氏只能視為在曾幕作短暫居停的「清客」，與「幕僚」的身分不同。引文見王闓運，〈誥受光祿大夫太子少保兵部尚書詳勇巴圖魯世襲一等輕車都尉欽差巡視長江水師贈太子太保衡陽彭公季七十有五行狀〉，頁二一。

28 陳乃乾云陳其元又稱「庸閒老人」，見陳乃乾編；丁寧、何文廣、雷夢水補編，《室名別號索引》（北京：中華書局，一九八二），頁一八五；而楊廷福則表示陳氏自號「庸閑」。參楊廷福、楊同甫編，《清人室名別稱字號索引》，上冊，頁四二二。

29 見陶湘編，《昭代名人尺牘續集小傳》，卷十九，頁五九二；金梁，《近世人物志》（北京：北京圖書館出版社，二〇〇七），頁二三三。

30 陳其元，《庸閑齋筆記》，〈序〉，葉一上。

曾文正公與左季高相國（左宗棠），同鄉相友善，又屬姻親，粵逆猖獗，蔓延幾遍天下，公與左相戮力討賊，聲望赫然。合肥相國（李鴻章）後起戰功卓著，名與之齊中興名臣，天下稱之為曾左李。蓋不數唐之李（靖，五七一－六四九）郭（子儀，六九七－七八一）。[31]

從陳文可見，「曾左李」得以並連，主要由於三者在對抗太平天國亂事時軍功卓越，所以得此說法。陳氏的扼要記敘，大抵補足了許文未有明確為「曾左李」定位的「空隙」。而陳氏亦清楚指出，最先戮力討賊者是曾國藩與其分屬鄉友、亦為姻親的左宗棠，[32]李鴻章則是「後起者」；但因李氏戰功日隆，方與曾、左齊名，故「曾左李」的次第亦理應如此。陳其元的解讀，很明顯是以曾氏與左氏為本，但其排列次第為何是「曾左」而非「左曾」？這則愈發待考了。話說回來，即使陳其元的《庸閑齋筆記》屬於一手史料，但我們對他為「曾左李」所作的解說也不能全數接受。事實上，清廷於咸豐二年（一八五二）十一月發布上諭要求曾氏幫辦團練，開始對抗太平天國，而左氏於同年主要是在湖南巡撫張亮基（一八〇七－一八七一）、駱秉章幕府抵抗太平軍，然陳文卻是隻字未提。[33]另一方面，李鴻章是於咸豐三年（一八五三）二月奉召，與工部侍郎呂賢基（一八〇三－一八五三）一起回籍抗匪，[34]同年在周天爵（一七七二－一八五三）、李嘉端（？－一八八〇）[35]、福濟等幕亦是屢建戰功，其知府與按察使銜便是論功行賞所致。[36]是故梁

31 陳其元，〈曾左友誼之始末〉，葉一二上。

32 黎庶昌編，《清曾文正公（國藩）年譜》（臺北：臺灣商務印書館，一九七八），卷二，頁五九－六〇；羅正鈞（一八八五年舉人）編撰，朱悅、朱子南校點，《左宗棠年譜》（長沙：岳麓書社，一九八三），頁三三。

33 羅正鈞記載：「丁酉，張公亮基至長沙，先是胡文忠公數以書薦公（左宗棠）於張公，張公行抵常德，發急足至山中延請公。」參羅正鈞編撰，朱悅、朱子南校點，《左宗棠年譜》，頁二九－三〇；另參《胡文忠公遺集》（據華東師範大學圖書館藏清同治六年〔一八六七〕刻本影印；《續修四庫全書》，第一五四〇－一五四一冊，〈集部・別集類〉），卷五十四，〈書牘〉二，頁五八九。另參徐珂，《清稗類鈔》（北京：中華書局，一九八四），第三冊，〈幕僚類〉，〈左文襄佐駱文忠〉，頁一三九四。有關張亮基奉召討賊的始末，見張祖佑原輯，林紹年鑑訂，《張惠肅公年譜》（臺北：廣文書局，一九七一），頁四七－六六。

34 竇宗一（儀），《李鴻章年（日）譜》（香港：友聯書報發行公司，一九六八），頁一四；另見奕訢（一八三三－一八九八）撰，《欽定剿平粵匪方略》（據清光緒內府鉛活字本影印；《續修四庫全書》，第四〇三－四一二冊，〈史部・紀事本末類〉），卷二十五，頁一六。然李書春則記：「（李鴻章）隨同侍郎『呂基賢』，回籍辦團練。」見李書春，《清李文忠公鴻章年譜》（臺北：臺灣商務印書館，一九七八），頁二二。「呂基賢」顯然應為呂賢基。而有關呂賢基上奏組辦團練事宜，詳呂賢基，《呂文節公（鶴田）奏議》（據光緒三十年〔一九〇四〕本影印，收入《近代中國史料叢刊》〔臺北：文海出版社，一九六七〕，第七十二冊），頁二九－三八。

35 竇宗一（儀）先後言李嘉端為「李嘉瑞」及「李喜瑞」，誤。見竇宗一（儀），《李鴻章年（日）譜》，頁一五。

36 李氏得知府銜，見王先謙，《東華續錄・咸豐朝》（據復旦大學圖書館藏清光緒十六年〔一八九〇〕陶氏籀三倉室刻本影印；《續修四庫全書》，第三七六－三七八冊），卷四十五，頁二六；奕訢，《欽定剿平粵匪方略》，卷七十九，頁三〇－三一。李氏得按察使銜，見《清文宗顯皇帝實錄》（收入《清實錄》〔北京：中華書局，一九八五－一九八七〕，第四十五－五十一冊），卷二一五，頁二〇。

啟超在其《李鴻章傳》（一九〇一年成書）中遂言：「（在太平天國之際）李鴻章與左宗棠，左李齊名於時。」[37]及後李鴻章雖被曾國藩招攬從幕，[38]而兵部郎中左宗棠亦受朝廷指派，以四品京堂侯補的身分前往曾氏大營襄辦軍務，兩者的事功無以抹殺，[39]所以我們在討論左氏與曾氏究竟在什麼時候具體合作抗匪、李氏是否真的為「戰功後起者」的問題，顯然需要小心處理，否則只會霧裡看花，越看越糊塗。

此外，前文引述陳氏云「天下稱之為曾左李」，這引申出「曾左李」早於太平軍肆虐之際似已冠絕天下、廣泛流行。有關這個問題，張祖翼在〈滿臣之懵懂〉便為「曾左李」的「盛名天下」作出補充。張祖翼，字逖先，號濠盧、磊龕、梁溪坐觀老人，安徽桐城人。[40]髫年即好篆、隸、金石之學，偶寫蘭竹，獨具韻致。時人評其「使筆遒勁」。[41]張祖翼及後入仕清廷，光緒九年（一八八三）至光緒十年（一八八四），奉召遠赴英國遊歷，[42]筆記英國政治、經濟、民情、風俗，回國後結集為《倫敦竹枝詞》。[43]其《清代野記》為其筆記作品，內容主要涉獵咸、同、光、宣四朝（一八五〇－一九一二）正、野史事，其〈例言〉中簡介曰：「凡朝廷、社會、京師、外省，事無大小，皆據所聞所見錄之。」[44]〈滿臣之懵懂〉記載了張氏的一段經歷：

予戊寅（光緒四年〔一八七八〕）之夏再入都，留應鄉試。一日，有一滿人同學者邀，飲萬福居，予後至，見首座為一白須老翁……甚謙，詢知予為南省士子，則更謬為恭敬，少間，突然問予曰：『聞前十餘年南方有大亂事，確否？』予遂舉粵撚之亂略言之，彼大詫曰：『如此大亂，其後如何平定？』予曰：『剿平之也。』又曰：『聞南方官兵見賊即逃，誰平之耶？』予又舉胡（林翼）曾左李諸人以對，皆不知，但曰：『奇哉！奇哉！此數人果真能打仗者耶？』予思此公並胡曾左李皆不知，豈山林中隱逸，不聞外事者耶？遂亦唯唯否否而

37　梁啟超，《李鴻章傳》（天津：百花文藝出版社，二〇〇一），頁一〇五。
38　朱東安，《曾國藩幕府研究》，頁一八九；一九六。
39　參徐珂，《清稗類鈔》，卷三，〈幕僚類〉，〈曾文正幕府人才〉，頁一三八九—一三九〇；〈李鴻章入曾文正幕〉，頁一三九〇—一三九二。
40　楊廷福、楊同甫編，《清人室名別稱字號索引》，下冊，頁一三二二。
41　楊逸，《海上墨林》（上海：上海古籍出版社，一九八九），頁八八。
42　見江銘忠，《清代畫史補錄》（收入周駿富編，《清代傳記叢刊》，第七十九冊），卷二，頁一二八；另參李放，《皇清畫史》（收入周駿富編，《清代傳記叢刊》，第八十三冊），卷十五，頁五三四。
43　局中門外漢（張祖翼），《倫敦竹枝詞》（據光緒十四年〔一八八八〕觀自得齋叢書本影印；《叢書集成續編》〔臺北：新文豐出版公司，一九八九〕，第二四五冊，〈史地類〉），頁七三九—七五三。
44　張祖翼，《清代野記》，〈例言〉，頁一。

罷，客散後，予特詢主人，始知此公名阿勒渾，在黑龍江為副都統三十年，今告老還京……故懵懂如此也。[45]

張氏與阿勒渾的一段對話，若粗略觀察，讀者或會有兩大發現。首先，「（胡）曾左李」顯然被標誌為四位平亂功臣，與陳文的表述類同。其次，按張氏記述阿氏的「全不知情」可見，「（胡）曾左李」是否真的「冠絕天下」明顯成疑。當然，「曾左李」未能全面廣布天下絕對不足為奇，而本文亦暫無意對「曾左李」在中國各地的流通情況作一仔細考量；但張氏以「曾左李」的聲名諷刺滿臣「懵懂」的描繪則甚有意思。在張氏眼中，他事實上已認同了「曾左李」理應是廣傳天下，正因他認為只有「林中隱逸、不聞外事者」方會對此未曾聽聞，故曾任副都統三十年並紮居北京的阿勒渾「聞所未聞」可謂一大「奇事」。姑勿論阿勒渾有否「假裝迷惑」，從張氏與他的對答得見，「曾左李」在張氏的意識形態中不僅是一組平亂功臣，這組合更恰似變成他引以自豪的「漢文化符號」；[46]滿臣不知「曾左李」便等同「懵懂」的說法，在清代學人筆下，無疑是一種有趣的書寫。

吳汝綸在〈江安傅君墓表〉亦曾指出「曾左李」自同治以來的關鍵地位。有鑑吳氏分別出任曾、李麾下的「核心幕僚」，[47]他的解讀便算是一種「自傳性的歷史記憶」（autobiographical memory），所以他對「曾左李」三公的記述，相信對於我們研讀這詞組會有更加直接的幫助。〈江安傅君墓表〉中對「曾左李」有以下的敘寫：

> 自同治以來，曾左李三公狎主兵事，進退天下士。君（傳誠）於任事勇，不顧望避就，於名若利，獨逡逡退讓，若有羞畏然。故三帥交辟更召爭先得，而數十年不進一階，官終北河通判。[48]

---

45 張祖翼，《清代野記》，上卷，〈滿臣之懵懂〉，頁一六。

46 按鄭文東的解說，文化符號為一種表意象徵（expressive symbols），它可以帶有正面意義，亦可帶有負面解像。詳鄭文東，《文化符號域理論研究》（武漢：武漢大學出版社，二〇〇七），頁一一－六九。

47 吳汝綸撰，施培毅、徐壽凱校點，《吳汝綸全集》（合肥：黃山書社，二〇〇二），頁一－二。另見蔡冠洛編，《清代七百名人傳》（收入周駿富編，《清代傳記叢刊》，第一九六冊），第五編，〈藝事．文學〉，頁三八八－三八九；另參汪兆鏞，《碑傳集三編》（收入周駿富編，《清代傳記叢刊》，第一二六冊），卷三十九，〈文苑〉四，頁三八九－三九九。

48 吳汝綸，〈江安傅君墓表〉，頁六五〇－六五一。

文中雖然以傅誠游走「曾左李」諸幕而帶出三人狎主兵事的封疆大權，但很明顯，吳汝綸在記述時也添加了他的個人情感。他在讚揚傅誠的同時，亦在詠讚「曾左李」三公的歷史形象。在吳氏筆下，「曾左李」三帥為同光年間主兵戎軍事的重要人物，吳氏所記錄的場景，正正是清季地方督撫軍權大盛的時代。《光緒朝東華錄》便曾記載御史張觀準於光緒七年（一八八一）二月的上奏，奏文有云：「自粵匪構亂以來，各省督撫。因時因地，每有便宜陳奏，朝廷往往曲為允從，部臣亦破例議行，原以時局多艱，不得不稍通權變……間有廷臣條奏，欲部核之之件，部臣每以情形難以遙度，仍請交督撫酌議。」[49]張觀準的描寫，大概已充分說明咸同以降，地方督撫的權力演化若何。

若然我們回到吳汝綸的〈墓表〉，其中還有一個值得留意的地方。吳氏在文中帶出「三帥交辟更召先得」，這裡便可以顯示「曾左李」三人廣開幕府，相互爭才的歷史處境。事實上，早在吳氏說明「曾左李」競相儲才蓄幕前，清代學人已注意到在左、李同處曾幕之際，三人已存在不少矛盾。單是行軍、行政、待人與育才等理念上，「曾左李」三人已經看法有異，彼此亦曾生衝突。薛福成在《庸庵筆記》的〈李傳相入曾文正公幕府〉中便有述曾、李二人在「李元度案」中的爭論；[50]劉體智（一八七九－一九六三）的《異辭錄》，也曾記載〈李鴻章與左宗棠彭玉麟不協〉、〈曾李相互譏刺〉、〈曾李作風不同〉等事例。[51]所以，「曾左李」雖在「平內亂、興洋務」上同有建樹，但他們三人無論在處於同幕、或在自闢幕府以後，不免仍存在一定的競爭與角力。

大清翰林編修，曲園老人俞樾，也曾經在其著作中提及「曾左李」。俞樾，字蔭甫（圃），又號中山、艮宧、達齋、賓萌等八字號，湖州府德清縣城關鄉南埭村人。[52]道光三十年（一八五〇），殿試中第十九名進士，授翰林院庶吉士，後歷任翰林編修、國史館協修、河南學政等職位，代表作品包括《春在堂詩編》、《小浮梅閒話》、《右台仙館筆記》、《茶香室雜鈔》等，樸學成就在此無須介紹。[53]他在〈胡效山觀察俊章收藏鄉會試題名錄會試及順天鄉試自道光元年

---

49 《光緒朝東華錄》（北京：中華書局，一九八四），第一冊，〈光緒七年辛巳〉，〈戊戌張觀準奏〉，頁一〇四八。

50 薛福成，《庸庵筆記》（據天津圖書館藏清光緒二十三年（一八九七）遺經樓刻本影印；《續修四庫全書》，第一一八二冊，〈子部．雜家類〉），卷一，〈李傳相入曾文正公幕府〉，頁六〇九－六一一。

51 劉體智，《異辭錄》（北京：中華書局，一九九七），卷一，〈李鴻章與左宗棠彭玉麟不協〉，頁二二；卷一，〈曾李相互譏刺〉，頁四九；卷二，〈曾李作風不同〉，頁六三。

52 見楊廷福、楊同甫編，《清人室名別稱字號索引》，下冊，頁一一五〇。

53 見蔡冠洛編，《清代七百名人傳》，第四編，〈學術．樸學〉，頁一三三四；另參金梁，《近世人物志》，頁一三八－一三九；另見支偉成，《清代樸學大師別傳》，〈皖派經學家列傳〉六，頁二九四－二九六。

始各直省鄉試自咸豐元年始亦本朝一大掌故也餘聞而美之為此歌以張之〉中對「曾左李」的敘說如下：

> 聖清二百六十年，惟憑科舉羅英賢，文章八股有程式，功令三場無變遷。康熙初年廢八股，旋廢旋興卯到午，美哉康熙庚戌科，文貞清獻俱千古。聰明謂：詩可以觀人情，遂教官燭三條下，添出承平雅頌聲。本朝事事超唐宋（九六〇—一二七九），最是科場得人眾，隨陸能武灌絳文，不是祥麟便威鳳。即從近世論人材，嘉道咸同總有才，試問中興曾左李，何人不自此中來……[54]

很明顯，俞詩的主題是褒讚清代科舉取士的輝煌，並肯定同治以前得以「承平雅頌」，莫不是八股之功。在俞氏筆下，「曾左李」便被刻劃為同治中興、由科舉制度孕育出來的名臣駿才。與許文一樣，俞氏雖然未有明確道出「曾左李」明在何處？賢於何地？但相信他亦認同三人比較當朝官宦，確是較能媲美「祥麟」、「威鳳」；「能武」、「絳文」的難得人才。

綜觀而言，根據陳其元的「定位」，「曾左李」這簡稱大抵源於三者在太平天國時的合作與軍功。因此梁啟超在記述李秀成（一八二三—一八六四）與「曾左李」等人奮爭的過程時，亦

「順應潮流」地表述：「雖然，物競天擇，適者生存，曾左李亦人豪矣。」[55]顯然，梁氏也是根據三者的太平軍功而將「曾左李」牽為一體。此外，雖然清季大部分學人對「曾左李」的記憶、解讀與評價未必完全一致，但他們褒獎的心態與意識形態卻大同小異；對於清季三位舉足輕重的中興名臣都會作出有意或無意，以及不同程度的淨化和美化，未見對三者有針對性的負面想法。

還有一點不得不提，前文雖已略述文集中所見的「曾左李」，但倘若我們仔細參閱其他別集，卻不難發現一些類似「曾左李」的排序與組合。當中王韜（一八二八－一八九七）在《弢園文錄外編》的〈原士〉篇中，便曾有「曾李左」的演繹：

> 本朝之功烈彪炳，才德彰聞者，何一不由科第中來。即今時曾李左三相國亦以時文為進身之階。[56]

54　俞樾，〈胡效山觀察俊章收藏鄉會試題名錄會試及順天鄉試自道光元年始各直省鄉試自咸豐元年始亦本朝一大掌故也餘聞而美之為此歌以張之〉，頁六二一。

55　梁啟超，《李鴻章傳》，〈兵家之李鴻章（上）〉，頁三〇。

56　王韜，《弢園文錄外編》（據天津圖書館藏清光緒九年〔一八八三〕鉛印本影印；《續修四庫全書》，第一五五八冊，〈集部・別集類〉），卷一，〈原士〉，頁五〇四。

薛福成在其《庸庵文編》亦提及：

> 未及數年，曾李左諸公聯翩大用，遂以削平群寇（太平天國）……以謂中興之先，論相業者，必以公為首焉。[57]

而薛氏在《庸盦筆記》則有言：

> 曾李左三公，錫封侯伯，實出東宮之意，而西宮亦以為然。[58]

另一方面，陳澹然（一八五九－一九三〇）在《權制》一書便帶出曾、左、沈（葆禎，一八二〇－一八七九）、李的載述：

> 同治初，曾左沈李諸賢爭刱船政機器，諸局以圖自強……[59]

而宜垕（志剛）於其《初使泰西記》也有類近的說法：

（泰西大炮）蓄力較多而及遠也……若與曾左沈李諸公商之，當有確見。[60]

陳、宜兩人相繼強調沈葆禎在清季船政和軍器製造方面的功勞，並指其具有資格在次第上與「曾左李」並列；這種申述反映清季已有學人注意沈氏的努力，相信亦是值得我們留意的地方。

除了以上的例子，曾任臺灣巡撫劉銘傳（一八三六－一八九六）、湖廣總督張之洞（一八三七－一九〇九）幕僚的陳衍（一八五六－一九七三），在其《石遺室文集》內便嘗言「胡曾左，中興偉人」；[61]同樣地，光緒年間的大文豪與書法家朱孔彰，也在他的《中興將帥別傳》有云：「湘軍將士名者，多從胡曾左三公」。[62]至於人稱「師伏先生」的皮錫瑞（一八五〇－一九〇

57 薛福成，《庸菴文編》（據清光緒十四年〔一八八八〕本影印；收入《近代中國史料叢刊》，卷九四三），〈卷下〉，〈書長白文文端公相業〔丁亥〕〉，頁五四六－五四七。
58 薛福成，《庸盦筆記》，卷二，〈慈安皇太后聖德〉，頁六二三。
59 陳澹然，《權制》（據一九〇二版影印；收入《近代中國史料叢刊》，卷一九七），卷六，〈製造〉，頁九三〇。
60 志剛，《初使泰西記》（長沙：岳麓書社，一九八五），卷一，頁二五四。
61 陳衍，《石遺室文集》（據天津圖書館藏清刻本影印；《續修四庫全書》，第一五七六冊，〈集部．別集類〉），卷二，〈禮部左侍郎張公行狀〉，頁一九六。
62 朱孔璋，《中興將帥別傳》（收入《近代中國史料叢刊》，卷一一二），卷十四上，〈駱文忠公秉章〉，頁二六三。

八），在《師伏堂春秋講義》中也對「曾左胡」的中興事功賦予充分的肯定，說明「我朝人材益盛，曾左胡諸公戡亂中興，武功美而文教極昌。」[63]陳、朱、皮三人的記載，縱然其中的排序有別，但他們大抵也是對「曾左李」等「偉人」的功績褒揚認可，彰示其「勘亂中興」、「武功文教」並重的彪炳功勞。

綜觀上述引文，可見猶如「曾左李」的人物組合在清季別集中並不罕見。但為何王韜與薛福成會偏好「曾李左」而不是「曾左李」？陳澹然與宜垕在次第上何以將沈葆禎置於李鴻章之前？陳衍、朱孔彰、皮錫瑞省卻李鴻章的原因又是什麼？他們的寫法是隨意抑或是不經意？背後可有個別的價值判斷？相信這些都是可以進一步深入探討的議題。至於像「曾左諸公」或「曾李諸公」的例子，在清人別集中更是為數不少，但由於它們所附載的意思類同，所以在此便不再贅述了。[64]

說到「曾左李」有不同的排序和說法，或許可以順道帶出一個問題：究竟「曾左李」三人在洋務運動期間的功績是否均等？相信對自強運動稍有認識的讀者也應該知道，李鴻章與曾、左二人相比，前者不論在權責及職務上，都較後兩者來得尊隆和重要。雖則曾、左二人都分別被封為侯爵（一等毅勇侯與二等恪靖侯），李氏終其一生，卻只被授予伯爵名銜（一等肅毅伯）；然而，李鴻章官至北洋通商大臣、直隸總督與文華殿大學士等要職，以上官銜都是曾國藩或左宗棠有所不及的。另一方面，曾經擔任湖廣總督合共十八年的張之洞（一八三七－一九〇九），從提倡「中學為體、西學為用」等改革要旨，到主導晚清警察制度與辦學方針等方面，其貢獻或許可與曾、李齊名，但與左宗棠相比，張氏的事功則全面得多。如是者，倘若我們要仿效古人，思索一個恰似「曾左李」的組合去標示、頌揚、又或者表彰清季的股肱名臣，其實可以考慮選用「曾李張」而不用「曾左李」。[65]事實上，有關張之洞的專書與論文，也遠較左宗棠的詳實而量多；單是這個出版現象，便足見兩者的勞績未必能夠同日而語。不過，我在這裡提出這些觀察，只是嘗試延伸與「曾左李」這個詞組相關的討論而已。畢竟要去比較古今中外的英雄人物，正如我

63 皮錫瑞，《師伏堂春秋講義》（據北京大學圖書館藏清宣統元年（一九〇九）鉛印本影印；《續修四庫全書》，第一四八冊，〈經部・春秋類〉），下卷，頁四八二。

64 「曾左諸公」的說法僅舉二例如下：韓文舉，〈國朝六大可惜論〉，載陳忠倚輯，《皇朝經世三編》（據光緒壬寅（一九〇二）上海書局刊本影印；（臺北：文海出版社，一九七二）），卷四，〈學術〉四，〈廣論〉上，頁五三；俞樾，《春在堂襍文》（收入《春在堂全書》，第四冊），第六編卷十，〈楊石泉制府七十壽序〉，頁二九七九等例。至於「曾李諸公」的說法，則可參史夢蘭，《爾爾書屋詩草》（據遼寧省圖書館藏清光緒元年（一八七五）止園刻本影印；《續修四庫全書》，第一五四一冊，〈集部・別集類〉），卷八，〈六言〉，〈蔭香招飲清音園賞荷分韻賦詩得一東全韻〉，頁一〇八。

65 我之所以有「曾李張」這個想法，全賴馬幼垣教授的提點和指引，特此致謝。

在〈序論〉中所言，不時也會牽涉一系列的主觀判斷。打個比喻，曾經與左宗棠在新疆出生入死的劉錦棠（一八四四－一八九四），便不一定會認同張之洞較左宗棠在軍政功勞上來得卓越；同理，曾任張幕幕僚的辜鴻銘（一八五七－一九二八），自然也會有他的主觀想法和評判標準。

「曾左李」一簡稱在清末民初的演變

無論是對一幕歷史事件，還是對一個歷史詞組的解讀，按照郝爾巴克（Maurice Halbwachs）的說法，都是社會架構下的產物，反映著不同時代的社會價值。[66]「曾左李」這簡稱流傳至清末民初，一個更為喪權辱國的大時代，一種以頌揚為主的解讀開始淡化殆盡，除之而來的，便是一系列富含民族色彩的激烈批評。

由於革命志士對清政府的腐敗荒唐已是忍無可忍，為了推翻滿清統治，不少革命黨人遂紛紛撰文演說，大力抨擊中央政權的無能，務求喚醒時人「救國、救時、救睡獅」的革命熱情。[67]不幸地，由於「曾左李」與清季的中興、自強與外交關係密切，李鴻章更被評為十九世紀末清皇朝的「國際代表」，[68]在這個充滿傷痛的衰敗年代，不少革命鬥士便將「曾左李」和清室腐敗的國家形象劃上等號，對他們的攻擊尤其嚴厲。當中最激烈者首推鄒容（一八八五－一九〇五）於一九〇三年五月發表在《革命軍》的慷慨言辭：

> 曾國藩也，左宗棠也，李鴻章也，此大清朝皇帝所謚為文正、文襄、文忠者也，此當道名人所推尊為中興三傑，此庸夫俗子所羨為封侯拜相，此科舉後生所懸擬崇拜不置者。然吾聞德相畢士麻克（Otto von Bismark, 1815-1898）呵李鴻章曰：「我歐洲人以平異種為功，未聞以殘戮同胞為功。」嗟乎！吾安得起曾、左而聞是言！吾安得起曾、左以前之曾、左而共聞是言！吾安得起曾、左以後之曾、左，上自獨當一面之官府，下至不足輕重之官吏，而亦共聞是言！夫曾、左、李三人者，亦自謂為讀書有得、比肩賢哲之人也。而猶忍心害理，屠戮同胞，為滿洲人忠順之奴隸也如是，其他何足論……曾、左、李三人者，明明白白知為漢種

---

66 Maurice Halbwachs; Francis J. Ditter Jr. and Vida Yazdi Ditter (trans), *The Collective Memory* (New York: Harper and Row, 1980), p. 48.

67 李金銓，《文人論政：知識份子與報刊》（桂林：廣西師範大學出版社，二〇〇八），頁三。

68 蔡東杰曾言：「從李鴻章的政治歷程看來，幾乎於就是清朝末葉政治史、外交史的一個縮影。」見蔡東杰，《李鴻章與清季中國外交》（臺北：文津出版社，二〇〇一），頁一五。事實上，在一八七〇年與一九〇一年的三十一年間，除了在俄國進行的伊犁交涉是由曾紀澤負責外，近乎所有重大的對外談判也由李氏一手包辦，故蔡氏之言亦不為太過。

也，為封妻蔭子，屠戮同胞以請滿洲人再主中國也，吾百解而不能為之恕……曾、左、李者，中國人為奴隸之代表也。曾、左、李去，曾、左、李來，柔順也，安分也，韜晦也，服從也，做官也，發財也，中國人造（做）奴隸之教科書也。[69]

鄒容把「曾左李」與晚清的腐俗庸靡相互掛勾，目的在於肆力抨擊晚清政制的空無建樹，繼而依藉「曾左李」入朝為官、賣國族、求發財、殺戮同胞（太平軍）的「忠順」，來喚醒中華兒女必須衝破枷鎖，擺脫「奴性」，自救自強。作者視太平天國的軍將為其「同胞」，除了基於同文同種的角度外，亦可以視之為他對太平軍銳意推翻滿清統治的一種正面認同。無可否認，鄒氏的文字慷慨激昂，力度十足，他從清廷自十九世紀的中衰說起，及後經歷太平天國、戰爭失利、列強瓜分，文理一路匠心鋪排，務以勾起千萬漢人的反滿情緒，藉此爭奪一種歷史記憶的詮釋權。在這段充滿創傷裂痕、中國飽受侵凌的背景下，位高權重的曾、左、李很容易成為眾矢之的，許許多多的嘲諷怪罪、譴責貶抑，無論公允與否，都好像變得恰如其分，理所當然。不過，話雖如此，即使鄒容對「曾左李」三人抨擊猛烈，但在文章的前部分，他亦帶出「文正、文襄、文忠」為「當道所推尊之中興三傑」。這不僅呈視出「曾左李」在清末民初已被標誌為集軍、政、外交於一身的綜合代表，其形象與影響力，至少在漢人圈子內更是深入民心，為「科舉後生所懸擬崇拜」的關鍵角色。

與鄒容相似，清末民初的傳奇人物章太炎（一八六九－一九三六），也曾對「曾左李」自同治以來，如何促令漢人屈服滿洲政權加以評鑑：

吾聞洪（秀全，一八一四－一八六四）、楊（秀清，一八二三－一八五六）之世，人皆蓄發，不及十年，而曾左之師摧陷洪氏，復從髡薙……自同治以來，曾左及李倚為外相。[70]

章太炎早年雖與梁啟超因共識而共事，但不久則對「客帝」問題有所反思，[71]繼而轉投革命陣營，為革命派論戰而炮轟康有為與清政府不遺餘力。上述引文正是出自章氏〈駁康有為論革命書〉，所論亦在譴責「曾左李」使漢人「復從髡薙」，以「曾左李」評擊康梁陣營。[72]與此同

69 鄒容，《革命軍》（北京：中華書局，一九五八），〈革命必先去奴隸之根性〉，頁三一－三二。

70 章炳麟，〈駁康有為論革命書〉，載《章太炎全集》（上海：上海人民出版社，一九八五），卷四，頁一七三。

71 參朱維錚，《求索真文明晚清學術史論》（上海：上海古籍出版社，一九九六）。

72 有關梁氏在清季變革的角色，詳參張朋園，《梁啟超與清季革命》（臺北：中央研究院近代史研究所，一九九九）。

時，章太炎批判「曾左李」，無疑也在褒揚「曾左李」的反面，即大力高揚「太平軍」。如是者，章氏的述說旨在利用歷史記憶去喚起漢人的抗清回憶，這種「此消彼長」的對照，或許就是知識人在爭奪「歷史記憶詮釋權」的過程時，所會產生出來的一種結果。[73]

作為同盟會機關誌的《民報》，[74]於一九〇七年出版的增刊《天討》中，亦以〈過去漢奸之變相〉為題，刊登一幅將「曾左李」畫成「毒蛇」、「游魚」與「披著獅子毛皮之怪物」的諷刺漫畫。[75]主編刻意使用這種「革命圖解」，明顯就是希望借助圖像的威力，通過報章媒體，醜化個別人物，動搖中央權力核心的統治；[76]其用意相信和鄒容、章太炎的文章大同小異。這些繪圖雖然不是出於名家之手，但勝在簡單易明，令讀者印象深刻。這幅漫畫的流傳，無疑加深了曾、左、李三人在集體記憶中賣國求榮、誤國害民的負面形象。由此可見，「曾左李」在大部分革命黨人眼中，絕非猶如陳其元筆下的「平亂功將」、張祖翼眼中的「英雄符號」，反之則是與清廷腐敗無奈掛勾的賣國奴隸，只懂阿諛諂媚，了無功德可言。這些激烈進取的宣傳和議論，確實達到詆毀曾左李和大清國的效果；至少在辛亥革命之前，對顛覆滿清的統治起了推波助瀾的作用。及至一九二八年《清史稿》刊行，編者趙爾巽（一八四四－一九二七）雖未明確將「曾左李」牽成一體，但他在〈丁寶楨、陳士杰、楊昌濬與李興銳〉等人的列傳後，卻附上以下三句點評：

此十人雖治績不必盡同，其賢者至今尤絓人口，庶幾不失曾左遺風歟。77

73 相關討論可參秦燕春，《清末民初的晚明想象》（北京：北京大學出版社，二〇〇八）。

74 《民報》為一九〇五年十一月同盟會在日本出版的機關刊物，其中提倡的六大主義，綱領是以推翻清政府，推動革命事業為主，專門刊登全國各地聲討清政府的文章與漫畫。參黃遠林，《百年漫畫》（北京：現代出版社，二〇〇四），頁一〇。相反，由梁啟超出版的《新聞叢報》則為變法維新的餘流，君憲派刊物的代表。《民報》一開始，便是針對梁氏與《新聞叢報》的維新路線進行批判，雖然「曾左李」未在《民報》與《新聞叢報》的論爭平臺上構成辯題，但相信《民報》對「曾左李」在一九〇七年所作的批判為何與梁氏的觀點如此相異，是有跡可尋的。有關《民報》與《新聞叢報》的論爭評析，可參周佳榮，〈《民報》與《新聞叢報》論爭的再評價〉，載氏著，《新民與復興：近代中國思想論》（香港：香港教育圖書公司，一九九九），頁一八三－二〇三。

75 見《民報臨時增刊．天討》（收入黃季陸主編，《中華民國史料叢編》〔臺北：中國國民黨中央委員會黨史史料編纂委員會，一九八三〕，第四冊），一九〇七年四月二十五日，頁一九三一。而〈過去漢奸之變相〉的姊妹作則是同刊於《天討》的〈現在漢奸之變相〉，見《民報臨時增刊．天討》，頁一九三三。當中被諷刺的是「清末三屠」袁世凱（一八五九－一九一六）、張之洞（一八三七－一九〇九）與沈春煊（一八六一－一九三三）。三屠者，則謂張氏用財如水，人稱為「屠財」；袁世凱好行殺戮，時稱「屠民」；岑春煊性好劾官，泛稱「屠官」。參唐振常，《半拙齋古今談》（太原：山西教育出版社，一九九八），頁二四。

76 甘險峰，《中國漫畫史》（濟南：山東畫報出版社，二〇〇八），頁四九。

77 趙爾巽等撰，《清史稿》（北京：中華書局，一九七七），第四十一冊，〈列傳〉第二二三四，頁一二五一一。

趙爾巽沒有明示他對曾左（李）的觀感，但這種反襯「曾左遺風」的說法，相信便是宣統（愛新覺羅溥儀，一九〇六－一九六七；一九〇八－一九一二在位）遜位，共和已成定局之後，對「曾左（李）」相對中肯的歷史評說。不過，值得注意的是，自民國以來，不少史家對推行洋務運動不遺餘力的大小人物，諸如李鴻章等人，依然是一面倒的大肆責難，批評非常苛刻。[78]部分論者甚至將滿清帝國覆亡的責任完全歸咎於李氏一人。這種現象或者可以說明，每凡社會出現更動，某些歷史人物便會被「列舉」出來，從而達到個別的政治或文宣目的。就以李鴻章被罵斥的一段歷史為例，即使部分針對他的指責並非完全失真，[79]但倘若我們仔細參考不同種類的歷史材料，盡量明其所以，糾正謬誤，破除某些解讀上的迷思，自然可以明白不少冷言譴責，殊非公允、平心之論。

小結

綜合上文所述，我們可以嘗試對「曾左李」與客觀時局的關係作一初步分析。追源溯流，許瑤光的《上元初集》是最先將「曾左李」並舉的可見文本，但許氏卻未有言及「曾左李」得以並列的具體原因。及至陳其元撰《庸閑齋筆記》，作者方對有關方面作出說明。就〈曾左友誼之始末〉的記載得見，「曾左李」得以組合成一簡稱，關鍵在於他們在太平天國戰役中的火速冒升。由於三者憑藉「平亂勤王」與「守護儒家傳統」的功勞享譽政壇，所以在目下的清人著作中，「曾左李」便經常被描繪為他們心中的「中興良將」與「英雄人物」。不管是英雄造時勢，還是時勢造英雄，在十九世紀中葉，地方漢帥得以抬頭的形勢下，「曾左李」所承載的，正是一種正面的讚譽與嘉許。除此之外，清季學人在文本上對曾左李的認同，某程度上亦有助鞏固清室自嘉道以後日漸瓦解的統治。事實上，檢視清人塑建「曾左李」三大名臣成為英雄符號的一段歷史，我們大可補充王汎森論及「清民文獻自道咸以後的進一步復活是加速清代中衰」的觀點，[80]只因滿清統治在十九世紀初期或許日漸衰落，但透過「曾左李」這話語的廣傳，以及部分文人學者對這些軍政名臣所展示的頌讚看來，道咸以降並非所有漢文作品都對清室政權造成衝擊的。

然而，隨著西方列強的環伺與入侵、清廷在外交上的多番失誤與喪權辱國，革命黨人對中央

78 例見梁思光，《李鴻章賣國史》（天津：知識書店，一九五一）；胡濱，《賣國賊李鴻章》（上海：新知識出版社，一九五五）。

79 張家昀，《功過難斷李鴻章》（臺北：印刻文學，二〇〇九）。

80 王汎森，〈清末的歷史記憶與國家建構——以章太炎為例〉，載氏著，《中國近代思想與學術的系譜》（石家莊：河北教育出版社，二〇〇一），註三。

政府徹底失望，最後選擇揭竿起義，且在書稿、報刊等文宣平臺上大書特書，以期推翻清廷庸懦無能、懦弱失勢的舊統治，建立一個由漢人當家作主的共和新中國。在他們全盤反清的思維下，「曾左李」便被標誌為一個「奴性符號」，象徵著滿清的闒冗，是三個罪無可恕的賣國佞臣。及至民國成立，這種過度激進的評議方才有所褪色。總括來說，「曾左李」在不同時空下所呈現的各種評介，切實可以引證一些看似平平無奇的簡稱或詞組，往往會隨著時局的變化而被模塑為一些或正或負的社會標誌，甚至是鼓動民心的政治工具。[81]從「曾左李」發展成為時代「話語」的一段歷史看來，不同政客與知識人，均曾著力掌握話語的闡釋權，嘗試主導歷史記憶；就好像清季的革命派，一反盛稱「曾左李」的書寫慣性，改而全盤否定和批評「曾左李」，這便足以驗證時代發展與話語闡釋權之間，那種複雜且相輔而行的微妙關係。

在結束這個章節之前，我還希望帶出一個問題。由於曾、左、李的軍政成就顯著，所以「曾左李」這詞組，至今仍被學界廣泛引用。根據我的統計，自一九六二至二〇〇八年之間，以「曾左李」、「曾左胡」或「曾胡左李」為題的中文著作便有四本，分別是李少陵的《清代三大中興名臣：曾、左、胡》（高雄：大業書店，一九六二）、高伯雨的《中興名臣曾胡左李：李鴻章周游列國》（香港：波文書局，一九七七）、徐哲身的《晚清三傑》（臺北：新文豐出版公司，一九八一），以及由劉佑知主編，傅宗懋撰著的《曾、左、李》（臺北：臺灣商務印書館，二〇〇七）。而在個別著作中將「曾、左、李」三者牽成一體，且作出討論的例子更是多不勝數；諸如李劍農早於一九四七年，便對「曾左李」在洋務運動的事功作出肯定，他表示三者是「地方上模仿西法的重要角色」。[82]郭廷以、劉廣京在討論「清季士大夫如何尋求西方技術並配合儒家傳統」的經世思想時，也特別將曾國藩、李鴻章與左宗棠結合成節。[83]張家昀、雷頤則在造船練兵的議題上概述「曾、左、李」的位高權重，並且討論他們如何推動及影響洋務運動的成敗結果。[84]此外，何

81 余英時撰文研究曾國藩時，曾經提出曾氏為理學及經世學者的代表。詳參余英時著，沈志佳編，《歷史人物考辨》，收入《余英時文集‧第九卷》（廣西：廣西師範大學出版社，二〇〇六），頁一－二〇。我們大可以注意每於時代要求經世、傳統與現代文化傳承關係時，「曾」便被抬出來，時代強調西化，「李」則被高舉。

82 李劍農，《中國近百年政治史》（臺北：臺灣商務印書館，一九七四），頁一二二。

83 見 Ting-yee Kuo, Kwang-ching Liu, Self-Strengthening: The Pursuit of Western Technology, in John K. Fairbank, Kwang-ching Liu (Eds.), *The Cambridge History of China, vol. 10, Late Ch'ing, 1800-1911* (Cambridge, England; New York: Cambridge University Press, 1995), Part 1, p. 494，另參郭廷以、劉廣京，〈自強運動：尋找西方的技術〉，載費正清、劉廣京編，中國社會科學院歷史研究所譯，《劍橋中國史：晚清篇，一八〇〇－一九一一》（北京：社會科學出版社，二〇〇七），頁四八三。

84 參張家昀，《左宗棠：近代陸防海防戰略的實行家》（臺北：聯鳴文化有限公司，一九八一），頁四三；雷頤，《李鴻章與晚清四十年：歷史漩渦裏的重臣與帝國》（太原：山西人民出版社，二〇〇八），頁二〇八。

茂春，師曉霞亦在比較清季地方督撫對抗太平天國的功勞時，總結曾國藩、左宗棠與李鴻章位列「中興將帥」的看法；[85]龐百騰（David Pong）更加表示，「曾、左、李」三者為清季中興年代三位一體（triumvirate）的自強標誌；[86]而茅海建則以林則徐與「曾左李」進行比較，說明林氏在任內沒有提到中國自強問題的「缺陷」。[87]另一方面，賈小葉在討論晚清督撫學習西方思想的「過渡」與「實踐」時，亦特別指出曾、左、李所肩負的積極作用；[88]同樣地，高鴻志也刻意將李鴻章與曾國藩、左宗棠兩人並列，歸類他們為同光新政的「開創者」和「代表人物」。[89]

上述例子都是圍繞曾左李的勞績而來，史料堅實豐沛，論證合情合理；不過，我希望在此提出一點，每當我們討論清季中興名臣的參與和貢獻時，斷不能單方面將洋務事功全歸「曾左李」三者。事實上，過分的稱譽，往往與革命志士對「曾左李」的過分貶斥如出一轍。「曾左李」在文字上的確只是標示著三位角色，但我們在評介清季洋務運動的整體成敗時，至少要將「曾左李」三人的幕府團隊，與其對外的華洋聯結一併討論，繼而再推展至「曾左李」以外的政治網絡和社會群體。有關這些問題，我們在緊接其後的幾個章節，將會有更多的討論，予以讀者評判思考。

最後，本文所輯出「曾左李」等例，雖屬冰山一角，然箇中所延伸的議題，都與晚清政局有著千絲萬縷的關係，不算是瑣碎零散的小問題。此外，囿於我的目力所限，或許未能就「曾左李」這箇稱從提出至蔚然流行的過程作出最全面的綜合；但我所希望的，是可以在這議題上先盡綿力，為有關研究蓋建框架。在我看來，「曾左李」仍然散見於各學人文本，尚待有興趣的同道朋友攜手發掘，增益其事；由是觀之，期望本文能夠拋磚引玉，誘發日後更多的考證與反思。

---

85 何茂春，師曉霞，《中國歷代外交家》（北京：中國經濟出版社，一九九三），頁一四九。

86 David Pong, *Shen Pao-chen and China's Modernization in the Nineteenth Century* (Cambridge: Cambridge University Press, 1994), p. 18。

87 茅海建，《天朝的崩潰：鴉片戰爭再研究》（北京：三聯書店，一九九五），頁五五。

88 賈小葉，《晚清大變局中督撫的歷史角色——以中東部若干督撫為中心的研究》（上海：上海書店出版社，二〇〇八），頁四四－四六。

89 高鴻志，《李鴻章與甲午戰爭前中國的近代化建設》（合肥：安徽大學出版社，二〇〇八），頁一。

第二章

商、工、農、士

薛福成在西力衝擊下對「四民」的表述與解構

引言

隨著科學革命、啟蒙運動與工業革命的出現，西方世界因而突破傳統，開始追逐一種奉「物質」為圭臬的發展模式。[1]在新的物質基礎上，新的精神文明亦在「批判過去」（critique of the past）的風潮下逐漸成型。[2]這種精神思維在十八世紀的歐洲大陸，頓時引發一種強烈的「現代化批判意識」，無論在論證抑或生活上，這種趨向「世俗世界觀」的走向分別刺激了崇拜理性、科技、民主、自由、進步等文化效應，最後呈現一種寰宇之內皆未所有的「現代化」理想（the idea of modernization）。[3]十八世紀的啟蒙精神與理性主義雖然主導著西方「現代性」（modernity）的時空，但這種相對和諧的道德標準在十九世紀以後卻其貌大變。西洋現代性向來崇拜理性的態度，驟然轉化成為一種崇尚武力（the cult of force）的霸道，取意志（will）而棄理性，強調以鬥爭和暴力為手段，競相爭奪，利用船堅炮利向海外進行跨域越界的擴張。這種以霸權和經濟侵略為主導的強權政治，目的在於追求富國強兵，霸占世界市場，以海外殖民地的豐厚資源與廉價勞工，作為帝國稱霸的基石。[4]亞、非、拉等「中世紀」世界因而成為這種新帝國主義（new imperialism）的衝擊對象；[5]「數千年（來）一統垂裳」[6]的中華帝國亦未能倖免。

清季中國在西方文明衝擊下開始推行各種洋務工程，故有我在〈第一章〉簡略提及過的「西

1 Timothy Mitchell 表示西方的「現代」（modern）與「前現代時期」（pre-modern）是一種具突破性的斷裂（rupture）關係。見Timothy Mitchell, "The Stage of Modernity," in Timothy Mitchell (ed.), *Questions of Modernity* (Minneapolis: University of Minnesota Press, 2000), p. 18.

2 Robert C. Allen, *The British Industrial Revolution in Global Perspective* (Cambridge: Cambridge University Press, 2009), pp. 272-275.

3 見汪榮祖，〈章太炎對現代性的迎拒與文化多元思想的表述〉，《中央研究院近代史研究所集刊》，第四十一期，二〇〇三年，頁一四六－一四七；另參 Charles Harrison, *Modernismus* (Ostfildern-Ruit: Hatje Cantz Verlag, 2001); Pericles Lewis, *The Cambridge Introduction to Modernism* (Cambridge; New York: Cambridge University Press, 2007), pp. 41-44. 事實上，有關現代主義的定義，諸家說法各有不同，不易作出界定。有論者曾譯 modern 為「近代」，modernity 為「近代性」。然「近代」與「現代」；「近代性」與「現代性」在義理上略有不同。有關「現代性」的定義與性質，詳參 Metei Calinecau, *Faces of Modernity: Avant-Garde* (Bloomington: Indiana University Press, 1977); Marshall Berman, *All that is Solid Melts into Air: The Experience of Modernity* (London: Verso, 1983, c1982); David Frisby, *Fragments of Modernity: Theories of Modernity in the Work of Simmel, Kracauer, and Benjamin* (Cambridge: Polity Press, 1985); Andrew Benjamin, *The Problems of Modernity: Adorno and Benjamin* (London; New York: Routledge, 1991). 為免混亂，本文遂統一採用「現代」和「現代性」的譯名。

4 詳參 Harrison. M. Wright, *The New Imperialism: Analysis of Late Nineteenth-Century Expansion* (Boston: Heath Publication, 1961); Reinhard Wendt, *Vom Kolonialismus zur Globalisierung: Europa und die Welt seit 1500* (Paderborn; München; Wien; Zürich: Schöningh Verlag, 2007), pp, 1-37.

5 朱維錚嘗以「中世紀」標示較十八、十九世紀西方現代化文明相對落後的亞非世界。詳見氏著，《走出中世紀》（上海：人民出版社，一九八七）。

6 梁啟超，《李鴻章傳》，頁三一。

力衝擊，中國反應」（Western impact, Chinese response）說。[7]這論說強調中國的社會結構，自秦漢以來堅固而超穩定，[8]清代之所以圖強求變，無非西力衝擊。然而，後來即有學者指斥「回應、衝擊」之說難掩歐洲中心論（Eurocentric）的夢魘，繼而主張「中國中心論」，強調清季士大夫也具備他們的自強意識。[9]但此說亦未免過於偏執，反而輕視了西力衝擊中國變革思潮的史實。近年來不少世界史學者諸如柯嬌燕（Pamela Kyle Crossley）、彭慕蘭（Kenneth Pomeranz）與 Kathy Le Mons Walker 等則採取一種相對持平的說法，建議利用國際貿易、資本主義、殖民主義等硬概來觀察亞、非世界自十九世紀以來的現代化進程。[10]這觀點雖恰似流於「西方中心論」的舊調，但卻較前說公允地估值西力擴張的影響，指出亞、非地區走向現代化乃是在西力東漸下進行的現實。但我們亦需注意，西力衝擊並不等同以西化模式步向現代化。誠如 Marrius B. Jansen 指出，明治日本在西力衝擊下成功推動現代化建設，但她的現代化特性卻不等同西化。[11]

中國自強富國之路多少有其內發因素，但西力衝擊亦是無可迴避的歷史事實。自太平天國，洋務運動，以至晚清的變法維新，無一不沾上西方衝擊的痕跡。所以梁啟超便有言云：「西力東漸，奔騰澎湃，如狂飆、如怒潮，嚙岸砰崖，黯日蝕月，遏之無可遏，抗之無可抗。」[12]如是者，清季學人在思維上對現代化改革作出省思，基本上是針對帝國主義侵略的一種反響。本文擬就清末知識分子的變革思維作出探討，並聚焦一位對西方世界頗具觀察，對西力衝擊頗為敏感的

7 此說始於史家費正清對十九世紀中外關係的觀察，參 John King Fairbank, Ssu-yu Teng (eds.), *China's Response to the West: A Documentary Survey, 1839-1923* (Cambridge, Mass.: Harvard University Press, 1979)；另見 John King Fairbank (ed.), *The Chinese World Order: Traditional China's Foreign Relations* (Cambridge, Mass.: Council on East Asian Studies, Harvard University Press, 1968), pp. 2-10.

8 金觀濤與劉青峰透過分析傳統中國的經濟結構、政治結構和意識形態結構，認為中國社會的歷史發展是一種不易更變的超穩定模式。參金觀濤、劉青峰，《興盛與危機：論中國社會超穩定結構》（香港：中文大學出版社，一九九二）。

9 見Paul A. Cohen, "The Problem with 'China's Response to the West'," in his *Discovering History in China: American Historical Writing on the Recent Chinese Past* (New York: Columbia University Press, 1984), pp. 9-56; Kwang-ching Liu (1921-2006), "The Confucian as Patriot and Pragmatist: Li Hung-chang's Formative Years, 1823-1866," in Kwang-ching Liu, Samuel C. Chu (Eds.), *Li Hung-chang and China's Early Modernization* (New York: M.E. Sharpe Inc., 1994), pp. 17-48; "Li Hung-chang in Chihli: The Emergence of a Policy, 1870-1875," ibid., pp. 49-78.

10 柯嬌燕利用世界史的視角，以衝擊（impact）、回應（response）、迥異（discrepancy）、接軌（assemble）四個階段分析東西文化在經濟、文化等方面如何相互影響，見 Pamela Kyle Crossley, *What is Global History?* (Cambridge: Polity, 2008)；Kenneth Pomeranz 與 Steven Topik 則強調以海洋貿易為本的資本主義如何改造世界，達致世界趨一的現象，Kenneth Pomeranz, Steven Topik, *The World that Trade Created: Society, Culture, and the World Economy, 1400 to the Present* (Armonk, New York: M.E. Sharpe, 1999)；另見 Kathy Le Mons Walker, *Chinese Modernity and the Peasant Path* (Stanford: Stanford University Press, 1999), pp. 1-25.

11 Marius B. Jansen (1922-2000) (ed.), *Changing Japanese Attitudes toward Modernization* (Princeton: Princeton University Press, 1965).

12 梁啟超，《李鴻章傳》，頁三一。

思想家——薛福成。薛氏不僅能夠敏銳地分析與評估西方現代化的因由，也能著墨比較歐美列國的強弱優劣。更難能可貴的，是他對中國傳統的「四民（士、農、工、商）」思想作出批判，以西方世界的經驗為用，中國國情為本，提出一種「新四民觀」。

薛福成，字叔耘，江蘇無錫賓雁里人。他出身書香門第，自幼廣覽博學，致力經世實用。同治四年（一八六五）入曾國藩幕府，與黎庶昌（一八三七－一八九六）、張裕釗（一八二三－一八九四）、吳汝綸（一八四〇－一九〇三）等湘幕幕友共同對抗太平軍。及後得曾國藩保薦，領直隸知州並賞加知府銜。光緒元年（一八七五）得李鴻章賞識，出任淮幕文案。六年後（一八八一）成署直隸宣化府，十四年（一八八八）秋天，躍升為湖南按察使。光緒十五年（一八八九）奉召出使歐洲，遊遍英、法、意、比諸國，及後編成《出使四國日記》，記述西方世界走向現代化的經驗與態度。薛福成一生著述甚豐，作品主題大多力書救國救時等大問題，[13]是典型的愛國學人（patriotic intellectual）[14]，而其終極關懷無非「求新法以致富強」。[15]由於他這種現代化理想是在西力挑戰的時代下形成，故其論說亦常取西方世界的歷史與經驗為例證。

事實上，學界對薛福成的生平和事功早有關注。自八〇年代開始，以薛氏作為研究主題的專書、論文可謂汗牛充棟；單是概述其生平、思想的傳記式作品已有十多本，而論文更多達二百餘篇。[16]專著中較有代表性的包括鍾叔河、費成康、丁鳳麟、陳群松、王爾敏和蔡少卿的研究。費成康、丁鳳麟分別利用薛福成的日記、文集與信稿建構薛氏的心路歷程，他們亦在著作中考述薛氏自從加入曾國藩、李鴻章幕府之後，對中國現代化所作出的努力與建樹。[17]陳群松則透過薛氏的成長背景與其文集創作，闡析他自強觀念的形成與內容；著者更特別介紹了一九九八年以前，有關薛福成事功的專論文章，對薛氏研究作出整理和回顧。[18]而王爾敏則以薛福成加入湘、淮軍

13 薛氏自出任曾幕幕僚時，已經開始書寫不少與富強興邦有關的作品，當中比較著名的包括《籌洋芻議》、《酌議北洋海防水師章程》、《浙東籌防錄》等。詳參陳群松，〈薛福成（一八三八－一八九四）的生平及其著述研究〉。與此同時，薛氏的文學造詣也有不少值得欣賞的地方，詳參黃樹生，《薛福成文學評傳》（南京：東南大學出版社，二〇一〇）。

14 John William Draper 曾對愛國學人 "patriotic intellectual" 的定義與內涵作出介紹，參其 *History of the Intellectual Development of Europe* (New York: Harper & Brothers, 1863), pp. 471-631.

15 薛福成，《出使日記續刻》（長沙：岳麓書社，一九八五），卷五，〈光緒十八年壬辰閏六月初六日記〉，頁五九〇。

16 統計結果是參考「中國期刊網全文數據庫」，「臺灣博碩士論文系統」、「臺灣期刊論文索引系統」、「全國圖書書目資訊網」、「館藏目錄查詢系統」、"JSTOR"、"Historical Abstract" 等電子搜尋工具。然就數據庫以「薛福成」、「薛叔耘」、「庸庵」以及 "Xue Fucheng" 為「關鍵字」、「著作標題」的顯示所得，研究大部分偏重中文；英文、以及外文著述則甚少。

17 見費成康，《薛福成》（上海：上海人民出版社，一九八三）；丁鳳麟，《薛福成》（南京：江蘇古籍出版社，一九八三）。

18 見陳群松，〈薛福成（一八三八－一八九四）的生平及其著述研究〉（香港大學哲學博士論文，一九九八）。

幕的過程為經，探討他由效力曾、李兩幕到入朝為官，出使歐美的歷程與事功。[19] 綜觀來說，及直至目前為止，針對薛福成的研究已經漸見規模，這是令人鼓舞的。然而，論者在討論薛福成的經濟思想、外交策略，以及強兵立場時，往往未有深入探討他對「四民」性質的重新解構，以及其「新四民觀」的時代意義。誠然，薛氏針對中國國情的各種自強方針，主調皆可從他對「四民」的表述與論說中出發。薛氏所強調的，是重新審視宋、明以來四民觀念在次第、性質，以及社會位階上的意涵。他的「新四民觀」大抵能夠歸類為「倒毀以士為尊的迷思」、「重估商賈與國的根本」、「匯聚工器人才的力量」、以及「訓練農務人才推廣農政」四方面。這四種表述分別散見於其《庸庵文編》四卷、《庸庵文編・續編》二卷、《庸庵海外文編》三卷、《出使英、法、義、比四國日記》六卷、《出使日記續刻》十卷、《出使公牘》十卷，以及由蔡少卿編輯的《薛福成日記》上、下卷（蔡氏一書收錄了薛氏自同治七年〔一八六八〕正月初一至光緒二十年〔一八九四〕五月二十八日的日記全稿）。[20]

士、農、工、商

四民——士、農、工、商——是傳統中國對國民的分工法則。《春秋公羊傳・成西元年》記載：「古者有四民，有士民，有商民，有農民，有工民。夫甲，非人之所能為也。丘作甲，非正也。」[21]《管子》亦載道：「士、農、工、商四民者，國之石，民也。」[22]而四民的定義，按《周禮》所述，則「作而行之，謂之士大夫；審曲面執，以飭五材，以辨民器，謂之百工；通四方之珍異以資之，謂之商旅；飭力以長地財，謂之農夫。」[23]然在春秋上古之時，四民地位並重，並無軒輊之意，而士、農、工、商的排序亦時有更改。正如上文所引《周禮》，便是按士、工、商、農為序；荀子則謂：「農、士、工、商」；王霆震在《古文集成前集》便表示「古者有

19 見中華文化復興運動總會編，《曾國藩，郭嵩燾，王韜，薛福成，鄭觀應，胡禮垣》（臺北：臺灣商務印書館，一九九九），〈薛福成〉篇。

20 薛福成著，蔡少卿整理，《薛福成日記》上、下冊，《國家清史編纂委員會文獻叢刊》（長春：吉林文史出版社，二〇〇四）。

21 凌曙，《公羊禮疏》（臺北：藝文印書館，一九八六），卷七，〈成公〉，〈三月作丘甲〉元年，葉一上。

22 管仲（？－約公元前六四五年），《管子》（上海：上海古籍出版社，一九八七），〈管子卷〉第八，〈小匡第二十〉，〈內言三〉，葉五下。

23 鄭玄（一二七－二〇〇），《周禮》（臺北：臺灣商務印書館，一九八三－一九八六），卷十一，〈冬官考工記〉第六，葉一下－二下。

四民，士、商、農、工」；[24]程公說（一一七一－一二〇七）在《春秋分記》中則記錄古人有言「士、工、商、農」。[25]至於「士、農、工、商」何以帶有類似「社會階級」（social class）的等位劃分，歷代有識之士，包括薛福成在內也認為是基於宋明以來，國家奉行儒法治國，偏重文士為官，秉行科舉取才所致。加上士大夫如歐陽修（一〇〇七－一〇七二）、程大昌（一一二三－一一九五）等文壇領袖更屢次描寫從事工、商者為「雜流」、「次民」，[26]是故士、農、工、商的次第便同時代表四種專業的高低優劣，「以士為尊，工商為雜」的意識形態亦自此根深蒂固。

倒毀以士為尊的迷思

傳統中國對士人的極度尊崇，無疑是國家安邦定國的一種策略，[27]但薛福成認為，由於士人自宋明以來專尚時文、帖括之學，故「士者誤國」的問題持續轉劣；國家因此不能再倚仗士者持國，並且應該倒毀這種「以士為尊」的迷思，否則必定遺患無窮。薛氏覺察到中古以前，智創巧述之事可謂推陳出新，但在八股論道，士大夫側重文章訓詁之後則闃然無聞。薛氏之所以致力倒毀「士人獨尊」的政治格局，原因在於他洞悉到不少當世士子在思辨、經世方面「雖享大名，但霸居學術高位而無實效」之弊。

在薛福成的角度，綜觀當朝科舉及第的士大夫群，無不流於六經上的巧舌爭辯，這種縱橫辯說，不僅毫無主見，更是了無根據，結果國家自明代以降便不能掀動一種具思辨性格的學術風潮。仕官者在學術上只顧雜采舊聞，不求有功；習經者治學無求精確，促令自強工程疑惑迷亂，舉步為艱。更有甚者雖自詡為論道之才卻囿於政治權術，只懂迎合求媚，「使廣則中權，出朝則隱」[28]，採取一種合乎權宜的消極態度。雖然清初大儒諸如顧炎武（一六一三－一六八二）、顧

24 王霆震，《古文集成》（載《景印文淵閣四庫全書》〔上海：上海古籍出版社，一九八七〕，第一三五九冊，〈集部．總集類〉），卷六十八，〈前集〉七，〈全篇依東萊批註〉，葉四下。

25 程公說，《春秋分記》（載《景印文淵閣四庫全書》，第一五四冊，〈經部．春秋類〉），卷三十九，書二十一，〈作內政〉，葉二三上。

26 程大昌云：「天下賢士，工商雜流。」見氏著，《考古篇》（上海：商務印書館，一九三九），卷十，〈當時人言時事有不同者〉，葉一上；另參歐陽修，《新唐書》（北京：中華書局，一九七五），卷一八一，列傳第一八六，〈曹確〉，頁一六一九。

27 有關「獨尊儒術」的政治目的，學界早有專論，在此不再贅說。

28 此說見章太炎（一八六九－一九三六）著，徐復注，《訄書詳註》（上海：上海古籍出版社，二〇〇〇），頁一七六－一八〇。

祖禹（一六三一－一六九二）、戴震（一七二四－一七七七）等人紛紛力求以實學治國著史，經世致用，但這種誇誕亂作卻是積習已深，「蓋狃於承平時之舊習」；[29]若中國依舊盲目迷戀「士人之道」，則走向現代化以改造國家的成效將永遠無法與西方看齊。由此可見，薛氏對士人的社會功能之所以大失所望，主要是因為他警覺到八股言道的空言不實，欠缺講求慎思明辨的實務功夫。「農、工、商」三民因此無法蓋盡其效，而各項洋務工程亦自然大受掣肘。

薛福成對士者的批判，不僅在於針對他們對國家、對學問的「畸形關懷」，他認為清代士大夫在訓練和職權上的龐雜無章，亦是應該被加以倒毀的原因。薛氏引述中國上古世賢，即使是耕織，陶冶之事亦有其分工原則。分之愈多，則術之愈精，是故「以禹之聖而專作司空，皋陶之聖而專作士，稷契之聖而專作司農，司徒，甚至終其身不改一官。」[30]春秋時代教民之法，不外乎士之子恆為士，農之子恆為農，工之子恆為工，商之子恆為商。但宋明以後仕官者的職權分責卻盡失此意。入仕京官者，調動頻仍，「忽戶部，忽刑部，忽兵部，迄無定職。」而入仕於外者，則「忽齊魯，忽吳楚，忽蜀粵，迄無定居；忽治河，忽督糧，忽運鹽，亦迄無定官。」[31]薛氏解釋，當世士子由於往往自視為博學通才，通六經而知世事之全部，以致「迄無定職、迄無定居、迄無定官」，但這種荒謬絕倫的自我陶醉，看在薛福成眼裡，是完全漠視聖賢治國的大道理，他明言：「夫以古之聖人，所經營數十年而不敢自謂有成效者，乃以今之常人，於歲月之間而望盡其職守，豈不難哉？」[32]

西歐社會之能夠勃焉興起，關鍵在於他們未有盲目尊崇或刻意栽培一種社會通才。[33]與春秋先賢的治國模式相比，泰西列強對於社會菁英的分工細緻明顯，「算學，化學，電學，光學，聲學，天學，地學及一切格致之學」，分類清楚，而一學之中，又往往再「分為數十、百種」。[34]單以外交官員的編制為例，由隨員，而領事，而參贊，而公使，洊升為全權公使或外部大臣；軍政一途，則由百總，而千總，而都司，而副將，洊升為水陸軍提督或兵部大臣，權責清楚，各專己職，不致流於紊亂虛妄，遊談無根。薛福成認為，與「以士者為尊」的清帝國比擬，歐美國度

---

29 薛福成，《出使日記續刻》，卷一，〈光緒十七年辛卯四月甲午二十日記〉，頁三七〇。

30 薛福成，《庸庵海外文編》（據上海圖書館藏清光緒刻庸庵全集本影印；《續修四庫全書》〔上海：上海古籍出版社，一九九五〕，第一五六二冊，〈集部・別集類〉），卷三，〈治術學術在專精說〉壬辰，葉二三上。

31 同上註，葉二三下。

32 同上註，葉二三下。

33 Ron Eyerman, Lennart G. Svennson, and Thomas Söderqvist, *Intellectuals, Universities, and the State in Western Modern Societies* (Berkeley: University of California Press, 1987), pp. 1-15.

34 同上註，葉二四上。

便做到人盡其才的原則。由於人才專司其職後皆不易更改職務，「數十年不改其用，數十年不變其術」，[35]所以人才或精會計，或諳法律，或究牧礦，皆可倚厥專長。薛福成倒毀「以士為尊」的構想，顯然是希望明確劃分各種專業範疇，主張以通才主導國家命脈的理想絕對不是一種萬全之道。

重估商賈興國的根本

在倒毀以士為尊的同時，薛福成認為宋明以來的「四民觀」在次第上亦需要重新鑑評。他在《出使英、法、義、比四國日記》中便明確指出「是握四民之綱者，商也。」[36]在他看來，中國歷朝視商者為四民之殿，實在是本末倒置。中國傳統學人執筆抒己見，莫不引經據典，舉凡史例，薛氏在解釋久居四民之末的商者何以需要重新評估時，亦不免徵引神農氏、齊太公呂望（？－約公元前一〇一五年）、管仲等先哲諸賢怎樣推行商政，妙治天下。他以批判的眼光討論蓋在春秋以前，「國家民物未繁，閉關獨治，與他國老死不相往來」之際，治國者尚知商者興國的重要性，如今正值「地球萬國相通之世」，豈能不倚持商務而舍本（商）崇末（士）？故他便告誡時人：「外洋創此（營商）規模，實有可操之券」，以中國當世國情，實「不能執中國崇本抑末之舊說。」[37]

薛福成藉環球通商西歐、北美、地中海而凸顯西方如何「基以商務為歸宿」，利用商務「創國、造家、開物、成務」。[38]他除了指出英商、西（班牙）商和葡（萄牙）商如何相繼開發南、北美洲的荒原外，[39]他更特別舉香港、新加坡兩地的發展史為例，形容兩地在十九世紀中葉以前皆為棄壤，但因西人擅營商務，「善尋荒地而墾闢之」[40]，故荒地在短短數十年間便被闢為巨埠。又因英人招致商民創闢市廛，故未幾，街衢、橋梁、闤闠、園林、學堂、教堂、醫院、博物院、電線、鐵路、礮臺、船塢，無不畢具。因為商人的建設力尤為驚人，所以香港，新加坡在瞬息之間已是「寖至商貨流贍，民物殷阜，輒與中國之上海、漢口相頡頏夫。」[41]在薛氏心目

35 同上註，葉二三下。
36 薛福成，《出使英、法、義、比四國日記》（長沙：岳麓書社，一九八五），卷一，〈光緒十六年庚寅正月二十五日記〉，頁八二。
37 同上註，頁八二－八三。
38 薛福成，《庸庵海外文編》，卷三，〈振百工說〉癸巳，葉四一下。
39 薛福成，《出使日記續刻》，卷一，〈光緒十七年辛卯四月甲午二十日記〉，頁三七〇。
40 同上註。
41 薛福成，《庸庵海外文編》，卷三，〈英吉利用商務闢荒地說：見出使四國日記庚寅〉，葉一上－二上。

中，雖然中國無需完全移植歐美民族的重商性格，但十九世紀的清帝國卻有必要以此為鑑，反思以商輔國的可行性。他表示，中國地廣民眾，大可借用商者開墾的魄力、能力與財力而「蓄勢自強」。

要「蓄勢自強」，便需要依仗人力與財力，薛氏認為中國商賈的智慧與幹勁，絕對不下英、俄諸國，就以華商開墾南洋為例，「華人在加剌吉打通商，已一百五十餘年，（不僅）開埠最早，而且生意極大」。[42]他更指出，「東鄰小國日本偶居東海，土地小於中國不啻十倍」，[43]尚懂審時度勢，借用商財「力圖振興」，十年以來「轉貧弱而漸基富強」，難道中國如今卻「反不如日本乎？」[44]薛福成相信，倘若社會對商賈的態度能夠因應時勢，作出適度改變，國家自然有望儲備自強富國的資本，從此「士可行其所學而學益精，農可通其所植而植益盛，工則可售其所作而作益勤。」[45]

然而，「重商」的構想並非表示商人可以橫行其道，目無章法。中國亦需要參考歷史，瞭解富商在前朝如何囤積居奇，誤國成弊；與此同時，商者亦應時刻自省，勿行旁門商道。要避免歷代「商道險惡」的弊病重蹈覆轍，薛福成勾勒兩大條件、八項原則。兩大條件包括：（一）禁止華商之間因為了稍霑微利便搶攬生意，互相詆毀。薛福成認為貶價爭售，互相攻擊，只會招致兩敗。從商者理應曉以大義，明白富國興商必須有一個健全的營商環境，以興國為己務。政府亦宜仿照西洋商例，「創一業官，給准照獨享其利者，若干年剿襲詐偽者，罰無赦，則無相爭俱敗之弊矣。」（二）攙雜詐偽，頒令規定華商不得欺詐造假，如絲中攙麻，「新絲中攙舊絲，細絲中攙粗絲，茶則攙以柳葉，或雜以泡過茶葉」，若營商者不去此習，則華商貨品終有一天會盡失其認受性，以致「真貨滯銷，弄巧成拙」。[46]

八項原則包括「設專官」、「興公司」、「勵新法」、「杜偽品」、「趨時尚」、「設賽會」、「改稅制」，以及「導商路」。所謂「設專官」，是指仿效歐美各國的經商制度，任命一商部尚書綜覈貿易的盈虧情況，再另設一商務委員，專責稽查公司上至總辦、下至服務員的經營，以至銷售乎法，察其良窳。「興公司」，便是制定保護公司運作的明文，議整公司的規模和治理守則。「勵新法」，則指鼓勵有能之營商者多作工藝上的發明，頻推商品。政府則根據其商品質量，給予憑單，並准許其專享所獲之利；薛福成認為，如此一來，則「才智之士，無不殫精

42 薛福成，《出使日記續刻》，卷一，〈光緒十七年辛卯五月甲子十一日記〉，頁三七八。
43 同上註，卷一，〈光緒十七年辛卯六月癸巳初三日記〉，頁三八七。
44 同上註，卷一，〈光緒十七年辛卯四月甲午二十日記〉，頁三七〇。
45 薛福成，《出使英、法、義、比四國日記》，卷一，〈光緒十六年庚寅正月二十五日記〉，頁八二。
46 薛福成，《出使日記續刻》，卷四，〈光緒十八年壬辰六月丁亥二十七日記〉，頁五八三－五八四。

竭能矣。」「杜偽品」，顧名思義，則為杜絕仿冒，打擊品質低劣的產品。薛氏舉中國絲茶不振的例子，說明絲茶「半由姦商肆其詐偽，有攙雜假託諸弊，以致貨真價實者亦受其累。」如政府懸明法令禁止偽品流通市場，並與商會、行會制訂針對奸商的罰則規條，自此中國對內、對外貿易「再行之數年，庶有豸乎？」順帶一提，薛福成對贗品市場、商品版權等議題特別看重，這些想法都是在當時的士人社群中相對突出的；有關這一點，我們將在下文再作探討。「趨時尚」，意指從商者在販賣商品時應緊貼潮流，「凡物能變新，樣必可善，價而沽而眾耳俗目之所好，尤不可不投也。」「設賽會」，便是仿效英、法、德、美、日等國，定期舉辦商業博覽會，「羅列珍奇，廣見聞，開風氣」，藉此加強中外營商者的互動交流。「改稅制」，則指海關應改「值百抽五」之例，稍重洋貨如洋酒、洋煙的進口稅。絲、茶兩項，則宜徵收小額的出口稅，保障商人，「一減成本，二廣銷流。」「導商路」的目的，在於借助輪船招商局船舶「既已暢行江海之力，稍分洋商之利。招商局從商者亦宜多前往南洋諸埠，以及外洋諸國裝貨搭客，使得中國內、外國民「聲氣聯絡，共用裨益。」[47]

薛福成一方面建議規範商者的原則與條文，另一方面則批評當時拒絕「保護商務」的「在上者」與「不研商情」的「在下者」。[48]他痛斥當朝儒士往往曲解先賢訓示，凡一言及利，便不問其為公孰私，統統概斥為「言利小人」：

中國聖賢之訓，以言利為戒，此固顛撲不破之道。孔子曰：「放於利而行多怨。」孟子曰：「苟為後義而先利。」不奪不饜，其言尤為深切。著明然此，皆指聚斂之徒，專其利於一身，一家者言之也。《大學．平天下》一章：半言財用，易言乾，始能以美利。利天下可見，利之溥者，聖人正不諱言利，所謂生財有大道，生之者，眾食之者，寡為之者，疾用之者，舒此治天下之常經也。後世儒者，不明此義，凡一言及利，不問其為公，為私，概斥之為言利小人。[49]

按照薛福成的說法，由於先聖諸賢的微言大義屢屢被誤讀曲解，所以即便是「利國利民」的商務策論，在上者大多避而不談，而為人臣者亦多廢而不講。在薛福成眼中，聖人對商者的看法並非如此一元。正所謂「生財有大道，生之者，眾食之者，寡為之者，疾用之者，舒此治天下之常經也。」[50]當世迂腐士人只是不明此義而已。再加上十九世紀的情況與前代的「天下形勢」更是截

47 薛福成，《出使日記續刻》，卷五，〈光緒十八年壬辰閏六月二十七日記〉，頁五九八－五九九。
48 同上註，卷四，〈光緒十八年壬辰六月丁亥三十日記〉，頁五八六。
49 薛福成，《出使日記續刻》，卷四，〈光緒十八年壬辰六月丁亥三十日記〉，頁五八五－五八六。
50 同上註。

然不同，若然依舊曲解商道本原，後果可是不堪設想。他在《出使日記續刻》中便有這樣的說明：

> 通商之局大開，地球萬國不啻並為一家，而各國於振興商務之道，無不精心研究其糾合。公司之法，意在使人人各遂其私，求人人之私利既獲而通國之公利寓焉。故論一國之貧富強弱，必以商務為衡，商務盛，則利之來如水之就下而不能止也；商務衰，則利之去如水之日洩而不自覺也。然邇來日本、暹羅，經營商務亦頗蒸蒸日上。中國地博物阜，本為地球精華所萃，徒以怵於言利之戒……（吾）是嘆息流涕於當軸者之不知變，計即有一二知變計者而又未盡得其術也。[51]

根據薛福成的觀察，如果中國不認真審度商賈在四民中敬陪末坐的地位與功能，則中國白銀必然大量流失，「中國生財之極富……漸輸海外」[52]，不下數十年，清室將「不再為國」，只好淪為被西方列強榨取的欺侮對象。[53]

薛福成對商者的觀察與重視，從其所引例子可見，當然與西力衝擊東亞的史實有關。但我們卻不能就此斷定，其「重商」思想皆為「西力」衝擊的結果；如此一來，便會與全盤主張「清季圖強求變，無非西力衝擊」的支持者無異。事實上，薛氏對商者地位的肯定，也可以從中國自明代以降的社會脈絡與思想走向出發。余英時便曾經表示，中國自十四世紀中葉，社會已出現一種「士商互動」、「棄儒就賈」的歷史過程。這種對「商人精神」的判研，便是希望重組士、商在「社會地位」上的落差，以及重估商賈在社經發展上所肩負的角色。它不僅是一種針對社會思想的改造，其中更象徵著一個儒學的新轉向，意義深遠。[54]薛氏在十九世紀中葉對商者的位階有所鑑讀，相信與這歷史轉向不無關係。

復次，就晚清思想的脈絡來說，薛福成這種「重商」構想，也應該與當時甚囂塵上的「商戰」觀念一并討論。當時暢言「商戰」者，首推鄭觀應（一八四二－一九二二）在其《盛世危

51　同上註。

52　薛福成，《庸庵海外文編》，卷三，〈英吉利用商務闢荒地說：見出使四國日記庚寅〉，葉一上－二上。

53　薛福成對中國資金嚴重外流海外作出統計，他表示：「中國之財，每歲流入外洋者，白金二三千萬兩，以三四十年通計之，則白金之一去不返者，已有十萬萬兩之多矣。再閱一二十年，中國將何以為國乎？吾是歎息流涕於當軸者之不知變，計即有一二知變計者而又未盡得其術也。」見薛福成，《出使日記續刻》，卷四，〈光緒十八年壬辰六月丁亥三十日記〉，頁五八六。

54　詳參余英時，《中國近世宗教倫理與商人精神》（臺北：聯經出版公司，二〇〇四），〈士商互動與儒學轉向〉。

言》的言論。鄭氏解構西力「入侵」中國的模式，大致可以分辨為「兵戰（軍事侵略）」與「商戰（經濟侵略）」兩類。而他認為西歐列強透過「商戰」對中國所造成的打擊，遠較「兵戰侵略」嚴重。有見及此，清室要抵抗外侮，無非「以商立國，大振商務」不行。[55]與薛福成一樣，鄭氏認為商者乃國家經濟的樞紐和推動力，所以「士無商則格致之學不宏，農無商則種植之類不廣，工無商則製造之物不能銷」。[56]鄭觀應視商務為變革富強的基礎，正好與薛福成否定宋明以來「崇本抑末」的大綱如出一轍。[57]如此一來，薛氏這種高舉商務、重構四民的立場，無疑是與「商戰」風潮的展現互相呼應；而其「商者為四民之綱」的論調，相信亦是在眾聲同唱下的一種表述及構想。

匯聚工器人才的力量

如果文明可區分為物質、制度與思想三大層面，有論者便謂中國自鴉片戰爭到甲午戰爭，對西洋現代化文明的肆應不外乎物質、器物層面，目的在於「仿製洋槍洋砲自強，解除安全威脅，穩固傳統體制。」[58]薛福成身處於甲午戰前的年代，自然對「師夷長技以制夷」方面不乏感受。他深感西洋工器遠勝中國的原因，大抵與中國未有特別注重「工政者」，驟然將其置於「士農商」之中有關：

> （中國）聖人之制，四民並重，而工居士農商之中，未嘗有軒輊之意。存乎其間，虞廷颺拜垂殳斨，伯與。皋夔，稷契同為名臣，《周禮．冬官》，雖闕而〈考工〉一記，精密周詳，足見三代時工藝之不苟。[59]

55 有關鄭觀應就振興商務與創辦新式企業所提出的改革，思考繁眾，當中包括王爾敏，〈商戰觀念與重商思想〉，《中央研究院近代史研究所集刊》，第五期，一九七六年六月，頁一－九二；李陳順妍，〈晚清的重商主義運動〉，《中央研究院近代史研究所集刊》，第三期（上），一九七二年七月，頁二〇七－二二一。

56 鄭觀應，《盛世危言》（北京：華夏出版社，二〇〇二），〈商務〉二。

57 鄭觀應與薛福成不同的地方在於他未有倒毀「士人為尊」的格局，他所強調的是「士、商、工、農」，而非倒置四民。見鄭觀應，《盛世危言新編》（據湖北省圖書館藏清光緒二十三年〔一八九七〕成都刻本影印；《續修四庫全書》〔上海：上海古籍出版社，一九九五〕），卷七，〈開源〉三，葉一〇上。

58 汪榮祖，〈章太炎對現代性的迎拒與文化多元的表述〉，《中央研究院近代史研究所集刊》，第四十一期，二〇〇三年九月，頁一五七。

59 薛福成，《庸庵海外文編》，卷三，〈振百工說〉癸巳，葉四〇上。

對工者加以重視的想法並非始於薛福成，古人多少已經先言之。上古聖賢諸如包犧、神農、黃帝、帝堯、帝舜、大禹皆是神明於工政者，他們皆主張「備物致用成器，以為天下利」的治國藝術。[60]西周（公元前十一世紀－公元前七七一年）以至秦（公元前二二一年－公元前二〇七年）、漢（公元前二〇二年－二二〇）的顯赫名臣，亦曾意識到「工藝盛而天下大利」之道。例如周公旦製指南鍼，迄今海內外，「無不咸師其法」；文學泰斗張衡（七八－一三九），所製儀器亦「非後人思力所能及」；蜀漢丞相諸葛亮（一八一－二三四），常研讀伊尹（公元前一六四八年－公元前一五四九年）、呂尚製器之法，所製有木牛流馬、諸葛燈、諸葛銅鼓，「無不精巧絕倫」。[61]同樣地，西洋各國之所以得以富強，實因其重視工、商者的社會角色。

歐洲自工業革命之後的數十年，由於國家扶植工匠開物成務，所以帝國「可富可疆」，「五大洲聯而為一」。[62]加上歐美政府大小官員對精研工器者不僅是敬羨欣賞，而且更是「扶之、翼之」，[63]是故西洋諸國在槍砲、輪船、鐵路[64]、鍊鋼等工業遂發展蓬勃。正如法國之所以較德國富強，無非「其製造之精、工藝之良皆以法國風氣為最先」；[65]英人商務之所以「最精最廣」，乃她「興其（工器）藝術，自機器行而成。」[66]所以商品如洋布、呢羽、鐘表、五金、玻璃、油皂、針鈕、以至一切日用之物便「愈多愈精」。[67]為了強調工政者的重要性，薛氏亦不惜以尖銳的文字攻擊視西洋工器為無用的「大儒」，闡說中國重工務的傳統由來有漸，與中國國情、國性

60 同上註。

61 同上註。

62 薛福成曾記述：「洋人創造火輪，舟車及電線，巧奪天工，遂能將五大洲聯而為一。」見薛福成，《出使日記續刻》，卷三，〈光緒十八年壬辰正月辛酉二十七日記〉，頁五〇六。

63 薛福成，《庸庵海外文編》，卷三，〈振百工說〉癸巳，葉四一下。

64 薛福成對鐵路的建造與其功能尤為關注，他曾表示：「徵兵調餉，保國致富，通商利民，莫便於鐵路。」見其《出使日記續刻》，卷二，〈光緒十七年辛卯六月癸巳三十日記〉，頁三九六。他更舉俄國建高加索山鐵路如何調兵運餉，其謂：「（高加索山鐵路）六百里，同治十一年畢工。為俄在亞洲首創之路，蔥嶺以西，裏海、黑海相通連。兵部所造之鐵路經始於光緒六年，閱三年而工竣。此中國西緬之路也。又於中國以北近恰克圖之處，亦造鐵路，年復一年，俄路皆寬五尺，以調兵運餉為主，不甚重商務也。管理之法，多師德奧二國。」見薛福成，《出使日記續刻》，卷二，〈光緒十七年年辛卯十月壬辰十八日記〉，頁四四七－四四八。

65 薛福成，《出使日記續刻》，卷四，〈光緒十八年壬辰六月丁亥十七日記〉，頁五七七。

66 薛氏更從地理形勢、工商業發展的精進度比較歐美諸國的國家實力。他綜合說：「泰西諸大國，俄之富不如德，蓋俄居極邊極寒之界，而荒地甚多。德則較俄為腹地，且講求農事無間，民無曠土也。德之富不如法，蓋法地擅歐洲上腴，而製造之精，工藝之良亦以法國風氣為最先。所產葡萄酒，為各國人所嗜，其獲利尤厚也。法之富不如英，英之土產雖遜於法，而煤鐵之利甚饒。萃通國上下之精神，經營工商諸務，超出法人之上，故能羅天下之財為一國之財也。英之富不如美，蓋英恃商務，究似無源之水，美國地博物阜，與中國相頡頏。」閱薛福成，《出使日記續刻》，卷四，〈光緒十八年壬辰六月丁亥十七日記〉，頁五七七－五七八。

67 薛福成，《出使日記續刻》，卷三，〈光緒十八年壬辰正月辛卯十六日記〉，頁四九三；另參其《庸庵海外文編》，卷三，〈海關出入貨類敘略〉癸巳，葉四三上－四五下；薛福成，《出使英、法、義、比四國日記》，卷四，〈光緒十六年庚寅十月丁酉十一日記〉，頁二一三－二一四。

若合乎節。他在〈振興百工說〉上便指出：

> 中國果欲發憤自彊，則振百工，以前民用其要端矣。欲勸百工，必先破去千年以來科舉之學之畦畛。朝野上下，皆漸化其賤工貴士之心，是在默窺三代上聖人之用意。復稍參西法而酌用之，庶幾風氣自變，人才日出乎。[68]

要令工藝益興，商務益旺，薛福成認為國家不但要淡化「賤工貴士」的想法，更要對從事工業技藝者提供保障。他認為如有能製新奇便用之物的工藝者，國家理應給予憑單，對其優予賞賜，並規定若干年後不許他人仿製、盜用。[69]這種類似近代知識產權與商標註冊的概念，實為當時朝野上下比較先進的想法，獨樹一幟。另一方面，國家亦應該投放資金，開採五金硫煤，以裕民用，亦裕工者。[70]如是者，專研工藝者便能取得充足資源，享煤鐵之利而製器設廠。

在薛福成眼中，中國要振興商務，推動百業，便必先講求工藝，則「工實尚居商之先。士研其理，工致其功，而工又必兼士之事。」[71]而工、商發展亦要謹慎配合，否則便會「獨立難支，勢孤氣餒」。所以他有言道：

西洋各國之所以致富強者，以工、商諸務之振興也。工商諸務之無阻，以各項公司之易集也。凡事獨立則難支，眾擎則易舉，勢孤則氣餒，助多則智周。

薛氏亦特別指出，營商者之間在資金籌集，投資發展上亦宜眾志成城，就如西洋工商界一樣：「資本之雄動以數千百萬計，斷非一人一家之財力所能就。然苟有當辦之事，可興之利，則風聲一播，而富商立集，股票一出，而巨款立致。蓋其規劃之精，風俗之純，章程之善，有使人深信不疑者也。」[72]正因為英國在工、商配合上有法有道，成功「萃通國上下之精神」，所以她便能夠「羅天下之財為一國之財」。[73]

68 薛福成，《庸庵海外文編》，卷三，〈振百工說〉癸巳，葉四一下。
69 薛福成，《出使日記續刻》，卷三，〈光緒十八年壬辰正月辛卯十六日記〉，頁四九三。
70 薛福成，《庸庵海外文編》，卷三，〈振百工說〉癸巳，葉四一上。
71 同上註，葉四〇下。
72 見其《出使日記續刻》，卷四，〈光緒十八年壬辰六月丁亥十四日記〉，頁五七五－五七六。
73 薛福成，《出使日記續刻》，卷四，〈光緒十八年壬辰六月丁亥十七日記〉，頁五七八。

另一方面，精煉工藝政策時最好能以「格致為基」、「機器為輔」，[74]不能迂腐地持守未有經世作用的六經要典。薛福成認為，「西人所恃以奪天工者，多藉水、火、風、電之力」，[75]但他相信在科學的物質世界裡，聲、光、化、電在理論上並無中外之分。[76]不管在西洋或在東亞，在科學發展的進程上，沒有國族能夠在科學探索上一枝獨秀，獨占真理；故他深信中國亦可以從西方經驗參透化學、光學、重學、聲學、電學、植物學、測算學等格致之學。為配合工藝的長遠發展，國家亦有需要廣設藝術（工藝）學堂，選聰穎子弟，肄業其中，強調工藝菁英的重要，培養他們製器之法，以「一人之力，得百人之功」，並於「一日之力，成十日之效」。[77]自此工藝所出之物，亦為大宗，有不用人力之手工，或用氣力，或用水力者。於此，商務便能蒸蒸日上，貨價得以降低下調，西洋的經濟力量自然難以摧毀本土的工商產業，中國更有望「收回洋商所奪之利」。[78]

訓練農務人才推廣農政

中國歷代有識之士，無不感農務為天下之本。杜甫（七一二－七七〇）早有詩云「舜舉十六相，身尊何道高」，[79]描寫帝舜帶領十六大臣，親躬農稼，以顯示管治天下以農務、重穀為本。

光祿寺少卿邵遠平（?－一六七六），翰林編修程文德（一四九七－一五五九）亦相繼表示要「撫定天下，必先安重農務。」[80]薛福成認識到農者在四民之中如何牽繫國家命脈，故他堅持要有良好的工商發展，必須依靠農者「終歲勤動」。[81]但由於晚清農殖之地已幾達飽和，薛福成隨即建議國家務必訓練善治農政的駿才，促令農務發展專業化、現代化；從農者亦宜參照西洋耕耨力田之法，認識並適度地配合機器耕作，完善國家農務的長遠發展。

中國的人口在明清之前，大約徘徊在六千萬左右，到乾隆五十九年（一七九四），人口急遽

74 同上註，卷五，〈光緒十八年閏六月二十七日記〉，頁五九八。

75 薛福成，《出使日記續刻》，卷三，〈光緒十八年壬辰正月辛酉二十七日記〉，頁五〇七。

76 薛福成，《出使日記續刻》，卷三，〈光緒十八年壬辰正月辛酉十一日記〉，頁四九〇－四九一。

77 薛福成，《出使日記續刻》，卷五，〈光緒十八年閏六月二十七日記〉，頁五九九。

78 薛福成，《出使日記續刻》，卷三，〈光緒十八年壬辰正月辛卯十六日記〉，頁四九三。

79 杜甫，《杜工部集》（臺北：新文豐出版公司，一九七九），〈述古三首〉，頁三九。

80 程文德，《程文恭公遺稿》（據浙江圖書館藏明萬曆十二年〔一五八四〕程光裕刻本影印；《四庫全書存目叢書》〔臺南：莊嚴文化事業有限公司，一九九七〕，第九十冊，〈集部・別集類〉），卷一，〈無逸殿講章〉，葉一三上。

81 此語見何良俊（一五〇六－一五七三），《四友齋叢說》（北京：中華書局，一九五九），頁一一五。

倍增，全國人口增加至三億一千三百萬人，及至十九世紀中葉，繼續暴升至四億三千萬人。[82]誠如何炳棣的著名結論所言：「明清時代人口大致是直線上升，到了盛清的太平盛世，人口開始爆炸。」[83]人口一方面急遽增長，但農地卻不能負荷。陳昌遠便認為明人以勞力與施肥增產已經飽和，清人要再事提高實在不甚可能。[84]縱然清政府在占領新疆、青海一帶後曾經大力開疆闢地，[85]但由於人口增長極急，開發土地亦幾達竭澤而漁的地步。薛福成曾游走曾、李幕府，遍歷大小省縣，故他曾親見問題之嚴重，形容當世「農政不修，措之無具。」[86]所以要改善農業持續惡化，以防其拖跨自強改革的進程，便需要從農政的根本著手。

薛氏認為中國與西方一樣明白到要治天下，必先養民，而要令人民溫飽富足的責任，便落在從農者的肩膊之上。西方世界在人口方面雖未有像清代中國出現如此驚人的增長，但歐洲務農者在運用土地的策略上卻有其良法，值得東方世界參考。就以英國與法國在工業革命之後的情況為例，薛氏認為英、法農民皆能妥善運用機器輔助墾田，這樣一方面能省卻國家的人力資源，另一方面則能夠妥善利用土地。[87]在引進工藝方法的同時，朝廷亦宜仿效日本等國培訓農政人才，設立農政院等監管機構，控制耕地土壤因國民與山林爭地頻仍而導致荒廢無用的情況。[88]農政院亦能透過監管，減緩地力耗損、農業生態惡化等危機。[89]可惜的是，清廷自十九世紀中葉以後，人口增長與耕地墾殖始終無法取得平衡。全國耕地的總體面積不增反降，[90]農產僅能滿足部分區域，穀倉淘空，飢荒缺糧的奏報時而有之。再加上晚清生態變化反覆無常，農民與自然爭地的問題日益嚴竣，[91]如是者，即使薛福成針對從農者的對策能夠落實，清季的農業危機相信亦難以紓解。

82 Ping-ti Ho, *Studies on the Population of China, 1368-1953* (Cambridge, MA: Harvard University Press, 1959), pp. 277-278.

83 何炳棣，《中國歷代土地數字考實》（臺北：聯經出版公司，一九九五），頁八一。

84 陳昌遠，《中國歷史地理簡編》（開封：河南大學出版社，一九九一），頁三三四－三三五。

85 華立，《清代新疆農業開發史》（哈爾濱：黑龍江教育出版社，一九九八），頁一二七。

86 薛福成，《庸庵文編．外編》（臺北：文海出版社，一九七三），卷二，〈全氏七校水經注序〉戊子，葉七上。

87 薛福成，《出使日記續刻》，卷五，〈光緒十八年七月癸亥初五日記〉，頁六〇四。

88 薛福成十分欽羡日本管理農務的方法。他記述：「（日本）有農商務省，以莞攝之保護之。其署有官房、有總務局、有農務局、有商務局、有交務局、有水產、山林、地質、礦山、專賣、特許、會計、叢林、製絲、製線諸局。其官自大官以迄技手，有條不紊，秩然井然。」見薛福成，《出使日記續刻》，卷一，〈光緒十七年辛卯三月乙丑初十九日記〉，頁三五七。

89 同上註。

90 Ping-ti Ho, *Studies on the Population of China, 1368-1953*, p. 102.

91 汪榮祖，〈「天地之盜」：明清帝國生態危機綜說〉，《中國文化研究所學報》，第五十一期，二〇一〇年七月，頁八七－一一五。

薛福成的新四民說與明治日本的改革派

薛福成對四民的重新解構，無疑希望尋找中國文化怎樣能在洪流中更新、獨立與延續。十九世紀的日本也受到西方的猛烈衝擊，日本知識分子事實上亦在面對與中國類似的文化危機，積極索求一種對社會國民性質的新改造。日本學人諸如德富蘇峰（德富豬一郎，一八六三－一九五七）、三宅雪嶺（一八六〇－一九四五）、志賀重昂（一八六三－一九二七）等人與薛福成面臨的情況一樣，於以本土國情為本之際，並不排拒西方文化，某程度上亦呈現出一種多元的文化思維（cultural pluralism）。[92]

自德川幕府倒臺後，明治天皇除舊布新，建立新的政治體制和社會秩序。明治政府針對社會秩序的改革，某程度上亦引發一個倒毀「以傳統武士為首的四民階級」現象。這政策不僅使傳統社會出現解構，更直接刺激日本知識階層的文化構想，對士、農、工、商與賤民等傳統社會階級作出批判。例如《國民之友》的主編德富蘇峰便呼籲日本的新一代要順應潮流，接受十九世紀被西方奉為圭臬的自由價值；並鼓勵國民重視商賈、工人的社會身分，否則日本將無法成為工商業強國，與歐美列強並駕齊驅。他在〈新日本の青年〉一文便指出：「日本既已勵行推行維新，就應該配合西方的科技、學術，建立一個歐化的社會。為此必須輸入歐式倫理，以便豐富知識，促令國家進步繁榮。」[93]德富氏所言及的「歐式倫理」，當中包括歐化國民在社會上的分工原則，這論說與薛福成欽羨西洋「商政、造船、製器、牧礦、漁農」諸務分工井然的態度實在相似。

國粹主義者志賀重昂在保護本土文化的前題下，重申仿效西方經驗而改造社會的迫切性。與德富蘇峰一樣，志賀氏亦主力向年青人貫輸主張，解釋傳統對四民的分類已經不合時宜，強調現代進步的社會應該打破固有藩籬，相信教育、科學的創造性，重視人民的思想自由。[94]《日本人》雜誌主編三宅雪嶺亦是十九世紀開明的知識分子，雖然他並未如德富蘇峰一樣主張「全盤西

92 順帶一提，日本學者對「士農工商」的歷史沿革、社會變遷、以至四民平等論題，一直也有他們的研究傳統。就我目覽所見，最早的專著可以追溯到池田英泉在一八二〇年出版的《風俗士農工商》。至於近世學者在這方面的研究，請參考書末〈延伸書目〉內的例子。

93 德富豬一郎，〈新日本の青年〉，《德富蘇峰集》（東京：改造社，一九三〇），頁三－五三。引文翻譯出自汪榮祖，〈章太炎對現代性的迎拒與文化多元思想的表述〉，頁一七一。更重要的是，本章節有關日本改革派的討論，大多是參考汪氏這篇文章而來，這是需要向讀者交代清楚的。

94 詳參岡和田常忠，〈青年論と世代論〉，《思想》，號五一四，一九六七年四月，頁四四五－四六五；Kenneth B. Pyle, *The New Generation in Meiji Japan: The Problem of Cultural Identity, 1885-1895* (Stanford: Stanford University Press, 1969)；芳賀徹，《西洋の衝撃と日本》（東京：東京大学出版会，一九七三）；星山京子，《徳川後期の攘夷思想と「西洋」》（東京：風間書房，二〇〇三）。

化」，但他也沒有一意復古，又或者排斥西學。他的目標是要在西風東漸的大潮流中，盡力維持日本文化的自主性；[95]這種對本國文明抱持肯定的想法，其實與薛福成「酌量仿效西洋，保存華夏文化」的理想形似情同。三宅雪嶺更加認為，日本永遠是日本，故在改造社會秩序時也應保存日本的精神、思想、風俗與傳統，不宜全數仿效歐人的重商精神、探險精神與政教分離等要旨。[96]與薛福成一樣，他認為日本也有豐富的歷史，並且保存了古哲先賢的偉大聲音。先哲們的治國、治學、治史精神均具有反思現世危機的指導綱領，言則日本在進行社會改造時，也必須慎擇西方文化而不失其獨立性與文化特色。

薛福成身處的清帝國，與明治天皇治下的日本比較，外在威脅雖然有所相似，但是前者的情勢可是更為險峻。換言之，薛氏與東洋改革派在社會改造的立場上有相似、甚至是更加激進的肆應，其實也不足為奇。不過，在比較他們文化構想的同時，我認為有一點是值得特別注意的。綜觀薛福成的「新四民說」與日人對「社會改造」的看法，他們並未有全盤認同現代化全屬於西方世界的表象。然則，世界各族人民也有機緣與機遇去推行現代化並走向富強。他們在論說中雖然多番高舉西方諸國的成功例子，但這不代表他們是徹底的西化派。在展示西方成就的同時，薛氏、志賀氏、以至三宅氏均未有認為本土的歷史經驗一無可取。在他們的思想世界，參考西方文化在現代化進程上的成果，恍惚只是東亞國家諸如中國、日本、韓國進入現代化過程中的一種過渡條件。

小結

在十九世紀的西力衝擊下，中國面臨李鴻章所謂「三千年來未有之變局」。由於中國的國土安全遭遇到空前的威脅，具有銳利眼光的有識之士乃對西方文明產生一種深切感受，嘗試就物質、制度與思想等層面探索中國自強的可能性。薛福成就是在這大時代下倡議一種近乎將四民「倒置」（商、工、農、士）的論說來改革積弊，救國救時。然而，我們亦須注意，薛氏的論說（特別是其「重商觀」）並非完全由於西力衝擊。就明清學潮的發展脈絡而言，薛氏的「新四民觀」同時受到明代以來「士商互動」、「棄儒就賈」等思潮所影響。所以，「西力衝擊」的時代背景雖然刺激到薛氏的思想脈絡，但我們並不能就此斷言這種衝擊是一面倒地主導其思想世界。

95 見《日本人》（一八八八年七月三日文稿）；現轉引自引文翻譯出自汪榮祖，〈章太炎對現代性的迎拒與文化多元思想的表述〉，頁一七一。

96 同上註（一八八八年四月三日文稿）。

綜觀薛福成的「新四民觀」，他多番強調應該將不事生產的「士人」置於四民之尾；又四民均需進行專業化，擷其精粹，各司其職。他深信國家在商、工者的帶領下，務農者方能專心耕織，士者亦能專研學問，國家才能自立自強。雖然薛氏多被論者標誌為西化派、洋務派，[97]但從他對四民的表述與解構，我們可以認識到他不是全盤西化派的支持者。薛氏在迎接西潮的同時，根本未曾摒棄中國文化的本質；在營建中國現代化的論說中，他更多次強調「西洋風氣，與中國不同」，[98]對西方文明的發展與經驗理應「酌而用之」。事實上，薛福成與不少東亞世界的智識之士一樣，在歐美兵船環伺互逼的年代，並未照單全收地接受西方文化。他們的重點反而是如何借鏡西洋在現代性歷程上的經驗，追尋本土文化的特質。薛氏更堅持「中國綴學之士，聰明才力，豈遜西人？若國民各以攻其專家之學，遂能直造精微，斯固無庸自諱亦何必自畫也」，[99]多番明示中國文化優越、充滿智慧的悠久歷史，正如「《堯典》定四時，《周髀》傳算術，西人星算之學，未始不權輿於此。」[100]薛福成這種思維大可與十八世紀德國哲學家赫爾德（Johann Gottfried von Herder, 1744-1803）對文化的觀察作出比較。赫爾德認為任何文明均具其獨持的文化性格和特殊形態（das Eigentumlicke），故不能以同一之標準，去全盤理解另一（cultures are comparable but not commensurable）。[101]這種思考模式與薛氏主張以中國國情為本，西方經驗為用的「新四民說」恰巧意趣相似。如果我們借用余英時的說法，薛福成大概就是能夠充分理解「中國傳統中並不乏現代性合理因子」的文化學人；倘若這些傳統因子能夠「及時地善加誘發，未始不能推動現代化的發展」。[102]

中國對待士、農、工、商的一貫態度自宋明以來已是顛撲不破。薛氏對這觀念作出批判，正如他自己所言，其論是「四海之內未所知，六經之內未所講。」[103]當然他是未有注意到杜佑（七

97 楊海雲，〈淺析薛福成的重商思想〉，《湖南省政法管理幹部學院學報》，第十八卷第二期，二〇〇二年十二月，頁一六九－一七〇，一九八；易春秋，〈薛福成工商立國思想述論〉，《臨沂師範學院學報》，第二十六卷第五期，二〇〇四年十月，頁三七－四〇。而事實上，西化派亦不完全等同洋務派。

98 薛福成，《出使日記續刻》，卷四，〈光緒十八年壬辰三月戊午十三日記〉，頁五五九。

99 薛福成，《出使英、法、義、比四國日記》，卷一，〈光緒十六年庚寅四月庚子朔記〉，頁一三二。

100 同上註，頁一三三。

101 Isaiah Berlin, *Vico and Herder: Two Studies in the History of Ideas* (New York: Viking Press, 1976), pp. 182-183；另參 Anne Löchte, *Johann Gottfried Herder: Kulturtheorie und Humanitätsidee der Ideen, Humanitätsbriefe und Adrastea* (Würzburg: Königshausen & Neumann Verlag, 2005); Martin Keßler (ed.), *Johann Gottfried Herder: Aspekte seines Lebenswerks* (Berlin: de Gruyter Verlag, 2005); Hans Adler (ed.), *A Companion to the Works of Johann Gottfried Herder* (Rochester: Camden House, 2009).

102 引文見余英時，《史學與傳統》（臺北：允晨文化實業股份有限公司，二〇二二年再版），頁一五。

103 薛福成，《出使英、法、義、比四國日記》，卷一，〈光緒十六年庚寅三月二十五記〉，頁八二。

三五－八一二）、王仁裕（八七九－九五六）在唐代亦曾提出類近看法。[104]雖然杜佑、王仁裕與薛氏論點相近，但他們所遭遇的時代危機卻大為不同，所以難以比較。但薛氏「重商」的構想與主張「商戰」者的論調卻有其共鳴處，這是我們需要留意的。此外，薛福成之所以產生一種對「四民位階」的反思，固然與西歐列強的衝擊和清季思想世界的轉變有關，然其超時代的文化理想與批判性觸覺亦不容忽視。所以我們可以總結，薛氏思想和心態層次上的改變，一方面來自外在環境的變化，另一方面則來自自身的內省。就他對傳統四民思想的表述與解構而言，薛氏可算是借鑑世界、批判傳統，營建本國「現代性」的先驅之一。在薛氏的四民論出現後，清末民初甚至出現「四民皆士」的觀念，嘗試將農、工、商一并提升到士的位階。[105]這種針對社會結構的文化構想，相信亦能與薛福成的「新四民觀」相較比擬。

104　參陳洪英，〈新四民論——試論唐五代文人對士農工商的新認識〉，《柳州師專學報》，第二十三卷第四期，二〇〇八年八月，頁二八－三〇。

105　王汎森，《中國近代思想與學術的系譜》（臺北：聯經出版公司，二〇〇三），頁二七九。

第三章

佐主為治

丁日昌的幕僚際遇與家國關懷

緒言

清人邵之棠輯〈論儲才〉一文中有云：「國家之盛衰，視乎人才之興廢，方其盛也……所謂勞於求才而逸於受治也。」[1]望文生義，人才能否盡善運用，往往是國力強弱的關鍵問題；而國家是否具備良好的「選才」與「儲才」模式，便正好是她能否做到「人盡其才」的基本條件。所謂選才者，則為選拔人才，擇賢與能以輔政獻策；儲才者，則為攬納智者，培養人才，以備安危蓄用。[2]中國自漢（公元前二〇二年－二二〇）魏（二二〇－二六六）以來，政府均備有完善的全國考核與官制「選才儲才」，[3]而「幕府制」便是一種建基於主流考核以外的人才儲育觀，借用郭潤濤的說法，它是「一種行政長官自主用人的行政制度」，自古有之。[4]事實上，幕府制度一直也受到中外學者的廣泛關注。就這制度的歷史溯源而言，學界大多認為它是受到春秋戰國（公元前七七〇年－公元前二二一年）時代的養士風氣影響所致，[5]我在本書〈序論〉中提及的孟嘗君，便是其中一個著名例子。至於「幕府」一詞何時見於記載，相信可以追溯到太史公《史記》的〈廉頗藺相如列傳〉與〈張釋之馮唐列傳〉。兩篇文章均有關係到「莫（幕）府」的書寫，分別是「常居代雁門，備匈奴，以便宜置吏，市租皆輸入莫（幕）府」，以及「夫士卒盡家人子，起田中從軍，安知尺籍伍符。終日力戰，斬首捕虜，上功莫（幕）府，一言不相應，文吏以法繩

1 佚名，〈論儲才〉，收入邵之棠編，《皇朝經世文統編》（光緒二十七年〔一九〇一〕上海寶善齋刊本；臺北：文海出版社，一九七九），卷三十一，〈內政部〉五，〈育才〉，葉二下，總頁一三〇二。

2 陶模（一八三五－一九〇二），〈培養人材疏〉，收入邵之棠編，《皇朝經世文統編》，卷三十一，〈內政部〉五，〈育才〉，頁一七上，總頁一三三二。

3 Benjamin A. Elman, *A Cultural History of Civil Examinations in Late Imperial China* (Berkeley, California: University of California Press, 2000), p. xvii；劉虹，《中國選士制度史》（長沙：湖南教育出版社，一九九二），頁一－三；任立達、薛希洪，《中國古代官吏考選制度史》（青島：青島出版社，二〇〇三），頁一－二；古鴻廷，《清代官制研究》（臺北：五南圖書公司，二〇〇五），〈導言〉，頁一－四。

4 郭潤濤在〈中國幕府制度的特徵、型態和變遷〉一文指出「幕府制」、「幕制」、「幕府制度」與「幕僚制度」雖用詞不同，但其實是同一概念，見其〈中國幕府制度的特徵、型態和變遷〉，《中國史研究》，一九九七年第一期，一九九七年一月，頁三－一四；另參他的《官府、幕友與書生——「紹興師爺」研究》（北京：中國社會科學出版社，一九九六）。

5 相關討論見全增祜，〈清代幕僚制度論〉，《思想與時代》，第三十二卷，一九四四年二月，頁二九；Kenneth E. Folsom, *Friends, Guests and Colleagues: The Mu-fu System in the Late Ch'ing Period* (Berkeley: University of California Press, 1968), pp.34-35；李晚成，〈中國幕僚制度考論〉，《上海師範大學學報》，一九八八年第一期，一九八八年一月，頁八五；郭潤濤，〈中國幕府制度的特徵、型態和變遷〉，頁五六；苗英楠，〈幕府制度的歷史演變〉，《科技促進發展》，第三十期，二〇〇七年五月，頁九二。

之。」[6]由此可知，「幕府儲才」的現象由來已久，它可謂政制之附屬，官僚體系以外的一個影子架構，為失意主流考核模式的人才學士提供「容身」之所；[7]另一方面，它亦是地方行政的重要元素。按照清人賀濤的記述，大小州縣的「簿書之繁，勢不能不分寄於幕賓之手」；[8]而徐珂（一八六九－一九二八）、陳必甯等人亦有言謂「入幕之賓，自古有之……任習以佐治也。」[9]

雖然幕府、幕僚的重要性無以否定，但在嘉道（一七九五－一八五〇）以前，由於《大清會典．吏部條》明確規定「凡官之出身有八，一曰進士，二曰舉人，三曰貢生，四曰廕生，五曰監生，六曰生員，七曰官學生，八曰吏。」[10]幕僚終歸也是處於「隱治」領域，是未受官方認可的「官制成員」。所以清人韓振便對幕友的位置作出以下析述：

自天子以至庶人，未有不求助於人者也。上者輔德次輔事，天下之事，誰為政？曰：二顯、二隱。何謂顯？曰：三公統六部，六部各統其曹，是謂內之顯治；以司道察守令，以督撫察司道，是謂外之顯治。何謂隱？曰：內掌曹郎之事，以代六部出治者，胥吏也；外掌守司令道督撫之事，以代十七省出治者，幕友也。是皆上佐天子，以治民事，而其跡不見者也。[11]

韓振一句「其跡不見者」，相信就是對幕僚雖屬「上佐天子，以治民事」的一員，但卻是身處官制之外、默默耕耘「十七省」政務的有力書寫。[12]同樣地，曾任臺灣府淡水廳艋舺縣丞一職的陳澧

---

6 見司馬遷（約公元前一四五或前一三五年－？），《史記》（北京：中華書局，一九五九），卷八十一，〈廉頗藺相如列傳〉第二十一，頁二四四九；卷一〇二，〈張釋之馮唐列傳〉第四十二，頁二七五九。

7 Kenneth E. Folsom, *Friends, Guests and Colleagues: The Mu-fu System in the Late Ch'ing Period*, p. 46.

8 賀濤，〈法政學堂記〉，載氏著，《賀先生文集》（據民國三年〔一九一四〕徐世昌刻本影印；《續修四庫全書》，〈集部．別集類〉，第一五六七冊），卷三，頁一一二；另見郭潤濤，《官府、幕友與書生——「紹興師爺」研究》，頁二八六。

9 徐珂言及幕僚時肯定他們為地方之重要參謀、記室，並且是「自古皆有之」。見徐珂，《清稗類鈔》（北京：中華書局，一九八四），第三冊，〈幕僚類〉，〈幕僚曾定品級〉，頁一三八〇；上引文句則見陳必甯，〈幕友說〉，收入盛康（一八一四－一九〇二）編，《皇朝經世文續編》（同治六年〔一八六七〕重校本；臺北：文海出版社，一九七九），卷二十七，〈吏政〉十，〈幕友〉，葉一上，總頁二八二七；另參繆全吉，《清代幕府人事制度》（臺北：中國人事行政月刊社，一九七一）；李喬，《中國的師爺》（北京：商務印書館國際有限公司，一九九五），頁一三九。

10 崑岡（一八三六－一九〇七）等修，吳樹梅（一八四五－一九一二）等纂，《欽定大清會典事例》（上海：上海古籍出版社，一九九五），卷七，頁七。

11 韓振，〈幕友論〉，收於賀長齡輯，《皇朝經世文編》，卷二十五，〈吏政〉十一，〈幕友〉，葉一上，總頁九二一。

12 邱澎生，〈明清訟師的興起及其官司致勝術〉，《歷史人類學學刊》，第七卷，二〇〇九年，頁三一－七一。

（一八一〇—一八八二）也曾經表示：「今之幕友，其人非官也；所為之事，則官事也。」[13]陳氏清楚指出，幕僚所參與的工作，大多是官衙府縣的公事，但他們卻沒有官銜，身分相對模糊，是一種「非官非吏」、「似僚非僚」、「似師非師」、「似賓非賓」的特殊職業與社會角色。[14]針對這種情況，邱澎生便曾作以下結論，準確地評估明清幕友的「存在與發展」，一方面「衝擊（著）政府司法體系的運作邏輯」，另一方面，則成功「重塑當時民眾賴以調停糾紛或是進行訴訟的法律秩序」。[15]

鑑於幕僚的位置愈見重要，一些中央和地方官員遂陸續建議，封予幕僚一個比較明確的官職或身分，替他們正名。例如在乾隆時代出任兵部侍郎的吳應宗（一七五五年進士），便曾上奏疏請在督撫核下開設「七品幕職二員」、布按兩司之下設「八品記室二員」，由地方大員舉薦；然而，吳氏的建議終皆不獲批准。[16]道光皇帝更加對幕僚通過保舉為官的主張十分反感，他認為「此系外省最可惡之惡習，朕所深知，正欲力除此弊。」[17]很明顯，直至嘉道年間，上至天子，下至朝臣，對應否正式授予幕僚官銜一事始終意見不一。換言之，儘管中央官員大多承認地方府衙私下任用屬員的合法性，但這時期的幕府制度依然純屬私人性質，是一個與中央政制毫無法定關係的「行政機關」；幕僚終歸也是非官式的私人「家佐」，[18]他們主理、建議之事亦主要為地方行政、衙事訴訟、私館修書、或梓群籍而已。[19]

及至嘉道以後，清室內憂外患接踵而至，海內日以多事，在中央主力應討太平天國的非常時期，以地方團練作為區域防衛的國策，遂成為幕府制度轉型的一大關鍵。研究清史著稱的鄭天挺（一八九九—一九八一），便曾根據幕府職能、賓主關係及幕賓社會地位等變化，提出太平天國前後為幕府發展的重要轉捩點。按照他的分析，清代幕府的更變，主要可以劃分為三大階段：首

13 見陳澧，〈山陰汪君幕表〉，載閔爾昌（一八七二—一九四八），《碑傳集補》（收入周駿富，《清代傳記叢刊》〔臺北：明文出版社，一九八五〕，卷一二〇—一二三），卷五十五，〈義行〉，葉一五上，總頁四九七。另見王文濤，〈師爺稱謂演變與幕僚制度試論〉，頁二六一。

14 引文見何寶梅，〈論清朝幕友的文書職能——以紹興師爺為例〉，載朱志勇、李永鑫主編，《紹興師爺與中國幕府文化》，頁三一。

15 詳參邱澎生，〈以法為名：明清訟師與幕友對法律秩序的衝擊〉，《新史學》，第十五卷第四期，二〇〇四，頁九三—一四八。

16 見徐珂，《清稗類鈔》，〈幕僚類〉，〈幕僚曾定品級〉，頁一三八〇。

17 見《清宣宗成皇帝實錄》（載《清實錄》〔北京：中華書局，一九八五—一九八七〕，第三十六冊），第四冊，卷二五〇，頁七七〇。

18 繆全吉曾於其〈清代幕府制度之成長原因〉一文中考究幕府制在清代何時取得皇帝默認存在，他依《清世宗實錄》及《東華錄》的記載，分析應該是始於順治八年（一六五一）閏二月。見繆全吉，〈清代幕府制度之成長原因〉，頁一八一—一八二。

19 尚小明，《學人游幕與清代學術》（北京：社會科學文獻出版社，一九九九），頁一一。

先是「太平天國前期的第一階段」、其次為「太平天國爆發至光緒中葉的第二階段」、最後便是「光緒中期至辛亥革命爆發前的第三階段」。鄭天挺的分劃對我們了解幕府制度在十九世紀的轉型甚有助益；不過，值得留意的是，其實早在嘉道年間，亦即鄭氏所言及的第一階段之前，清代的軍制系統已經出現「將不知兵、兵不知將」等結構性問題；[20]時至洪秀全等人揮軍掃蕩江南，中央政府便更加確定，如果不從「私軍」理念出發、不依仗幕府制的私人性與靈活性，斷不能夠妥善解決燃眉之急。[21]如是者，咸豐皇帝遂同意允准部分官員返鄉回籍，配合地方「團練」（亦即加入幕府或自組幕府）抗匪。在眾多「團練勢力」之中，曾、李兩幕可算是最為突出的。他們的湘軍與淮軍，在短短數年之間，更加成為兩大舉足輕重的軍幕集團；然而，它們不止是一個「軍幕」，而是一個在常設官制以外相對特殊，且集區域行政、地方庶務於一身的子系統（sub-system）與微勢力（micro-power）。

我之所以有這樣的觀察，是因為湘、淮「軍幕」雖以「平亂剿匪」為宗旨，但它們卻是由傳統幕府制的私人性與靈活性衍生而來；最明顯的例子，就是曾、李二人對待他們從屬的態度，大多與傳統幕主與幕僚的關係類似。換句話說，即便湘、淮兩幕在性質上與明清時代的地方衙幕不盡相同，但前者卻保存著幕府制度的基本精神。所以，我們可以得出一個結論，就是湘、淮幕府與傳統幕制最大的分別，就是前者的軍事性質較重；而促令這種軍事性質得以強化的原因，無非因為晚清內亂躍起的時代危機所致。或許由於這種特殊性，學者每凡論及晚清幕府的歷史本末時，均喜以曾、李兩幕作為討論焦點。事實上，有關曾、李幕府的專論可謂汗牛充棟。現僅列舉數例如下，以供有興趣的讀者參考：Jonathan Porter, *Tseng Kuo-fan's Private Bureaucracy* (Berkeley: University of California Press, 1972)；Kenneth E. Folsom, *Friends, Guests and Colleagues: The Mu-fu System in the Late Ch'ing Period* (Berkeley: University of California Press, 1968)；李鼎芳，《曾國藩及其幕府人物》（長沙：岳麓書社，一九八五）；朱東安，《曾國藩幕府研究》（成都：四川人民出版社，一九九四）；成曉軍，《晚清第一智庫：曾國藩的幕僚們》（上海：東方出版中心，二〇〇〇）；劉建強，《曾國藩幕府》（北京：中國廣播電視出版社，二〇〇五）；馬昌華主編，《淮系人物列傳：文職．北洋海軍．洋員》（合肥：黃山書社，一九九五）；牛秋實、范展、高順艷，《李鴻章幕府》（北京：中國廣播電視出版社，二〇〇五）；歐陽躍峰，《人才薈萃：李鴻章幕府》（長沙：岳麓書社，二〇〇一），以及李志茗，《晚清四大幕府》（上海：上海人民出版社，二〇〇二）。

20 有關綠營軍隊兵將之間在缺乏聯繫與效忠關係下所產生的問題，詳參羅爾綱（一九〇一－一九九七），《綠營兵志》（北京：中華書局，一九八四）。

21 李劍農（一八八〇－一九六三），《中國近百年政治史》（臺北：臺灣商務印書館，一九七四），頁六六。

無可否認，以清季幕府為題材的研究彷彿俯拾即是，然而，就我閱覽所及，上引專著大多偏重以幕主本人為切入視點，至於有關個別幕僚的在幕生涯，以及從他們的仕幕歷程出發，從而分析清季幕制特色的論述卻不太常見。有見及此，本文將以晚清學人丁日昌的從幕歷程與在幕權責為經，配合前文略述的幕制發展背景為緯，探討清季督撫幕僚的性質與職權，藉以顯示科舉失意士子如丁日昌等人，怎樣透過幕府這個平臺晉身官途，施展幹才。本文選取丁日昌為個案研究，原因在於他一生分別經歷曾、李兩大幕府，而丁氏在二十多年間即位居要津，正如我在〈序論〉所言，畢竟與他的在幕經歷息息相關。

游幕四方，周旋翊佐——丁日昌早年的在幕生涯

一八四三年，丁日昌以秀才之身入李璋煜（一七九三－？）的文人學府「修書治史」，《續修豐順縣志》記載：「（丁氏）由潮州府教授馮奉初（一七七九－？）之介，得見惠潮嘉道李璋煜，與縱談時事，李嘆為『不世才』，延為幕僚。」[22]順帶一提，丁氏除了精於修書治史外，他亦是清代的大藏書家，根據清人莫友之（一八一一－一八七一）的引述，丁日昌所收之書多達十萬卷，其中包括「宋、元善刻本」，以及各「舊鈔」本不等。

由於官員之間的相互推薦，丁日昌的文史才情漸漸為人所知。地方官員諸如揭陽知縣許錫勛、[23]惠來知縣張邦泰等人，[24]遂爭相招聘羅致。國學大師饒宗頤便曾在他的著作中表示：「中丞（丁日昌）始以下吏起家，熟悉刑名錢穀，訟庭無事，姦宄盡除。」[25]文中所言及的「下吏」，則為幕僚之別稱。丁日昌在短時間內，分別任職不同幕府，在晚清一代，其實不算稀奇。他的從幕軌跡，正正可以反映在清代相對盛行的「學人游幕潮」。所謂「學人游幕」，套用尚小

---

22 葛曙原纂，許普濟（一八四五－？）重纂，吳鵬續纂，《續修豐順縣志》（光緒十年（一八八四）刻本），卷六，〈賢品〉，葉一三上；另見江村，《丁日昌生平大事紀》，頁一三。事實上，丁氏除了精於修書治史外，他亦為清代的大藏書家，其所收之書多達十萬卷，當中包括「宋、元善刻本」及各「舊鈔」本等等。見莫友之（一八一一－一八七一），《持靜齋藏書記要》（戊午季春廣州華英書局印本），卷上，葉一下；劉體智（一八七九－一九六三），《異辭錄》（北京：中華書局，二〇〇七），〈丁日昌藏書〉，頁三四；鄭偉章、李萬健，《中國著名藏書家傳略》（北京：書目文獻出版社，一九八六），頁一六八－一七一。

23 丁日昌於道光二十八年（一八四八）秋，以二十六歲之齡入揭陽知縣許錫勛幕，其間並結識同僚周緩齋。參孫淑彥，《丁日昌先生年譜》，頁五八。

24 丁氏於咸豐元年（一八五一）初，在廣州鄉試落第後往返廣州及揭陽，最後由揭陽至惠來轉入知縣張邦泰幕，於其幕供職斷斷續續近二年。參孫淑彥，《丁日昌先生年譜》，頁六六－七七。

25 丁日昌在入曾幕前已從幕僚，所以饒宗頤有言：「中丞（丁日昌）始以下吏起家，熟悉刑名錢穀，訟庭無事，姦宄盡除。」見饒宗頤，〈新刊丁禹生政書序〉，載丁日昌編著，范海泉、劉治安點校，《丁禹生政書》（香港：志濠印刷公司，一九八七），上冊。饒氏所指熟悉刑名錢穀的「下吏」，則為幕僚之別稱。

明的解釋，是「清代學人入仕以外最為普遍的職業選擇之一。」[26]這種「游幕現象」，一方面顯示幕府制度大行其道的不爭事實，另一方面亦呈現不少士子在闈場落第後，以幕府為其容身處、進階處或成名處，是故清人龔未齋（一七三八－一八一一）便有言曰：「愚民迫於饑寒，則流為盜賊；讀書無成，迫於饑寒，則流為幕賓。語雖過激，實為確論。」[27]汪輝祖則謂：「吾輩圖名未就，轉而治生。惟習幕一途，與讀書為近，故從事者多。」[28]而章實齋亦有云：「吾鄉（紹興）山水清遠，其人明銳而疏達，地僻，人工不修，士之所出，不足食士之士，秀民不得業，則往往以治民書，托官底為幕客，蓋天性然也。」[29]

很明顯，對大量「前途未卜」、「讀書無成」、「圖名未就」、「不足食」、「不得業」的清代士子而言，幕府最大的吸引力，就是能夠提供容身之所，以收「束脩」[30]。「束脩」的意思，就是幕僚的薪俸。陳文述在其〈答問幕友〉一文中提到：「今惟幕友……尊之以師，則有束脩之奉。束脩者，半分職官之養廉，半出地方之脂膏。」[31]由此可知，幕友的薪水，一半來自幕主的養廉銀，另一半則來自地方所得的雜費稅錢。至於束脩的數額，按照徐珂的紀錄，則各省「多少不等」，沒有一個既定準則。[32]無論如何，游幕以求菽水養家顯然是當時的普遍現象，所以丁日昌早年的游幕歷程，只是眾多例子的其中之一：他自道光二十二年（一八四二）中秀才起，至咸豐十一年（一八六一）入曾幕止，先後於廣州參加兩次鄉試（分別於一八四六年及一八四九年）均不幸落第，故便需依靠游走李璋煜、許錫勛與張邦泰等文人幕府，自以營生。33

26 詳參尚小明，《學人游幕與清代學術》。

27 見龔未齋著，朱詩隱、徐慎幾註，《新體廣註雪鴻軒尺牘》（上海：廣文書局，一九二六），〈答周泛符〉，葉三上。

28 見汪輝祖，《佐治藥言》，〈勿輕令人習幕〉，葉一七上－一八上，總頁二九一－二九二。

29 見章學誠，《章學誠遺書》（據吳興劉氏嘉業堂本影印；北京：文物出版社，一九八五），卷十七，〈汪泰岩家傳〉，頁一七〇。

30 「束脩」之名，相信源起《論語》，當中有謂：「子曰：『自行束脩以上，吾未嘗無誨焉。』」見《論語注疏》（阮元〔一七六四－一八四九〕校勘《十三經注疏》本；北京：中華書局，一九八〇年第一版，二〇〇八年第八版），上冊，卷七，〈述而〉第七，頁二四八二。

31 陳文述，〈答問幕友〉，收入盛康編，《皇朝經世文續編》，卷二十七，〈吏政〉十，〈幕友〉，葉九上，總頁二八四三。至於「束脩」之名，相信是源起《論語》，當中有謂：「子曰：『自行束脩以上，吾未嘗無誨焉。』」見《論語注疏》（阮元〔一七六四－一八四九〕校勘《十三經注疏》本；北京：中華書局，一九八〇年第一版，二〇〇八年第八版），上冊，卷七，〈述而〉第七，頁二四八二。

32 徐珂，〈粵省幕友〉，載《清稗類鈔》，〈幕僚類〉，頁一三八一。

33 丁氏在兩次落第後分別賦詩記載其落第心情，當中於〈遺場被刖呈日坡默齋諸先生〉一詩便謂：「果是成仙應慧骨，誰云入網盡通才？」；而於〈舟宿三水明日為長至節矣再賦〉則自注：「時鄉試被放。」兩詩均見於丁日昌著，范海泉整理，《百蘭山館古今體詩》（廣州：廣東省社會科學院，一九八七），頁一四、三八。另參 Jonathan K. Ocko, *Bureaucratic Reform in Provincial China: Ting Jih-ch'ang in Restoration Kiangsu, 1867-1870* (Cambridge, Mass. and London: Harvard University Press, 1983), p. 15.

及至咸豐年間內亂時興，國家缺財需兵，正如我在上文所言，中央政府眼見形勢嚴峻，遂廣推捐例，開放捐納、軍功等異途選晉人才。不少地方幕僚便透過這個機會建立軍勳，晉身官途。這種程度上的開放無疑為丁日昌製造仕官報國的空間。他在協助惠潮嘉道臺曹履泰（丁氏當時幕主）生擒潮州土匪吳忠恕後，[34]隨即於咸豐七年（一八五七）得曹氏舉薦，授予瓊州府學訓導一職；咸豐九年（一八五九），再因屢建軍功而選授江西萬安知縣。[35]丁日昌的晉升之路，大致可以引證張純明的看法，再次展示太平天國時期幕府「以私為公、以公為私」的互扣關係。[36]士人從幕後能透過在「私人幕府」內建立「國家軍功」而授予官銜，行政架構的「常規晉升模式」自此開始難以辨定，出仕的空間亦因而大幅擴展。幕府究竟是官方認可的行政組織？還是非官方的政制附屬？這亦漸漸受到客觀變局的影響而變得複雜。

幹濟勤樸，驟致大用——丁日昌在曾幕的事功

本書〈第二章〉的主角薛福成，曾經著有〈敘曾文正公幕府賓僚〉一文，一口氣列出曾幕成員八十二人。薛氏把他們分成四大類：「凡從公（曾國藩）治軍書；涉危難，遇事贊畫者」二十二人；「以他事從公，邂逅入幕，或驟致大用，或甫入旋出，散之四方者」二十二人；「以宿

學客戎幕，從容諷議，往來不常，或招致書局，並不責以公事者」二十六人；「凡刑名、錢穀、鹽法、河工及中外通商諸大端，或以專家成名，下逮一藝一能，各效所長者」十三人。而在四大類下再細分之四類則為：「閎偉」、「明練」、「淵雅」；「雄略」、「清才」、「雋辯」；「古文」、「閎覽」、「樸學」；「幹濟」、「勤樸」、「敏贍」。上述分類尚算明細，然奇怪的是，丁日昌在這篇文章中卻榜上無名。[37]有關丁氏何以被薛福成無意忽略或有意剔除，相信要掌握更多的資料，方能解開迷團，但無論如何，不少近世研究已經陸續肯定，丁日昌曾經在曾幕內辦事任職。呂實強率先根據丁樵隱的〈先祖考中丞丁公諱日昌事略〉與其他文獻紀錄，追溯丁

34 《海陽縣志》載：「賊登虎子山以炮轟城，城益危。時豐順丁日昌客巡道署，募湯坑勇三千人，頗精幹，札橋東寧波寺及韓山書院，守東路。」見吳道鎔（一八五二－一九三六）纂，盧蔚猷修，《海陽縣志》（清光緒二十六年〔一九〇〇〕刊本；臺北：成文出版社，一九六七），卷二十五，〈前事略〉二，葉三二，總頁二五六；另參孫淑彥，《丁日昌先生年譜》，頁七八及若尾正昭，《清朝・大官の幻影——李鴻章と丁日昌》（東京：透土社，一九九七），頁五九。

35 見葛曙原纂，許普濟重纂，吳鵬續纂，《續修豐順縣志》，卷六，〈賢品〉，葉一三下；呂實強，《丁日昌與自強運動》，頁七；江村，《丁日昌生平大事記》，頁一四；孫淑彥，《丁日昌先生年譜》，頁八七、九六。

36 張純明，〈清代的幕制〉，頁四九。

37 參薛福成，〈敘曾文正公幕府賓僚〉，收入《筆記小說大觀十二編》（臺北：新興書局，一九八八），卷一，頁三三七－三三九。

日昌於咸豐十一年（一八六一）在吉安失陷後遭受朝廷革職，同年七月被曾國藩延請入幕；[38]而江村、朱東安、成曉軍、歐陽躍峰、趙春晨等學者，也大致認同丁氏在一八六一年開始供職曾幕的史實。[39]

其實，曾國藩早在丁日昌的「游幕階段」，已經對他的辦事能力略有所聞。而丁氏在一八六〇年被廣東巡撫耆齡（？－一八六三）調往廣東抗匪時，亦多次上書時在贛州的曾國藩，討論釐務與應付太平天國的對策，當中包括《贛州途次上曾宮保書》、《上曾中堂釐務條陳》，以及《部行釐務五條議覆》等三部著名方略。[40]而在廬陵城失守後，丁日昌隨即轉投在安徽與太平軍作戰的湘幕麾下，襄助曾氏督辦軍務。丁氏在曾幕的工作主要是協助湘軍對抗太平軍匪，然按徐珂之記述，曾幕當時除了一般的「軍旅吏治外」，還有「道學」、「名士」兩派，[41]所以丁氏除了參與軍旅戎事之外，還要兼顧吏政事宜，撫定民生。就丁氏當時的職務來說，其性質已遠遠超過一般地方衙幕的文書訴訟了。[42]他所建議的，大多是影響國計民生的宏遠計畫。我們在《續修豐順縣志》中，便可以找到丁日昌向曾國藩提議的一則管治綱領，當中強調「求實用，久職守，禁文飾，厚民風，留有餘，泯畛域，均肥瘠，正根本，清粮額，奮獨斷」等重要議題，[43]充分顯示丁氏所關注的，並不只是決勝沙場的兵將調度，而是各種深層次的地區問題。當然，他所關心和重視的層面之所以延展至各種地方民政事務，這與曾國藩的權責膨脹不無關係。

嚴格來說，曾幕的勢力得以鞏固，主要與太平軍於咸豐三年（一八五三）攻陷九江，湖北武昌告急有關。在此之前，朝廷諭辦地方團練，只是希冀各地軍幕能夠「自保鄉土」。[44]然而，

---

38 呂實強，《丁日昌與自強運動》（臺北：中央研究院近代史研究所，一九七二），頁一〇。

39 江村，《丁日昌生平大事紀》（廣州：廣東人民出版社，一九八八），頁一五；朱東安，《曾國藩幕府研究》，〈幕僚個人簡歷〉，頁二一五；成曉軍，《晚清第一智庫：曾國藩的幕僚們》，頁二九一－二九二；歐陽躍峰，《人才薈萃：李鴻章幕府》，頁一八三；趙春晨，《晚清洋務活動家：丁日昌》（廣州：廣東人民出版社，二〇〇七），頁一二。

40 丁日昌撰，李鳳苞（一八三四－一八八七）編，《百蘭山館政書》（一九三〇年香港印本），卷一，現轉引自孫淑彥，《丁日昌先生年譜》（黑龍江省：黑龍江人民出版社，二〇〇六），頁一〇〇－一〇一。

41 徐珂，〈曾文正幕府人才〉，載《清稗類鈔》，〈幕僚類〉，頁一三八九－一三九〇。

42 封疆總督一向也有招聘幕僚以為佐治，然而，由於幕僚不是建制內的成員，所以他們的權責只限於地方的一般工作；加上各省大小不一，幕僚專責的事務便「繁簡不同」。一般而言，督撫幕僚的種類大致可分為刑名、錢穀、書啟、徵比、殊墨、帳房、教讀、閱卷及掛號等九類，與地方衙幕相約。詳參 T'ung-tsu Ch'u, *Local Government in China under the Ch'ing* (Cambridge, Mass.: Harvard University Press, 1962), p. 105. 當然，一般總督幕府的規模與人數也較一般道員、知縣的幕府龐大。見古鴻廷，《清代官制研究》（臺北：五南圖書公司，二〇〇五），頁一七四。

43 上述十種要綱分類乃參照呂實強之綜合，見呂實強，《丁日昌與自強運動》，頁一五。詳參葛曙原纂，許普濟重纂，吳鵬續纂，《續修豐順縣志》，卷六，〈賢品〉，葉一三下－一七下。

44 見王先謙（一八四二－一九一八），《東華續錄．咸豐朝》（據清光緒十六年〔一八九〇〕陶氏籀三倉室刻本影印；《續修四庫全書》，〈史部．編年類〉，第三七六冊），卷十八，葉一五下－一六上，總頁二九四。

眼見洪楊發難，八旗綠營舊兵屢屢遷延失機，令敵坐大，「至是始知旗兵之不可用」，咸豐帝遂於一八五三年十月下詔，指令曾國藩「酌帶練勇馳赴湖北，合力圍攻，助兵力之不足」；至於所需軍餉，則「著（時任湖南巡撫的）駱秉章籌撥供支。兩湖唇齒相依，自應不分畛域，一體統籌也。」[45]這個決定對曾國藩而言尤為重要，因為憑藉這道上諭，他本人便「拜討賊之大命」，[46]而其湘軍則得以移動湖北，一反昔日團練「不得遠行調遣」的限制；順理成章，他的幕府團隊亦得到蓄勢自強的良機。言則曾氏能夠大幅延攬人才，統籌全局，根基漸定，實始於是。而傅宗懋亦有言謂：「曾國藩之得見命為兩江總督加欽差大臣者，實與湘軍實力之所使然。」[47]此論也是中肯。

由於曾幕的勢力日漸擴伸，所以薛福成便有記述曰：「曾幕以兵事、餉事、吏事、文事四端，訓勉僚屈，實已囊括世務，無所不該。」[48]如是者，馮桂芬（一八〇九－一八七四）、李鴻章、李元度（一八二一－一八八七）和趙烈文（一八三二－一八九四）等曾幕賓僚，均與丁日昌一樣，透過曾幕得以涉足軍政民事，「囊括世務」，合力籌謀安國興邦的具體方案。換句話說，當時的湘軍幕府，已經不只是一個旨於對抗異軍的團練組織，而是一道賦予士子晉身地區實務的重要階梯。推而論之，就著這批幕僚所執掌的職務而言，我們應該參考 Jonathan Porter 的說法，將丁日昌等人歸類為「私人官僚政治」（Private Bureaucracy）內的成員，[49]只因他們的幕僚銜名雖輕，但所繫權責及建議之事絕非鴻毛。[50]

雖然曾國藩對丁日昌的德行曾有微言，譬如他曾稱呼丁氏為「宵人」、「下游」及「市儈」之士，並謂「李（鴻章）才力卻遜於丁，衿度則不可同日而語」，[51]即便如此，曾氏卻不能否認丁日昌在實務工作方面明幹練達，對時局評說有道，有條不紊。這便可以解釋曾氏為什麼願意在同治元年（一八六二），奏請授予丁氏官位之議。[52]曾國藩的薦舉，箇中有一些地方值得我們深

45 見王先謙，《東華續錄．咸豐朝》，卷二十八，葉三下，總頁五八五。
46 梁啟超，《李鴻章傳》，頁四八。
47 見傅宗懋，《清代督撫制度》（臺北：國立政治大學出版社，一九六三），頁一八一－一八二。
48 薛福成，〈敘曾文正公幕賓朋僚〉，頁三三九。
49 尚小明曾以「幕僚」譯 Jonathan Porter 的「Private Bureaucracy」（見尚小明，《學人游幕與清代學術》，頁六）。然筆者認為此譯甚不恰當，案 Porter 的解說，他是希望以 "Private Bureaucracy" 形容曾幕的規模與其權力遠較太平天國前的幕府宏濶。見 Jonathan Porter, *Tseng Kuo-fan's Private Bureaucracy*, pp. 71-87. 故若以「私人官僚政治」為其中譯，相信更為合適。
50 Jonathan Porter, *Tseng Kuo-fan's Private Bureaucracy*, pp. 71-87.
51 參江世榮編，《曾國藩未刊信稿》（北京：中華書局，一九五九），頁三八七－三九〇。
52 《清史列傳》（北京：中華書局，一九八七），卷五十五，頁一七。

思。自從中央政府決定放寬「舉薦幕僚為官」的限制後，封疆督撫便有選聘文官，題請中央授任的機會。[53]在曾國藩履新兩江總督暨欽差大臣後，他保舉丁氏等幕僚便更加「合乎情理」。「合理」的原因，是由於幕僚不再受《大清會典．吏部條》的限制，能夠以此身分背景，直接賞授官銜。而我所說之「合情」，則與中國「主僚保薦」的傳統有關。自古以來，門生、故吏、師徒、朋僚，都是傳統中國的倫理連結，[54]幕僚中的「僚」字便存有朋僚的意思。[55]而按傳統的幕學原則而言，「紹興師爺」汪輝祖便曾多番強調「幕僚為師」的宗旨，說明「幕客之得盡其言，以行其志，全在志人敬以致信。」[56]幕主雖為僱用者，但卻要對己幕賓僚「敬之禮之」。[57]

雖然在清代中葉以後，有論者曾經表示，幕府的運作已由一種「賓師制」，轉化成為一種「主從制」，[58]但對於守經達權，凡事重文尚禮的大儒曾國藩來說，「以誠待幕」依舊是他篤信的道德要綱。在《曾文正公書札》中，我們便可以對他看待幕僚的態度有所了解，文中有言：「蓋天下之道非兩不立，是以立天之道曰陰與陽，立地之道曰柔曰剛，立人之道曰仁與義」。[59]朱東安在他的研究中，亦曾總結曾氏與幕僚之間的關係，主要可以分為「互慕」、「互助」與「相互影響」三種模式。[60]由此可知，即便曾國藩與丁日昌曾經出現零星的磨擦，但兩人的關係終歸也離不開幕主與幕僚之間，那份應有的互敬與尊重。所以曾氏助令丁氏取得官職，並且對他大力提攜，這不僅是幕府賓僚在十九世紀得以向上流動的一個驗證，其中也蘊含著幕主盡其所能，禮賢僚屬的古今傳統。當然，曾氏不一定要以舉薦丁日昌來顯示他對幕賓的尊重，他大可以贈書送寶，又或者增添束脩；但對於一般有志為國效力的經世學人而言，這種向朝廷「保薦為

53 劉錦藻，《清朝續文獻通考》（上海：商務印書館，一九三六），卷一三五，〈職官〉二十一，頁八九五三。

54 詳參 Morton H. Fried, *Fabric of Chinese Society: A Study of Social Life of a Chinese County Seat* (London: Atlantic Press, 1956), p. 91; Yang Lien-sheng (1914-1990), "The Concept of *Pao* as a Basic for Social Relations in China", in John King Fairbank(1907-1991) (ed.), *Chinese Thought and Institutions* (Chicago: University of Chicago Press, 1957), pp. 291-309；T'ung-tsu Ch'u, *Law and Society in Traditional China* (Paris: Mouton, 1961), p. 69；孫生，〈門生舉主之關係與漢室覆亡〉，《西北民族學院學報》（哲學社會科學版），一九九九年第四期，一九九九年四月，頁五二－五八。

55 見中文大辭典編纂委員會編，《中文大辭典》，頁一二〇八。

56 汪輝祖，〈佐治續言〉，葉一下，總頁九二二。

57 見陳必甯，〈幕友說〉，葉一下，總頁二八二八；另見陳文述，〈答問幕友〉，葉九上，總頁二八四三。

58 例見陳鐵軍，〈晚清幕府的特點及歷史影響——試以曾國藩、李鴻章幕府為例〉，《紹興文理學院學報》，第二十六卷第一期，二〇〇六年二月，頁一六。

59 曾國藩，《曾文正公書札》（據清光緒二年〔一八七六〕傳忠書局刻增修本影印；《續修四庫全書》，〈集部．別集類〉，第一五三八冊），卷一，〈答劉孟容（道光丁未〔一八四七〕）〉，葉六上。

60 見朱東安，《曾國藩幕府研究》，頁一七七；而有關曾氏侍才之道的其他論述，可參 Jonathan Porter, *Tseng Kuo-fan's Private Bureaucracy*, pp. 53-56；李鼎芳，《曾國藩及其幕府人物》，頁四－七；成曉軍，《晚清第一智庫：曾國藩的幕僚們》，頁 iii-xii。

官」的舉措，無疑是一種相對實在的回饋與認同。

不過，話雖如此，究竟曾氏舉薦丁氏以及其他幕僚，最終原因是為了鞏固他的幕府勢力？還是單單出於禮賢下士的情理之道？相信只有曾氏本人方能知曉，但無論如何，曾氏以兩江總督的幕主身分舉薦己幕成員，便足以引申咸同以來「幕僚漸得舉薦為官」的政治現象。總的來說，由於太平天國以後，清室國勢日蹙，中央沒有能力再如乾隆、道光時期一樣，對幕僚舉薦為官的情況嚴密監管，所以只好默許封疆大臣、平亂功將奏調升遷，得功奏保。是故咸同以來，透過曾幕出身的督撫道員、知府知縣可說為數不少；而在曾氏去世後，其幕僚官至三品者更多達二十二人，其中四人為督撫、七人為巡撫；至於出任道府州縣與其他官銜者，更加是無足比數。難怪朱東安在其論著中有云，從事曾幕者，「幾乎人人都有頂戴」，[61]此說看來不算誇張。

丁日昌得掌官職後，由於他的調遷與工作，大多由曾國藩仔細安排，所以他與曾幕的聯繫並沒有從此斷離。[62]總的來說，清季幕僚在獲得官銜以後，大多著力保持與故幕的關係，甚至依舊以幕僚的身分自居。值得注意的是，由於幕僚已為持官者，所以在這種情況下，士大夫與幕僚之間的界限便變得更加模糊。幕僚、幕主雖說同朝為臣，但箇中卻存藏一種「主、僚關係」，這便是咸豐以後封疆總督權力膨脹，廣開幕府的附帶結果。如果我們從另一個角度剖析，曾、李二人在舉薦他們的幕友上任為官後，其中的「主、僚關係」已經不能依靠聘請、延聘的形式維繫；

如是者，中國傳統不明文的「報、包、保」，便成為鞏固彼此關係的無形張力。有關「報、包、保」的歷史涵義，相信要從漢學大師楊聯陞的研究說起。

按照楊氏的觀察，「報」、「保」、「包」這三種概念，意即「報答」、「保薦」與「回謝」。這三種社會行為，都是傳統中國維持人際關係的重要法則。雖然自古以來，我們也有「施恩不求報」的說法，但楊氏認為，受恩者往往會以報恩作為一種「個人承擔」，認為「受恩不報」，便是有違君子之道。由於「恩、報」關係變成一項道德指引，所以「受恩者」報答「施恩者」，便是道德觀念上的一種基本契約，且逐漸成為植根中國文化的一種意識形態。這種意識不僅適用於民間社會內的基本人際關係或條件交換；在官僚體系內，它亦衍生出一種相互相授、超越明文律令的「互保行為」，「保舉」與「廩保」，便是其中兩個例子。[63]

61 曾氏一生保薦、保舉人才甚多，其中很大一部分為其己幕成員，朱東安更形容「其幕僚者幾乎人人都有頂戴。」見朱東安，《曾國藩幕府研究》，頁一四九；另參 Kenneth E. Folsom, *Friends, Guests and Colleagues: The Mu-fu System in the Late Ch'ing Period*, p. 77.

62 Jonathan K. Ocko, *Bureaucratic Reform in Provincial China: Ting Jih-ch'ang in Restoration Kiangsu, 1867-1870*, pp. 16-17, 20, 39, 59.

63 詳參楊聯陞，《中國文化中報、保、包之意義》（香港：中文大學出版社，一九八七）。

要而論之，清季幕府在太平天國以後的發展，特別是幕主與幕僚之間的關係，大可以配合楊聯陞的闡述一并討論。張學繼曾經表示，清季幕主維繫幕僚制度的工具，不外乎「三綱五常等倫理和功名利祿的引誘」；[64]張氏所指的「三綱五常」，除了可以連結到我早前提及的「以誠待幕」、「互慕互助」的關係之外，其實也可以是一種關乎「報、包、保」的道德邏輯，主導著幕僚與幕主之間的微妙聯繫。當然，並非所有幕僚在得受幕主奏保升遷後都會「感恩圖報」，無條件地報答幕主的提拔之恩，有甚者，更會心懷嫉妒於薦主。例如曾經效力李鴻章幕府的文廷式（一八五六－一九〇四），他被舉薦升遷後，不但屢次漠視李氏的指令行事，期間更曾指斥李氏「庸耄無能」。[65]姑勿論文氏與李鴻章決裂的原因若何，單以「推薦換取報答」作為幕主換取幕僚忠誠的非契約關係，始終並非萬無一失。

一八六二年五月，曾國藩為了擴充地方糧源，遂奏調朝廷委派大員一名，且由己幕選派「賢能幹練者」九人，遠赴廣東辦理「釐務」，藉以接濟蘇、皖、浙的軍餉問題。曾氏在奏議中明言：「抽釐經始之際，諸事紛繁，必須廉正明幹熟悉釐務之員，隨同辦理……此九人者，類皆才識閎遠，條理精詳。」[66]丁日昌便是九位「才識閎遠者」之一。順帶一提，釐金制度的實施與總督幕府的權力膨脹，可以說是關聯深厚。自咸豐五年（一八五五）開始，國家局勢嚴峻，時勢紛亂，各省總督便有意獨掌財權，以撐其軍權，所以他們大多自得釐金、遲延不上繳；中央政府對地方的財政控制權便從此漸次鬆弛。[67]及至咸豐十年（一八六〇），外有英法聯軍，內有太平亂事，中央對地方的財政運作幾近是無暇過問；這遂造就曾國藩等封疆大幕坐擁財權，繼而成功擴伸其幕府勢力的一大原力。直至咸豐十一年（一八六一）以後，朝廷有見太平天國分崩離析，清軍開始收復失地，所以便於同治四年（一八六五）頒發詔令，裁撤部分釐金稅項。不過，即使釐金制度被局部撤消，由於戰後百廢待興，「十八行省，無一寸乾淨土」[68]，中央政府乃需依靠地方大臣重建秩序，鞏固民心，所以對於各省各地的收支情形始終沒有太大干預，「不曾有效支配」。[69]這亦是李鴻章、張之洞（一八三七－一九〇九）等勢力在太平天國之後，依然能夠屹立成幕，將近可以「自給自足」的原因之一。

話說回來，丁氏抵達粵省後，除了處理釐務之外，亦被責成督辦火器等事宜。他甚至協助廣

64 張學繼，〈論中國近代軍閥幕府〉，載《紹興師爺與中國幕府文化》，頁三一五。
65 文廷式著，汪叔子編，《文廷式集》（北京：中華書局，一九九三），上冊，頁五六。
66 曾國藩，《曾文正公奏稿》，卷十五，頁一七七－一七九。
67 何烈，《清咸、同時期的財政》（臺北：國立編譯館中華叢書編審委員會，一九八一），頁二四三。
68 梁啟超，《李鴻章傳》，頁四五。
69 古鴻廷，《清代官制研究》，頁一八三－一八四。

東提督崑壽（?－一八七〇）在地戡亂，擊退陳金釭、鄭金與劉超等地方股匪。[70]丁日昌在廣東負責火器的監工設計，這些經歷無疑深化了他對洋砲槍械的認識。同治三年（一八六四），他更成功監製出大小硼砲三十六尊，大小硼炮子二千餘顆，聲譽卓起。[71]丁氏有這接觸洋務火器的機會，相信對其以後推動各項洋務工程均有一定裨益。姑勿論他當時對「洋務」的實際掌握如何，幕僚如丁日昌者，成功利用幕府提供的實踐機遇，對西方技巧持平定位，尋找救國救時的可行改革，苦思定國安民的自強出路，這也是清季幕府的一種時代特色。尚小明曾經論及：「清代幕府，嘉道以前，多出學術人物；嘉道以後，多出封疆大吏」，[72]相信尚氏的觀察，與曾幕這些實踐空間與洋務視角相較宏廣的幕府性質不無關係。另一方面，名臣大吏大多出身「幕府」的現象，對國家穩定是否有利？幕員彼此相互照顧，又會不會是清季朋黨問題的濫觴？這些議題在清代朝野早已出現；縱然各種立論主調均有長短，但幕府制的靈活性和獨特性，的確為晚清政局培育出不少聲績隆然的中興名臣；而大部分封疆能臣也是憂國忘身、盡忠職守的佼佼者。[73]由此可謂，自太平天國以來，晚清國運與幕府制度之間的關係畢竟是千絲萬縷，難以貿然斷捨分離。

患難戰友，深交朋僚——丁日昌與李鴻章

要討論丁日昌的在幕生涯，便不得不提及他與李鴻章「亦主賓、亦朋僚」的感情，這種關係相對他與曾國藩相互敬重的「主屬」模式，顯然是有所不同的。所以 Jonathan K. Ocko 便有言，

---

70 寶鋆（一八〇七－一八九一）等修，《籌辦夷務始末．同治朝》（據一九三〇年故宮博物院影印抄本影印；臺北：文海出版社，一九七一），卷四十二，頁二三。

71 呂實強，《丁日昌與自強運動》，頁一二－一三。

72 尚氏謂嘉道以前，多出學術人物，原因在於十八世紀康乾盛世，社會的長期穩定促使幕府缺乏了一種強力的經世色彩。加上透過幕府晉身官場及「保舉幕賓」的現象雖見端倪，但仍未成風，所以「學人游幕」便多集中於編書著史、日事翰墨、以文會友；他們主要的功勞，就是塑造出清代學術文化大盛的空前局面。及至嘉道以後，各種內外危機相繼湧現，三千年未見之局頃刻而至，如是者，「對社會現實（有）深刻體驗和強烈的憂患意識（的）游幕學人，（遂）成為十九世紀四〇年代至七〇年代影響中國政治的人物。」自此之後，游幕學術不再是幕府的重點，繼而步進「無可避絕的末落」。詳參尚小明，《學人游幕與清代學術》。

73 清代出身幕府的名臣眾多，當中包括林則徐（一七八五－一八五〇）、陳芝楣（一八一一年進士）均出身於兩江總督百齡（一七四八－一八一六）幕；李瀚章（一八二一－一八八八）與李鴻章同出曾幕；左宗棠（一八一二－一八八五）、劉坤一（一八三〇－一九〇二）則曾為陝甘督撫駱秉章之幕僚等等。參徐珂，《清稗類鈔》，〈幕僚類〉，〈名臣起家幕僚〉，頁一三八一。

縱然李鴻章是丁氏的幕主（patron），但兩人的關係則不能以一般的「主屬關係」視之。[74]事實上，丁、李二人同於曾國藩幕府出身，但由於李氏在一八六〇年奉其曾師之命前往合肥募勇，一八六二年移駐上海，統兵援滬，所以他與丁日昌在這段時間便沒有什麼具體的合作。[75]直至丁日昌完成廣東的軍務後，他方在曾國藩的安排下，「轉幕」至上海，協助李鴻章的淮軍辦理軍火製造、參與遣散、整編戈登（Charles George Gordon, 1833-1885）的常勝軍（Ever Victorious Army）、聯結洋將、交涉外事等洋務事宜。[76]毫無疑問，丁、李二人在曾幕時期已經合作無間，彼此欣賞。而他們在淮軍內的可見和諧，亦可視為幕僚之間在幕府內的協調與合作；然而，幕府內不時也有其他例子，引證幕僚之間，不論華洋，都會出現引繩排根、互相猜忌、競爭衝突等情況；有關這方面，我們在緊接其後的〈第四章〉與〈第五章〉，將會就此多談一點。

丁日昌由曾幕轉仕李幕，箇中還有一些重點，值得在這裡交代出來。首先，丁氏這種「轉幕」（包括借調形式）情況，與前文所述的「學人游幕」略有不同。即使兩種模式均關乎到幕僚的橫向流動，但清初學人游走幕府的目的主要為求持家營生、編書著史、日事翰墨、以文會友。但在清季幕府性質出現更變後，講求經世致用，且具才幹膽識者，大多會依仗幕主的勢力得以保薦升遷，授予官銜；而幕主亦能藉此廣攬才駿，從而充實他們的政治資本。如是者，這種「幕僚轉幕」與「學人游幕」在性質與形式上也有所分別。至於清季幕僚能否成功「轉幕」，幕僚的意願固然重要，但幕主的態度亦是箇中關鍵。很明顯，得力幕僚是幕府的社會資本（social capital），這種資本絕對有能力轉化成為幕主的政治實力，幕主擔心己幕幕僚會否楚材晉用，自然可以理解。換句話說，由於幕僚的流動與「轉幕」，不時會牽涉到個別幕主之間的角力與利益問題，所以幕主對己幕成員的「轉幕」安排大多謹慎處理，絕不草率隨便。

就以丁日昌為例，其實早於一八六二年，丁氏剛授官職之際，李鴻章和曾國荃（一八二四－一八九〇）已先後希望「借調」丁氏入幕襄助，但按曾國藩的記載：「丁雨生筆下條暢，少荃求之幕府相助，雨生不甚願去，恐亦不能至弟（曾國荃）處，碍難對少荃也。」[77]我們暫不討論丁日昌是否「不甚願去」，很明顯，曾國藩對己幕人才的崗位分布自有藍圖，絕不輕言讓步，有求

---

74 Jonathan K. Ocko, *Bureaucratic Reform in Provincial China: Ting Jih-ch'ang in Restoration Kiangsu, 1867-1870*, p. 17.

75 有關李鴻章統兵援滬以成淮軍之緣起與經過，詳見王爾敏，《淮軍志》，頁五七－六七。

76 我們需要注意，李鴻章的淮軍在一八五三年已經成形，所以李氏在一八五八冬天年加入曾幕，也是帶同他的淮軍一同投奔曾國藩的；常言道「淮軍營制，出自湘軍」，又曰「湘軍者，淮軍之母」，就是這個緣故。直至李鴻章移軍至上海，於虹橋大破李秀成後，他的淮軍方才有所擴充，從此獨當一面，更漸漸取代「暮氣日沉」的湘軍。「暮氣日沉」一語，出《清史稿》，〈列傳二百三〉。

77 曾國藩，《曾文正公家書》（上海：商務印書館，光緒三十一年〔一九〇五〕本），卷六，葉一五上。

必應。而及至同治二年（一八六三），曾、李關係愈趨密切，[78]他對己幕成員流動至李幕的態度方才漸見轉變。再以丁氏為例，李鴻章在一八六三年有感「洋人炸礮，所向無敵」[79]，在曾氏的首肯下，李氏便向朝廷調請「學識深醇，留心西人技巧」[80]的丁日昌來滬主持炮火的監工製造。丁氏遂被安排前往上海協助李鴻章建局作砲，參與戰役。[81]簡單來說，從丁日昌的例子我們可以看到，清季幕僚能否成功「轉幕」，不一定有如汪輝祖所言：全由幕僚主導的「不合則去」；為賓者，是去孰留，幕主的角色與取態往往足以左右大局。

丁日昌加入李幕後，兩人「同心、同力、同見識、同主義」，[82]其事功也是眾所周知，所以我在這裡也無意把它們一一列舉。[83]我只希望帶出兩點。丁氏在李幕的種種事功，正好代表著清季幕府的時代性與實務性；如果沒有李幕這個平臺，丁日昌恐怕也沒有眾多涉足洋務、匡扶國難的際遇與機會。所以《異辭錄》的作者劉體智便曾經有此評價，文曰：「中丞（丁日昌）洋務進身，購置軍中器械，尤為炫人之具，當時風氣未開，信為難而可貴。」由此觀之，李幕便是驅使丁中丞得以「洋務進身」，並且能夠接觸西方軍械的重要橋梁，是一種「難而可貴」的訓練，也是一門實事經驗的累積。

至於李鴻章日後大力提拔丁日昌，使之自一八六三年十月到一八六四年七月，還不到一年的時間，便由同知銜江西侯補知縣晉遷至署理蘇松太道；[84]這一方面證明清季幕府有利「官僚升遷」的功能，另一方面亦反映中央取才的標準已不再墨守成規。他們在依靠科舉次第選晉人才的同時，亦為積極救國救時的有識之士提供一定的晉身空間。當然，這空間得以開放，實與一些封疆大幕的幕主，諸如曾國藩與李鴻章等人的努力有關；但正如我在前文所言，自太平天國舉事之後，中央以及部分朝野官員雖不致「全力支持」幕僚得功奏保的行為，他們卻沒有勉力阻撓的理由和條件。

---

78 對於曾氏與李氏的關係，不少學者早而作出相對討論，普遍也認為縱使曾、李二人曾在合作中略有磨擦，但概而論之，在一八六三年以後，曾氏與李氏的關係不僅是亦師亦友，當中更存有一種信賴與合作，而曾氏對李氏能力所信任的程度亦無庸質疑。詳參 **Kenneth E. Folsom**, *Friends, Guests and Colleagues: The Mu-fu System in the Late Ch'ing Period*, **pp. 78-96**；寒波，《李鴻章與曾國藩》（上海：上海人民出版社，二〇〇四）。例子尚多，不贅舉。

79 顧廷龍（一九〇四－一九九八）、戴逸主編，《李鴻章全集》，卷二十九，〈信函〉一，〈上曾制帥（同治元年四月初二日）〉，頁八三。

80 寶鋆等修，《籌辦夷務始末．同治朝》，卷二，頁二三。

81 呂實強，《丁日昌與自強運動》，頁一三。

82 原文與丁日昌無關，我只是借用梁啟超在《李鴻章傳》（頁一七）內的措辭而已。

83 有關丁日昌在李鴻章幕中的事功，詳參呂實強，《丁日昌與自強運動》，頁一八－二九七；趙春晨，《晚清洋務活動家：丁日昌》，頁九八－一三一；若尾正昭，《清朝．大官の幻影——李鴻章と丁日昌》，頁九一－九八。

84 呂實強，《丁日昌與自強運動》，頁一五。

小結

中國的幕府制度源流久遠，由漢初以來的軍幕主導、東漢隋唐的辟召大盛，到宋明以來辟召漸禁、幕僚與士、吏的權責分明為止，「幕府系統」均在固有的官僚架構以外取得一席生存空間。不過，即便在明末清初，辟幕風氣漸見復興，幕僚終歸也是一個「隱治」角色，不受中央政府的全面認可。及至道咸末葉，太平天國爆發，國家愈益多事，前途岌岌，中央決定適度下放軍權，地方督撫的權力隨之愈漸膨脹；曾國藩、李鴻章等地方要臣便借團練之機，憑藉幕府制的靈活性、私人性與地方性，多番舉薦己幕成員封賞官位、擴充幕府、強化實權。在這個「漢人權利漸初恢復之時代」，一些督撫幕僚的身分、權責、職能與功效，亦因而出現重大更變，丁日昌的在幕生涯，便為見證其中變易的一個有力佐證。

丁日昌一生經歷曾、李兩大幕府；從他的入幕途徑與在幕職權出發，自可了解曾、李幕府「公私漸合」，幕僚與士、吏身分重疊的政治光譜。總的來說，雖然丁氏的事功與他本身嫳不恤緯、才幹卓練有關，但無可否定的是，曾幕與李幕分別給予他一定的發揮空間，「練其氣、老其才」，好讓他成為較早接觸洋務建設的一批傳統學人。而丁氏透過李幕這個實踐平臺所吸收的洋務經驗，亦對他日後得以「委政受成，得行其志」有莫大的關係，相信這些都是從治丁氏研究者需要熟察的地方。然而，我們亦要明白，曾、李兩幕只是清季著名幕府的其中之二，自嘉道以來，由各督撫大員一手籌建的幕府其實不計其數，當中還有很多值得討論的例子，諸如王有齡（一八一〇－一八六一）、駱秉章、胡林翼、袁甲三（一八〇六－一八六三）、左宗棠、張之洞的幕府，都是充滿時代特色的人才庫與智囊團隊。本文僅能以丁日昌一例，顯示清季幕府的數面特徵，對於地方幕制的具體轉變、華洋幕僚的共同參與、以至是幕學方面的變化問題，則未在本文的討論範圍。

第四章

西方顧問在華的肆應

以馬士之在幕生涯爲例

前言

中國自十四世紀以來，與西方文化的接觸日益增加。早在元代（一二七一－一三六八）末年，歐亞大陸的軍事人才與海洋商旅（maritime traders）已相繼踏足中土，在這廣員龐大的市場中謀生、貢獻或扎根，[1]而中方則由始至終處於一個相對被動的狀態，並沒有積極的對外開放，也沒有完全封鎖外國專才來華播道或工作。[2]縱然明太祖（朱元璋，一三二八－一三九八；一三六八－一三九八在位）為了清洗蒙元統治，曾經厲行一系列措施，務以削弱、打擊、甚至剷破「蠻夷外族」在華的活動與影響力；例如在《明史．太祖本紀》，我們便可以找到以下的記載：「夏四月甲申，遷元梁王把匝剌瓦兒密及威順王子伯伯等家屬於耽羅」、「夏四月丙辰，藍玉（？－一三九三）襲破元嗣君於捕魚兒海」，以及「甲寅，徙元降王於耽羅」等事例，[3]不過，由於海外將才在體質、屬性和能力上均有其優勢，能夠在調兵遣將方面作出貢獻，所以太祖打壓西方專才的大方向，其實也沒有透澈的實行。[4]

直至明代中葉，傳教士「自西徂東」，[5]深切了解中國市場在「東亞教義傳播圈」內的關鍵角色，遂分別以不同形式進入明代中國。在一系列的窒阻與破冰、阻礙與開放後，一些耳熟能詳的傳教士諸如范禮安（Alessandro Valignano, 1539-1606）、羅明堅（Michele Ruggieri, 1543-

1607）、利瑪竇（Matteo Ricci, 1552-1610）、湯若望（Johann Adam Schall von Bell, 1591-1666）便成功在華奠基，宣教揚道。[6] 他們之所以成功令部分華人社區，甚至是從科舉出身的士大夫接

---

1 詳參沈定平，《明清之際中西文化交流史——明代：調適與會通》（北京：商務印書館，二〇〇一）；Richard J. Smith, "The Employment of Foreign Military Talents: Chinese Tradition and the Late Ch'ing Practice", in *Journal of the Hong Kong Branch of the Royal Asiatic Society*, Vol.15 (1975), pp, 113-138.（特此感謝 Richard J. Smith 贈予有關修訂稿件。）

2 Richard J. Smith, *China's Cultural Heritage: The Qing Dynasty, 1644-1912* (Colorado, Oxford: Westview Press, Inc., 1994), p. 137.

3 詳參張廷玉（一六七二－一七五五），《明史》（北京：中華書局，一九七四），卷三，〈本紀〉第三，頁三九－四〇；四五；四六；另參崔瑞德（Denis Twitchett, 1925-2006）、牟復禮（Frederick W. Mote, 1922-2005）編，張書生等譯，《劍橋中國明代史》（北京：中國社會科學院出版社，一九九二），頁一四一－一四二；John King Fairbank (1907-1991), *China: A New History* (Cambridge, Mass.: Belknap Press of Harvard University Press, 1992), pp. 128-131.

4 David B. Ralston, *Importing the European Army: The Introduction of European Military Techniques and Institutions into the Extra-European World, 1600-1914* (Chicago: The University of Chicago Press, 1990), p. 107.

5 「自西徂東」一詞乃參考花之安於萬國公報內所發表的文章題目。見花之安，〈自西徂東〉，載錢鍾書（一九一〇－一九九八）編，李天綱編校，《萬國公報文選》（香港：三聯書店〔香港〕有限公司，一九九八），頁六九。

6 參 Ssu-yu Teng, John King Fairbank, *China's Response to the West: A Documentary Survey, 1839-1923* (Cambridge, Mass.: Harvard University Press, 1979), p. 12; Immanuel C.Y. Hsü(1923-2005), *The Rise of Modern China* (New York: Oxford University Press) Sixth Edition, pp.103-105；Jonathan D. Spence, *To Change China: Western Advisers in China, 1620-1960* (New York: Penguin Books, 1980), pp. 3-33 及章開沅編著，《傳播與植根：基督教與中西文化交流論集》（廣州：廣東人民出版社，二〇〇五）。有關利瑪竇與湯若望的相關研究尚有許多，不贅舉。

受其理念、信仰和工作，一方面歸功於他們的滿腔熱誠與鍥而不捨，[7]另一方面，也與他們在身分認同上作出一定選擇有所關聯。

及至明末清初，西方兵將與洋顧問紛紛協助明廷鑄造火炮，抵禦外侮。[8]然而，由於滿洲旗兵驍勇善戰，戰略得宜；山海關最後不攻自破，清軍得以長驅直進，先後剿滅李自成（一六〇六－一六四五）部眾與南明政權，朱明政府終於一六六二年宣告瓦解。滿清統一洪業後，統治者充分了解西洋科技的精巧與實用，故在順康時代（一六四四－一七二二）續聘部分西洋雇員，「借才異地」之風在清初並不罕見。[9]惟當清廷經歷數次教案與西力進逼後，朝野上下對西方大多好感不再，[10]部分知識分子更加產生一種矛盾心態：認為任用西方人才、學習「蠻夷技藝」後，便能有效對這些「蠻夷」、「列強」作出反駁。是故所謂「取才西洋」的方針，無非只是一個「取之以利」的短期目標，鮮見虛心問學的初衷與熱情。換句話說，自十九世紀中葉以來，清廷執意越洋招聘西方顧問，大多只是出自一種「利用態度」，對於西洋文明的特質與本源，始終沒有全面的掌握或理解。一些士大夫甚至會以一種「輕蔑」的姿態，估量西方的槍炮與科技，認為「此等技藝」並不全然符合中國國情，充其量也不過是一系列的「奇技」與「淫巧」。[11]

清廷部分「較理性接受西洋科技的督撫大臣」，多少亦受到這種客觀環境的影響。他們在引進外邦人才時，一方面明白到西方菁英的獨有優勢，另一方面則需要平衡這種「矛盾心理」。

如是者，開明之士誠如恭親王奕訢（一八三三－一八九八）、總理大臣文祥（一八一八－一八七六）等人，在評估西方菁英的能力時，亦不乏論及他們能否有效接受中國各種官僚及政治文化，若面對未能有效揉合者，大多不會賦以重任。[12]

與此同時，在華的西方菁英亦意識到中國十九世紀以後的情況，嘗試配合清末國情，適度地

---

7 參王元深，《聖道東來考》（香港：出版社缺，一八九九）；謝洪賚，《中國耶穌教小史》（上海：基督教青年協會書報部，一九一八）；顧衛民，《基督教與近代中國社會》（上海：上海人民出版社，一九九六），頁六－七六。

8 David B. Ralston, *Importing the European Army: The Introduction of European Military Techniques and Institutions into the Extra-European World, 1600-1914*, p. 107; Richard J. Smith, "The Employment of Foreign Military Talents: Chinese Tradition and the Late Ch'ing Practice", p. 123.

9 Ssu-yu Teng, John King Fairbank, *China's Response to the West: A Documentary Survey, 1839-1923*, p. 17.

10 詳參 Paul A. Cohen, *China and Christianity: The Missionary Movement and the Growth of Chinese Anti-Foreignism, 1860-1870* (Cambridge: Harvard University Press, 1963); Philip A. Kuhn, *Rebellion and its Enemies in Late Imperial China: Militarization and Social Structure, 1796-1864* (Cambridge, Mass.: Harvard University Press, 1970).

11 Jonathan D. Spence, *The Search for Modern China* (New York: Norton, 1999), p. 155; 164; 171.

12 Jonathan D. Spence, *To Change China: Western Advisers in China, 1620-1960*, p. 104; Richard J. Smith, John K. Fairbank, Katherine F. Bruner (eds.), *Entering the China's Service: Robert Hart and China's Early Modernization: His Journals, 1863-1866* (Cambridge, Mass.: East Asian Studies, Harvard University, 1991), pp. 252-253.

調節他們的心態或期望；然而，箇中也不乏一些西洋專才，堅決秉持一種推崇「歐洲中心」的價值觀，奉西方文明為尊、他國文明為次，對中國各種官僚文化採取無視、譏嘲，又或者是抗拒的態度；饒有甚者，更會把西方列強向東方世界的侵略與滲透，看作是一種自然合理的文明進程。是故清季來華的西方人才，誠如赫德（Robert Hart, 1835-1911）、宓吉（Alexander Michie, 1833-1902）、德璀琳（Gustav von Detring, 1842-1913）、畢德格（William N. Pethick, ?-1902）、漢納根（Costantin von Hannacken, 1855-1925）、琅威理（William Lang, 1843-?）、馬士等人，都分別在清代中國經歷不一樣的際遇後，陸續培養出他們獨有的感悟與主張，對官僚制度或整個政治生態作出不同的肆應和抉擇。話說至此，除了赫德之外，大家或許對上列的西洋專才感到陌生，有見及此，我會先在這裡把他們的生平大事簡介如下，以供有興趣的讀者參考。

一、宓吉

1. 國籍：英國
2. 來華年份：一八五三
3. 生平大事：

(1) 宓吉本在上海經商。同治三年（一八六四）牛莊開埠，他便是第一個移居牛莊的英國人。此後出任怡和洋行（Messrs Jardine Matheson & CO.）的行商。

(2) 光緒九年（一八八三），宓吉遷居天津，任倫敦《泰晤士報》駐華通訊員，兼任天津英文《時報》（*The Chinese Time*）編輯，並充任李鴻章幕僚，活躍於外交場合，著述繁多。

(3) 有關李鴻章的一生與功過，他便著有專文分別刊載於“Li Hung chang”, *The Nineteenth Century*, vol. 1 (August, 1896), pp. 226-239 及“Li Hung-chang”, *Blackwood's Edinburgh Magazine*, vol. CLXX (December, 1901), pp. 836-851。

4. 延伸閱讀：有關宓吉的生平及著述，參〈Alexander Michie〉，載中國社會科學院近代史研究所翻譯室編：《近代來華外國人名辭典》（北京：中國社會科學出版社，一九八一），頁三三八－三三九；馬昌華：《淮系人物列傳：文職．北洋海軍．洋員》，頁四〇三。

二、德璀琳（Gustav Detring）

1. 國籍：德國
2. 來華年份：一八六五
3. 生平大事：

(1)德璀琳出身於官僚世家，故他自幼的生活品質與學習環境均較為理想。一八六五年四月，在其友人 Darüber 的影響下，德璀琳決定來華工作，投身中國海關。

(2)及至一八七八年，德氏於天津認識李鴻章，李氏有感其工作態度認真，遂向總理衙門舉薦他協助赫德興辦華洋書信局。華洋書信局的興辦，不僅成為近代中國郵政事業之肇始，李鴻章更因此對德璀琳的工作能力大為欣賞。

(3)李氏其後延請德氏入幕，專責洋務外交等顧問情事。自此以後，德氏既為海關關員，亦成為李幕內的重要幕友，為一眾洋顧問與李鴻章之間的重要橋梁。

4. 延伸閱讀：Vera Schmidt, *Aufgabe und Einfluss der Europäischen Berater in China: Gustav Detring (1842-1913) im Dienste Li Hung-changs* (Wiesband: Harrassowitz, 1984), p.19；Hans Van de Ven, “Robert Hart and Gustav Detring during the Boxer Rebellion’, *Modern Asian Studies*, vol. 40, no. 3 (2006), pp. 650-651.

三、畢德格

1. 國籍：美國
2. 來華年份：一八七四

3. 生平大事

(1) 授命來華出任美國駐天津副領事。後因與李鴻章友好而辭去領事職務，入李之幕府，為其出謀劃策。由於畢德格熟悉中、法、德等國語言，故他便成為李鴻章重要的私人祕書、翻譯和顧問。

(2) 光緒七年（一八八一）十月，畢德格會同馬根濟（John Kenneth Mackenzie, 1850-1888）上書李鴻章，擬辦北洋醫學館。這建議遂為北洋海軍培養出了一批醫務人才。此外，畢德格憑藉自身的外交歷練、語言基礎和顧問身分，經常參與李鴻章主持的外交活動。李鴻章「苟有事至使館，必使之（畢德格）往」，足見其地位若何。

4. 延伸閱讀：有關北洋醫學館的章程與發展，詳參顧廷龍（一九〇四－一九九八）、戴逸主編，《李鴻章全集》（合肥：安徽教育出版社，二〇〇八），卷三十七，〈詩文〉，〈附錄〉一，〈批札與咨文〉，〈光緒七年（一八八一）九月二十七日北洋大臣李（鴻章）批〉，頁一七八－一八二；〈光緒十年（一八八四）四月十三（李鴻章）批〉，頁二〇七－二〇八。另參劉體智，《異辭錄》（北京：中華書局，二〇〇七），〈畢德格〉，頁一六〇；"American Who Advised Li Hung Chang is Dead", 載 *New York Times* (December 21, 1901); Kenneth E. Folsom, *Friends, Guests, Colleagues: The Mufu*

System in the Late Ch'ing Period, pp. 154-155.；馬昌華，《淮系人物列傳：文職・北洋海軍・洋員》（合淝：黃山書社，一九九五），頁四〇七－四〇八。

四、漢納根

1. 國籍：德國
2. 來華年份：一八七九
3. 生平大事

(1) 漢納根為德國貴族，陸軍大尉，一八七九年在德國退役，後由中國駐柏林公使李鳳苞（一八三四－一八八七）聘請來華，充任淮軍教練。天津武備學堂成立後，又出任該學堂教官。

(2) 來華不久，漢納根被天津海關稅務司德璀琳招為女婿，由於德氏與李鴻章的關係密切，德氏遂建議李氏招漢納根入其幕府，協助籌辦北洋海軍，且擔任李鴻章的軍事幕僚。

(3) 一八九四年六月，恰逢中日危機，漢納根主動向李鴻章提出前往朝鮮察看形勢。甲午海戰後，漢納根雖離開李幕，但仍向清廷條陳節略，建議清政府向德國、英國購買快船，聘請外國軍官和水手同船來華，同時建議加練陸軍十萬人以及向外國購買槍械等。

4. 延伸閱讀：Rainer Falkenberg (ed.), *Constantin von Hanneken, Briefe aus China, 1879-1886: Als Deutscher Offizier im Reich de Mitte* (Köln: Böhlau Verlag GmbH & Cie, 1998), pp. 1-18.

五、琅威理

1. 國籍：英國
2. 來華年份：一八六三／一八七七
3. 生平大事：

(1) 一八四三年出生於英國。十六歲畢業於英國皇家海軍學校並開始於英國艦隊服役從戎，海軍戰識甚為豐富。

(2) 一八六三年，清廷向英國購入七艘戰船，琅威理隨當時的皇家海軍上校阿思本（Captain Sherald Osborn, 1822-1875）首次來華，然清廷因視條款不當而決定解散艦隊，琅威理亦因此返國。

(3) 及至一八七七年，李鴻章委託駐英公使曾紀澤（一八三九－一八九〇）向英國海軍部訪覓顧問，曾氏便就此推薦：「琅威理新近將送炮船來華，此人誠實和平，堪以留用。」見〈覆福建船政吳春帆京卿〈光緒三年（一八七七）三月二十日〉〉，《李鴻章全集》，卷三十二，〈信函〉四，頁二十二。及後李鴻章在親睹琅威理調閱操演埃普西隆（Epsilon）、吉塔（Zeta）、伊塔（Eta）及澤塔（Theta）四艦後言：「陣式整齊靈變，炮準亦好，勤於明練，船學頗精……琅公於新購蚊船情形甚熟……而辦事似尚盡心。」見〈覆曾劼剛星使〈光緒五年（一八七九）十月二十四日〉〉，《李鴻章全集》，卷三十二，〈信函〉四，頁四九七。李氏隨即席延聘琅氏入幕。

(4) 然而，在一八九〇年二月，琅氏與林泰曾（一八五一－一八九四）、劉步蟾（一八五二－一八九五）等人發生「撤旗事件」糾紛，由於李鴻章表態支持劉步蟾，琅氏當場憤然請辭歸國，即使日後張之洞（一八三七－一九〇九）、王之春（一八四二－一九〇六）等人積極相邀，他亦藉口推辭。見張之洞：《張文襄公全集》（北京：中國書店，一九九〇），卷一四四，頁一七－一八；卷三十七，頁三三－三四；而有關「撤旗事件」之記述，則參〈琅威理由香港來電〈光緒十六年（一八九〇）二月十六日酉刻到〉〉，《李鴻章全集》，卷二十三，〈電報〉三，頁二三。

4. 延伸閱讀

王家儉：《洋員與北洋海防建設》（天津：天津古籍出版社，二〇〇四），頁七一－七八。

審諸上述簡介，我們大概可以知道，這些西方人才在中國的經歷可謂同中有異，對中國的政治生態富具多重觀察。由此可見，西方顧問來華之後，大多會在清代中國建立和擴展出不一樣的生存方式，這亦恰好顯示他們在東西文化相遇的大時代，自會形成多種獨特的身分認同。

誠然，並非所有歐美專才也能與中國的官僚習性與政治生態全面揉合；未能磨合者或會選擇淡出政壇，甚至憤然離職。所以，西方顧問的在華歲月，事實上也受到一定「挑戰」與「衝擊」。他們能否在另一種「帝國體制」下生存，大多取決於他們採取哪一種肆應態度。本文的重點，就是希望以一位曾於李鴻章幕府內任職的西洋顧問——馬士為例，就他的來華動機、個性、處事方法和原則各方面，分析他怎樣肆應與淡出清季的政治舞臺。當然，我們都應該知道，「李幕」斷不能反映中國官僚系統的整體面貌，[13]一位史學家更曾明言，李鴻章不能代表整個十九世紀後期的晚清歷史；[14]但無容否定的是，李中堂的身分與權責，幾乎與清季每一個中、外主流角色都曾經牽上關係，至於他的幕府在新舊交替接軌中所展現出的各種特色，都是清季史略

---

13 有關幕府制度的傳統與特色，可以參閱本書第三章的討論。

14 David P.T. Pong, "Li Hung-chang and Shen Pao-chen: The Politics of Modernization", in Sammuel C. Chu and Kwang-ching Liu (eds.), *Li Hung-chang and China's Early Modernization* (New York: M.E. Sharpe, 1994), p.100.

不能忽視的主題，難怪梁啟超早有言謂：「自李鴻章之名出現於世界以來，五洲萬國人士，幾於見有李鴻章，不見有中國。一言蔽之，則以李鴻章為中國獨一無二之代表人也。夫以甲國人而論乙國事，其必不能得其真相，固無待言，然要之，李鴻章為中國近四十年第一流緊要人物。讀中國近世史者，勢不得不曰李鴻章，而讀李鴻章傳者，亦勢不得不手中國近世史，此有識者所同認也。」[15]所以，有關西洋幕僚在李幕內的生命歷程，自當有其豐沛的研究價值與時代意義，值得我們考究參詳。

東渡來華

馬士出生於美國一個小康之家，父親 Albert David Morse（1832-1900）是製革商人，母親 Mercy Dexter Park 是教會事工。馬士自幼天資聰穎、勤奮好學，雖然家庭環境不算優裕，但亦憑藉一己之力，先後考入美國東岸的著名學府：波士頓拉丁學校（Boston Latin School）與哈佛學院（Harvard College）。[16]在哈佛學院肄業期間，更以名列前茅的成績，獲得既為哈佛學友、亦屬中國海關稅務司德魯（Edward Bangs Drew, 1843-1924）的青睞與賞識。鑑於這位德魯先生對馬士日後的工作與際遇，均有著深遠的影響，所以實有必要對他的生平背景，在這裡作一個簡單的介紹。德魯是哈佛學院一八六三年的畢業生，自幼已對遠東國度充滿憧憬和好奇，所以他在畢業之後，便決定隻身來華，加入由赫德主理的海關團隊。大概是他的工作表現出色，德魯在短短數年之間，便被赫德任命為中國首位在美國出身的海關稅務司，管理遠航貿易的大小事宜。與此同時，由於中、美的商貿往還在十九世紀七〇年代開始漸趨緊密，加上赫德一直也有意擴充關內西洋雇員的規模，他遂於一八七四年修書剛晉升不久的德魯，希望他可以遴選三位年齡介乎十九至廿三歲、健康良好、曾受常規教育、且具備優秀書寫和敏銳記事能力的美國大學生來華任職。德魯接到赫德的指令後，隨即在哈佛學院、布朗學院（Brown College）、以及明里蘇達科技學院選拔人才；最後他一共物色了四位富具潛質的年輕菁英，而馬士便是他精挑細選的其中一位。[17]

---

15 梁啟超，《李鴻章傳》，頁六。

16 有關馬士於波士頓拉丁學校及哈佛學院的生活。詳參 John King Fairbank, Richard J. Smith, *H.B. Morse: Customs Commissioner and Historian of China* (Kentucky: The University Press of Kentucky, 1995), pp.12-18.

17 見赫德致 Edward Bangs Drew 書信 "Robert Hart to Drew", (19 March 1874), 載於 *Morse Collection, Letter from Hart to his Commissioner*, Houghton Library, Harvard University.（文件存放於 Harvard University 的 Houghton Library，特此感謝 Houghton Library Carmella Napoleone 小姐協助轉寄有關檔案電稿。）

事實上，除了馬士之外，德魯所揀選的菁英才俊，其餘三位都是哈佛學院的學生，他們分別是斯賓尼（William Franklin Spinney）、美林（Henry Ferdinand Merrill）和克拉克（Charles Cecil Clarke）。有關他們三者與中國的因緣，目前還未有專文詳述討論；但由於他們與馬士的關係密切，所以在這裡也應該向讀者順道交代一下。斯賓尼生於美國麻塞諸塞州的林恩區（Lynn），一八七四年來華，先後於中國各海關關署工作。一八八四年代表中國政府，出席美國紐奧良博覽會（Exposition in New Orleans），向歐美國家展示中國出產的陶瓷、絲綢與工藝品。三年之後，被赫德任命為廣東海關關長；一八九三年調遷臺灣，出任打狗關長，與馬士「分掌」南臺與北臺。〈馬關條約〉簽訂後，斯賓尼返回大陸，晉任蘇州關長。一九〇五年十月，獲清政府頒授「雙龍」銜與三品官爵。可惜翌年因為身體不適，無奈辭退所有關務工作，最後於一九〇六年離開中國，結束他在華接近三十二年的關務生涯。[18]

與斯賓尼相似，美林加入清季海關後，大部分時間都在中國和東亞世界扎根。他在美國維多利亞城的 White River Village 出生，與馬士等人一同考入哈佛學院，一八七四年並肩來華。在赫德的安排下，美林自一八八七年起，便分別於各個重要的通商口岸任職；一八九七年，獲清廷頒授「雙龍」銜與二品官爵，隨即代表光緒政府，出席假美國華盛頓舉行的國際郵政會議（International Postal Congress）。及後再經赫德的推薦、中央的首肯，被派駐朝鮮海關任職，且獲朝鮮政府頒授二品官爵與戶部督導的頭銜。一九〇八年被委派前往美國，出任中國留美學生署的部門主任，管理中美文化交流等事宜。次年十一月授命返華，出任上海關關長，五年之後，在中國退休，見證著滿清易主袁世凱（一八五九－一九一六）的一段歷史。[19]

至於克拉克的際遇，則較斯賓尼和美林的「簡單、平淡」。他生於美國麻塞諸塞州的劍橋（Cambridge），在哈佛學院畢業後，與馬士等人一起來華加入洋海關。克拉克的第一份工作，便被派往當時已是華洋集處的上海。不過，在短短一年之後，一八七五年，便被赫德調遷至漢口任職；而在一八九八年至一九〇八年之間，克拉克更先後被調往蘇州與牛莊等關口，最後在一九〇九年退休，舉家一同遊歷歐美等地；一九一一年定居英國，為其三十五年的在華生涯劃上句號。[20]

---

18 內容詳參 *Secretary's Report of the Class of 1874 of Harvard College*（文件存放於Harvard University 的 Houghton Library，特此感謝 Houghton Library Carmella Napoleone 小姐協助轉寄有關檔案文獻）〔及後簡稱 SR〕, No. 10 (June, 1874-June, 1904), pp. 87-88.

19 參 SR, No. 10 (June, 1874-June, 1904), p. 60.

20 參 SR, No. 2 (July, 1874-June, 1877), p. 13；SR, No. 10 (June, 1874-June, 1904), pp. 23-24.

斯賓尼、美林與克拉克，都是馬士的同窗學友，大家同年畢業，一起遠渡重洋，所經歷的遭際也十分類近，因此他們在中國建立一個穩固的互助網絡，彼此交換資訊，相互扶持，實在不足為奇。事實上，同年畢業的校友，在離開校園之後，不時也會形成一個「社會圈子」（social circle），而後轉化成為一種無形力量，同難相濟、同道相成。歷史學家 John C. Waugh，便曾在他的著作 *The Class of 1846, From West Point to Appomattox: Stonewall Jackson, George McClellan and Their Brothers* 中表示，故人校友之間，在社會、經濟、政治、文教等領域，往往會因為彼此的訓練模式、情感經歷相若，聲氣相通，同聲相應，由此形成一種強而有力的夥伴支持。[21]相信馬士與斯賓尼等人，也是憑藉類似的串連，彼此相遇相知，成功在清代中國組成一個小網絡。即便他們四人因為工作的關係，分別任職不同港口，沒有可能經常見面，但他們在華工作的三十多年，不時也有書信的往來與情報交換；如果遇到棘手問題，更會嘗試尋找相應的支援。至於他們的伴侶和家人，亦有不定期的聚會及聯誼，聊話家常，噓寒問暖，有關這一方面，我將會在下文多談一點。無論如何，斯賓尼等人對於我們認識馬士的在華生涯，無疑會有一定幫助；而我們在理解馬士於洋海關與李幕的際遇時，亦不應該忽略他背後這個堅厚牢固的「哈佛網絡」。

話說回來，在詳述馬士與李鴻章的關係之前，讓我先在這裡對馬士的在職歷程作一概括，如此一來，讀者便可以著實掌握他在華任職時的重要年份與晉升流程。馬士在一八七四年抵達中國後，隨即被赫德任命為二級海關關員（Clerkship B），[22]一八七七年，被任命為天津海關幫辦（4th Assistant A）。在天津工作一段時間後，方被調遷至北京總稅務司處任職，並且兼任京師同文館的英文教習。一八八七年，由於馬士的工作表現出色，遂被賦予上海副稅務司（2nd Assistant A）的職銜，此後分別在北海、淡水、龍州、漢口、廣州等海關任職；一八九八年，升遷為稅務司（Commissioner）；一九〇三至〇七年，出任海關總稅務司的統計祕書（Statistical Secretary）；與克拉克相似，馬士在一九〇九年決定退休，其後定居英國，專注有關外交、經貿等方面的史學研究，我在〈序論〉中所提及的兩部鉅著，便是他退出海關公務以後完成的作品。[23]

---

21 John C. Waugh, *The Class of 1846, From West Point to Appomattox: Stonewall Jackson, George McClellan and Their Brothers* (New York: Ballantine Books Inc, 2000).

22 "Robert Hart to H.B. Morse", 19 May 1874，載於 MC。信中載述了赫德正式任命馬士為海關關員（Clerkship B）。另參 C.A.S. Williams, *Chinese Tribute* (London: Literary Services and Production, 1969), p. 15-16 及 Stanley F. Wright, *Hart and the Chinese Customs* (Belfast: Mullan, 1950), p. 263.

23 John King Fairbank, *Trade and Diplomacy on the China Coast: the Opening of the Treaty Ports, 1842-1854* (Cambridge: Harvard University Press, 1953), "Dedication". 順帶一提，馬士除了是這兩部鉅著的作者之外，他也曾經在 *Journal of the Royal Asiatic Society of Great Britain & Ireland* 與 *The English Historical Review* 等期刊，發表一系列的論文與書評。有興趣的讀者可以參考本書在〈延伸閱讀〉內所輯錄的作品。

馬士在清季洋海關的工作長達三十五年，而赫德對他的表現都是讚不絕口，屢次形容他是一名實幹、忠厚、有魄力且工作認真的難得人才。[24]由於馬士在關務的工作表現出眾，很快便得到德璀琳與李鴻章等人的賞識。李鴻章當時已經是洋務運動的舵手，他明白要有效改革自強，除了積極培訓留學生赴洋學習，以達長遠發展的目標之外，中國亦需依賴一群富具經驗的西方顧問，提供「短期」與「中期」上的協助。經德璀琳的安排，李氏遂有機會認識當時在天津工作的馬士；兩人縱使不能以漢語或英語直接交談，但會面時卻是溝通流暢，李鴻章對馬士的工作熱忱也非常欣賞。一八七七年十二月，李中堂遂主動向赫德提出「招攬」馬士的建議。與此同時，赫德亦希望安排馬士進入李鴻章的權力網絡，所以對於馬士有機會加入李幕一事，亦表示欣然贊成。[25]

馬士加入李幕後，對李鴻章不吝建言，當中對洋務企業等方面尤是建議良多。由於馬士的工作認真，表現井井有條，李鴻章便在一八八五年十二月致函赫德，要求繼續留用馬士為其幕友，赫德對此也沒有反對。[26]自此之後，馬士便全力投身輪船招商局的改革、推廣和發展等工作。然而，儘管馬士對其工作崗位滿腔熱忱，他卻未能適應盛宣懷（一八四四－一九一六）的結黨作風。他甚至認為盛氏的工作方針未能有效利用資源，營運欠缺經驗，處事頑固保守。例如馬士曾經批評盛氏要求把招商局內所有文件翻譯為中文的做法，實屬疊床架屋，如此一來，只會導致工作大量囤積，廢時失事，有關做法更是對西方顧問「不信任」的一種表態。[27]另一方面，盛宣懷對馬士要求增加月薪一百両也表示「不可理解」，更誤會馬士「以不獲加薪則返回海關」的條件作出要脅。[28] 如是者，兩人在招商局內的矛盾便日積月深，盛氏亦因此對馬士的提議多番駁阻。

---

24 John King Fairbank, Katherine Frost Bruner, Elizabeth MacLeod Matheson (eds.), *The I.G. in Peking: Letters of Robert Hart, Chinese Maritime Customs, 1868-1907*, Vol. 1, p.313；另見C.A.V. Bowra, "Obituary of Morse"（原載一九三四年四月之 *Journal of the Royal Asiatic Society*，筆者所用的為 Richard J. Smith 所提供之影印文本，特此感謝。）

25 赫德曾明確表示，"I would like to see my lieutenants made much of... by big man (Li Hungzhang), for so long as they and he and I are all on good terms, it ought to be (a source) strength to me." 見 Hart Journals, Queen's University, journey entry dated December 13, 1877. 轉引自 Richard J. Smith, "Hart's Man on the Margins: The Diplomatic and Advisory Role of H.B. Morse, 1874-1907 (Final Version)", p. 4.（文章曾於 the Third International Conference on the History of Chinese Maritime Customs 發表並作出修正，特此感謝 Richard J. Smith 賜予修正稿本。）

26 赫德日記中記載李鴻章對馬士非常欣賞一事，說明李氏對赫德作出希留用馬士的特別要求，見 Hart Journals, Queen's University, Journal entry dated December 4, 1885. 轉引自 Richard J. Smith, "Hart's Man on the Margins: The Diplomatic and Advisory Role of H.B. Morse, 1874-1907 (Final Version)", p. 6.

27 見 "H.B. Morse to Gustav Detring", 10, October 1886, 載於 Morse Letter Books (Pressed copies of Morse's Semi-Official Letters to Hart and others, Houghton Library, Harvard University；文件存放於 Houghton Library, Harvard University, 特此感謝 Houghton Library Carmella Napoleone 小姐協助轉寄有關檔案文獻)〔及後簡稱為 ML〕。

28 John King Fairbank, Richard J. Smith, *H.B. Morse: Customs Commissioner and Historian of China*, p. 82.

雖然馬士明白中國官僚制度的習性如此，但卻無意同流合汙、奉承盛宣懷；他所希望的，只是全力掃除革弊，重點發展招商局這項甚具潛力的國營企業。就此，他和盛氏便開始出現一系列的磨擦與衝突。兩人的矛盾與糾葛甚至驚動了李鴻章，需要他出面主持公道。可惜的是，李鴻章並沒有妥善處理箇中的分歧；他在「權衡局勢」後，大概只是明白到，斷不能為了支持一名洋幕僚而犧牲作為洋業支柱的盛宣懷，[29]所以不久便對盛氏表示支持與信任，對於馬士的「抗議」與改革方案，則大多置若罔聞。對於李鴻章的決定，赫德、德璀琳似乎亦理解到李氏對待「華洋糾紛」時偏袒華官的一貫態度，[30]所以也無意呼應馬士對盛宣懷作出強烈批評。

馬士有感失去李鴻章的支持後，最後決定在一八八七年八月二日提出請辭，李鴻章亦未有挽留。[31]馬士離開李幕後，經赫德的安排遷調上海、廣西北海市海關任職，最後輾轉調遷臺灣淡水。馬士在一八八七年以後的調配，一方面說明他逐漸遠離李幕直隸勢力的事實，另一方面也帶出部分西方顧問與中國官僚，在合作上難以取得緩衝點的問題。然而，在馬士離開李幕後，他卻未完全脫離中國的官僚體制、辭官返國，反而決定繼續任職海關總署，這則顯示他縱然對清季的幕府文化難以適從，但對中國問題依舊關心，沒有輕言放棄。

有關馬士來華歷程與其在幕生涯的若干思考

從馬士來華任職中國的歷程出發，即使我們不能斷然他在哈佛學院肄業期間，已經對前往中國仕官充滿憧憬，但可以肯定的是，清季洋海關「高薪厚祿」的聘請條件，無疑是吸引海外人才漂洋過海的一股重要「拉力」（pulling factor）。[32] 此外，費正清與司馬富也曾經說明，馬士東

---

29 有關盛宣懷對李幕的重要性，詳參 Chi-kong Lai, "Li Hung-chang and Modern Enterprise: The China Merchants' Company, 1872-1885", in Sammuel C. Chu and Kwang-ching Liu (eds.), *Li Hung-chang and China's Early Modernization*, p. 237.

30 Kenneth E. Folsom 亦曾表示, "He(Hart) and Detring knowing intuitively that in almost any situation *Li Hung chang* would support a Chinese against a foreigner, therefore, according to Hart and Detring, they both have a common sense that to worshipped Li." 見Kenneth Folsom, Friends, *Guests and Colleagues: The Mufu System in the Late Ch'ing Period*, p.156.

31 馬士向李鴻章請辭的信函表示, "I have the honour, though with great regret, to place in Your Excellency's hand my resignation of the post I hold as assistant to the Directors of the Chinese' Merchants' Steam Navigation Company. I beg Your Excellency will be good enough to notify to the Inspector General Customs that I am now free to return to my Custom work." 見 "Morse to Li Chung-tang", 2, August 1887，載於 ML。

32 有關高薪厚祿這一點，德國學者 Elisabeth Gaske 便曾經有所說明，見其 *Das Bismarcks Missionäre: Deutsche Militärinstrukture in China, 1884-1890* (Wiesbaden: Harrassowitz, 2002), pp. 47-50.

渡來華的舉措，多少也與美國人在十九世紀的西進意識（Westward Movement）有關。他們的觀察其實不無道理，這樣或許也能夠解釋馬士何以在接觸德魯之後，很快便作出前往中國出任海關關員的決定。[33]所以，就馬士的例子而言，他恰巧遇上赫德掌管清季關務、且有意擴充人手的機遇，再加上中美貿易愈漸緊密、美人戮力西進發展等客觀形勢，凡此種種，相信便是促使馬士離鄉背井，遠渡重洋，成就志向的重要契機。姑勿論馬士最後能否在李鴻章的幕府內站穩腳跟，他對中國的情結，相信在遇上德魯之後已經逐漸積累。相反，部分西方幕員諸如琅威理，他本身已是英國的海軍上將，其入幕條件便是確保他「在皇家海軍內的晉升機會」絲毫無損。很明顯，琅威理視英國本業為先是他的基本立場；即使他亦曾被李鴻章招攬從幕，但他對中國的熱情則未如馬士一樣熱切。

此外，從馬士的在華生涯可見，海關網絡除了是西方顧問晉身清季官僚制度的一大管道外，赫德在李鴻章身邊所發揮的「搜才作用」亦非常明顯。除了馬士之外，赫德向李鴻章一共推薦了將近一百位西方顧問與洋將專才。雖然部分西方顧問只是濫竽充數、碌碌無為的洋官教習，但李鴻章在搜訪歐美人才方面，對赫德始終持有一種「依靠心態」。他們的可見和諧，大概與二人相交於太平天國的患難之際有關。[34]這種關係與默契，一直等到李鴻章日漸感覺赫德愈發驕橫自負，方才有所改變。另一方面，以赫德為核心的關務網絡亦為在華的西方雇員提供了一種強而有力的「後勤」支援。就以馬士為例，馬士出身海關關署，他在供職李幕時，除了赫德以外，海關網絡的成員便不時對其作出各種配合與支援；加上我在上文所提及的「哈佛網絡」，更為馬士帶來不少精神上的鼓勵與扶持。

其實，自一八七四年開始，馬士與德魯、斯賓尼，美林和克拉克等人，不時也會舉行聯誼聚會（Reunion），扶眷攜幼，相談甚歡。根據費正清和司馬富的統計，迨至一八九六年，即便他們分散各地，但至少也曾舉行十五次的活動。我們從德魯在一八八五年於上海籌辦的一次團聚便可得知，眾人在聚會中除了分享彼此公務之餘，也會對中國前景作出分析與展望；而在這些相對嚴肅的討論以外，他們也會憶述林林總總的校園往事，同唱校歌，回首從前在波士頓的日子；按照米爾的紀錄，當時的氣氛可是「無比輕鬆，了無職級之分」。而在一八九四年，馬士被調職至臺灣淡水之後，四人再次聚頭，相信是他們的第十二次聯誼。馬士在書信中便對其家人興奮表示，能夠與其多年好友史賓尼分別掌理「北臺」、「南臺」，無疑是一件賞心樂事。由此可見，

---

33 John King Fairbank, Richard J. Smith, *H.B. Morse: Customs Commissioner and Historian of China*, p.21.

34 Richard J. Smith, John K. Fairbank, Katherine F. Bruner, *Robert Hart and China's Early Modernization: His Journals, 1863-1866*, p. 77.

這些聯誼聚會，氣氛不僅和諧融洽，按照司馬富的分析，他們在聯誼中更能取得一種「鬆弛、舒適」（Comfort）的感覺，由此推論，他們相互之間的團聚，實能達致社會網絡原理中「精神支持」的正面效果。[35]

在「精神支持」以外，洋海關也為西方雇員提供一個堅實的空間，在工作上賦予他們多方面的保障。就以馬士的遭遇為例，在他決定離開李幕之後，赫德隨即修書一封，明示「歡迎馬士回歸」的積極態度，[36]使其不致立即被排拒於中國官僚制度之外。反觀部分在華任職海、陸軍隊的洋員與顧問，即使不少洋將、洋技師也同屬北洋水師，但他們大多各自統屬個別華將、管帶，所以亦難以凝聚一個鞏固且持續的互助力量。加上這些海軍洋將的背後，亦未有像清季「洋海關」一樣強大的網絡對其作出支持；或許，這也可以解釋不少洋幕員請辭軍職後，大多選擇離開中國的現象與原因。

透過馬士的出身、國籍與其來華歷程，我們可以勾勒李鴻章取用西洋人才的基本路線與思維原則。而從李幕洋才組合的光譜出發，雖然「外交性」、「商務性」以及「軍事性」的菁英均在其選擇之列，但由於李氏亦受到清季取才西方的矛盾心態影響，任用、取用洋人的出發點主要是「取之以利」，在任用他們的同時，一種「利用態度」往往較全心「求教西洋的動力」為重。這自然未能盡善發揮個別西洋專才的獨特優勢，繼而導致西方顧問的流失率頗為頻繁。而李鴻章處理「華洋糾紛」時的方針與宗旨，更非所有西方顧問所能配合，部分未及適應者則會像馬士一樣選擇離開幕府，另覓良機。

馬士對自強運動的肆應

馬士於一八八五至一八八七年在輪船招商局的建議、改革、甚至不滿，其實也可以反映他所秉持的行事宗旨與原則，凡此種種，都能夠幫助我們重構他對自強運動的看法和觀點。首先，馬士實幹的作風、以至其認真處事的態度，無疑是針對洋務企業內的陋習歪風而來。對馬士而言，如果要令招商局這類大型企業取得成果，在位者便需要採取一個務實、透明、公平的模式去營運和管理，並且定當下定決心，大規模改革以往的貪汙、營私與結黨問題。這些陳規習性一旦摒

35 詳參 John King Fairbank, Richard J. Smith, *H.B. Morse: Customs Commissioner and Historian of China*, 頁一一四後的插圖文字，頁六八、六九及一一八－一一九。

36 見 John King Fairbank, Katherine Frost Bruner, Elizabeth MacLeod Matheson, *The I. G. in Peking: letters of Robert Hart, Chinese Maritime Customs, 1868-1907*, Vol. 1, p. 675。

棄掃除，中國自強之日便指日可待。如是者，他在評估招商局的經營與運作時，便屢次批評盛宣懷的領導方式有欠專業，正如我在上文所言，「處事頑固失責」。首先，他認為盛氏沒有長駐招商局內處理局務，本身就是一個不甚稱職的行為。他更曾向德璀琳表示，盛宣懷堅持掌理招商局總辦的位置，大概就是他戀棧權位的表現，在各方面看來，對招商局的長遠發展也毫無幫助。此外，馬士對盛氏攬權、驕盈、貪墨、徇私等行徑也十分不滿，他認為這一系列惡習，不僅有損企業運作公開、公平的基本原則，久而久之，更會催化貪汙結黨等弊端，牽帶國家走上荒腐萎敗之路。與此同時，馬士甚至認為盛宣懷處理例行公務的一貫手法全無標準和定例；至於盛氏「隨心隨意」革辭官員的做法，看在馬士的角度，簡直是不合常理、難以服眾、毫無章法可言。[37]由於這些問題與矛盾，兩人的合作只有愈趨惡劣，馬士亦一度希望請辭其顧問身分，離開招商局。[38]

綜觀看來，馬士所關注的，並非應否全力支持他的幕主李鴻章，又或者是招商局的督辦盛宣懷，他留心的是整個官場的陳腐與迂泥。可是，馬士這種改革理想，對於清代中國這種官僚「敗性」根深蒂固的國度而言，如果參考彌勒（John Stuart Mill, 1806-1873）的分析：「要策動大型變化實在是難上加難。」[39]平心而論，雖然官督商辦乃屬清季管治上的新模式，但很多官僚體制內的結構性問題，依然附生在這個新制度之上，難以輕易掃除。事實上，單要解決當時督辦企業的行事歪風，原則上已經甚為艱鉅，更遑論要在一時三刻，雷厲風行地重整清季官場的種種陋習。即使貪汙朋黨等問題不是清代獨有，但要毅然把這些惡習連根拔起，看在一般士大夫的眼中，無非是天方夜譚，痴人說夢，不太符合時代國情。在這個大前題下，馬士屢次與盛宣懷產生磨擦，大概也是意料之內；而盛氏對他的建議大多置若罔聞，我們也不難理解。

馬士一方面表示官場陋習為自強運動的掣肘之一，另一方面，他也曾經提出一些踏實的自強計畫，其中一個重點建議，便是依賴招商局的人力與財力，向西開發長江上游流域的航運路線。[40]馬士認為長江綿延千里，重要河口如重慶、宜昌、武漢、九江等地都是沿江要市，饒具發展潛力；倘若招商局能夠率先透過輪船業務開啟長江上游的航運事業，定必能夠搶占先機，幫助滿清政府經濟自立自強。對於航線的設計、船隻的種類等方面，馬士更成功聯結 Messrs. Yarrow and Company 提供技術上的支援與協助，[41]為計畫作出全面的評估。事實上，李鴻章與盛宣懷初

---

37 見“H.B. Morse to Detring”, 3 November, 1886, 載於ML。

38 見“H.B. Morse to Sheng”, 3 August, 1887, 載於ML。

39 John Stuart Mill (1806-1973), *On Liberty* (New York: Macmillan Publishing Company, 1956), p. 26.

40 見“H.B. Morse to Gustav Detring”, 16 August, 1886, 載於 ML。

41 見“H.B. Morse to Messr. Yarrow & Co.”, 1 May, 1886, 載於 ML；“H.B. Morse to Detring”, 16th August, 1886, 載於 ML。

時對此建議亦表示贊成，然適逢列強侵擾、國家財庫緊絀，李氏有感計畫開發成本過高，最後才決定擱置有關計畫，有關箇中的原由，我們會在下一章〈「改變中國」的再反思〉繼續討論。[42]話說回來，馬士的建議並非紙上談兵，泛泛而談。他不僅多次計算開發計畫的風險，並且對輪船的排水量、長度、濶度、載客量等數據作出仔細估量。平心而論，如果馬士的計畫最終能夠貫切實行，中國東、西兩端的經濟發展或能相互配合，自強運動亦能倚仗長江上、中、下游的經濟實力提高「自強資本」。就當時只集中於沿海建設的洋務運動而言，馬士的方案絕不失為一個突破性的建議。

就著馬士在幕期間的表現與活動可見，他的改革方向大概可以歸納為以下兩點，分別是「改革官場陋習」，以及「透過航運發展固本培元」，相信這就是他對中國欲以自立自強的兩個積極想法。不過，我們也要注意，李鴻章「安置」馬士出任招商局顧問一職，這自然促使他衍生以強化經濟活動來支持自強運動的思想模式；若然我們把焦點從馬士的在幕生涯，轉移至他在《中華帝國對外關係史》與《東印度公司對華貿易編年史》內所鋪陳的各式論述，自然可以了解他對自強運動其他方面的看法，其中涉及外交政策、區域管理、軍事改革等方面，都是值得我們留意的地方。

總的來說，馬士身處清季洋務風行的大時代，他對於自強運動成功的契機不僅作出回應，並且富具一系列的發展建議與方向。當然，由於馬士在李幕任職期間，大部分時間都是負責輪船招商局的事宜，所以他的改革構想，泰半與招商局的發展與運作有關。依我看來，馬士對洋務運動的看法，大多一針見血、實而不華；雖然部分理想未能在短時間內取得成績，但它們的大方向都是有利無害的。除此以外，我還希望透過馬士的在幕生涯，特別指出西方顧問對於清季自強運動的批評與意見，並非單單側重於「操練兵將」與「提升硬體技術」這些「器物」層面。他們看待和處理與自強運動相關的問題時，大都是各有觀感、各有方向、各有藍圖、各有對策。就以馬士為例，即使他並非土生於華、土長於華，但對中國官僚制度的情況、特質與弊病均具有一定的認知和觀察，當中有不少立論，更非一般士大夫所能大膽提倡的。[43]

42 John King Fairbank, Richard J. Smith, *H.B. Morse: Customs Commissioner and Historian of China*, p. 79.

43 當然，我們亦需留意，由於赫德規定「海關關員需定期遷往不同地區任職」的政策，馬士方能遊經中國大小城市，繼而掌握中國各地的區域情況。而他在皇家亞洲研究學會北部支會（North China Branch of the Royal Asiatic Society）的工作，亦令馬士有機會接觸不少研究中國國情的漢學研究與專論，故他對自強運動的成敗便能作出適度評析。

小結：中國官僚文化下的一種回應——馬士對其身分認同的選擇

從馬士的「在幕生涯」與其對「自強運動所持有的思想」出發，相信我們可以嘗試解構他來華之後，在身分認同的問題上，作出何種抉擇；至於他針對李幕「幕風」所提出的大小意見，大概也有助我們了解他對清季官僚體系作出的肆應若何。事實上，馬士在來華以後，加入李幕之前，早已對中國問題愈漸關心；與此同時，他亦充分了解西洋雇員在東西交接與角力下的位置與角色，屢次發揮其專業為中國的自強事業貢獻綿力。例如他在一八七七年華北旱災的救援、籌款與善後工作；以及協助清室購買英艦超勇、揚威等事宜，無一不是身體力行，盡心盡力。[44]及後馬士在「兼容東西人才」的「李幕」內出任幕僚，為了加以鞏固招商局與海內、外洋商的聯結，他便積整籌劃和建議一系列的發展方向與藍圖（有關這一方面，我們在下一章將會繼續討論），凡此種種勞績理想，均沒有辜負他「佐主為治」的幕僚角色。

可惜的是，即使「李幕」在人物組合上是東西兼容，但其幕制理念與形態卻依舊無法與中國官場的「貪腐」與「結黨」陋習全然脫鉤。而李氏在「盛、馬糾紛」的取態，更加顯示這個「結合東西人才」的菁英集團，並不一定能夠妥善作出揉合；紛爭、衝突在這個幕府之內可謂時而有之。在這種客觀形勢下，西方幕友便需自覓「生存之道」，作出相對的肆應。顯然，單憑積極建言而置「仕官文化」於不顧的顧問角色大多難以「生存」，反之能否與幕主與幕僚們建立一種穩定關係，方為箇中的決定因素。以實幹、廉潔見稱的馬士，最後便在這種氛圍之下，毅然作出離開李幕的決定。

就馬士對實踐洋務運動的理念而言，我們也可以了解他對清季官僚文化的認同程度。馬士認為「洋務」要健全發展，必先對中國官僚習性的腐敗因子作出衝擊。他認為貪汙舞弊、結黨營私，乃是中國自強企業未能大力擴展的死結。他在輪船招商局擔任顧問期間，已屢次向赫德、德璀琳談及招商局的各種陳陋惡習，他甚至以辭去幕員身分作為「示威性」抗議，希望喚起李鴻章去舊革新的決心。然而，馬士針對洋務實踐的構想，就中國官僚文化的「根本性」和「習慣性」而言，所能衝擊的力量實在有限。再加上馬士當時只是李幕內的一名洋幕僚，在李鴻章「重華輕洋」的一貫原則下，馬士所能製造的更動自然更加輕微。所以，馬士決定請辭，便是他對中國官僚文化未及認同、對幕府習性未能適從的有力證明。但馬士離開「李幕」後，由於與海關網絡的關係，以及他對中國的「情意結」，所以便堅持任職海關衙署接近二十二年之久。自此，他未有對「李幕」，以至是中國的官僚文化再次作出「衝擊」，反而專注關務工作，著書立說。由此可

---

44 John King Fairbank, Richard J. Smith, *H.B. Morse: Customs Commissioner and Historian of China*, pp. 40-48.

見，馬士對清季官僚制度的挑戰是選擇「退而遠之」，但卻未放棄他對中國問題的關懷，相信這種肆應態度，大概可以看作是一種「半隱」與「淡出」。

總括而言，馬士在任職李幕時所作出的各種反響，或許能夠補足清季西方顧問的形象與角色。縱然部分西方專才只是擔當自強運動的技術性顧問，但當中亦不乏熱心中國國情、意欲扎根中國的「文化中介者」（cultural brokers）。他們未必能夠全面接受中國幕府、或是官場的習性而盡展所長，但透過馬士的例子可見，他們或會選擇像「洋海關」的「容身之所」，默默耕耘，為中國的自強運動作出貢獻，謀求福祉。

第五章

「改變中國」的再反思

從馬士、馬相伯與馬建忠在李鴻章幕府的關係說起

前言

《改變中國》是史景遷一九六九年的作品，雖然出版至今已經超過五十年，但它依然是研究西洋人才在中國工作和扎根的一部傳世經典；這本名著更是眾多歐美大學課程的指定讀物，深受廣大學生歡迎。史景遷在書中以十六位西方顧問為代表，涵蓋時段橫跨三個世紀，其中包括天文學家、軍官教習、翻譯專員、海關稅務司、工程師、革命思想家等等，所涉獵的專業觸及各大界別，敘說視角也有所不同。不過，縱使這十六位洋顧問在工作上各有所長，在史景遷的角度，他們大多抱持類近的情懷，一心改變中國，為明清、民國、國民、以至中共政府籌謀革新之路；儘管這批西洋駿才之中，既有大放異彩的成功者，也有屢受挫折的失敗例子，但他們的初心大致雷同，可以相較比擬。史景遷的觀察有根有據、筆法細膩，對洋顧問的心路歷程拿捏到位，把他們滿懷自信、意在盡己所能的心理狀態逐一呈現出來。這個論說框架，其實也適用於我們解構馬士在華工作的部分歷史片段。我之所以說是「部分片段」，原因在於馬士在華工作的情況或許更加複雜。正如我在上一章有言，雖然他也是滿腔熱誠，在招商局內亦曾面對不同程度的困難與窒礙，但他與李鴻章的一見如故、在洋海關內所積累的政治資本、以至是憑藉其學歷背景所建構的哈佛網絡，都是決定他在清季任職去向的條件，同時也足以影響他的心路歷程與思想情感；至於這些遭遇、磨練及考驗，便不是所有在華工作的西洋專才都有機會經歷的。

除此之外，我們大可以利用馬士和其他晚清西方幕僚的例子，對史景遷在《改變中國》內的一些洞見，加以深化或補足。首先，我們需要去探詢一個問題，究竟自明清以來，是否所有來華的西洋顧問，都是堪稱「專業」的洋務人才呢？如果我們以康熙一朝的「洋顧問」為例，艾爾曼（Benjamin A. Elman）便曾經撰文，表示當時的所謂「洋顧問」，泰半都是一群致力宣教揚道的傳教士，是出身神學院的神職人員；即便他們大多堅忍不拔，奉獻無私，但這並不代表他們是專精西洋科技、槍炮、物理、軍事力學的專業人才。至於他們向中國所推薦的所謂西洋技藝，大多是追不上歐洲潮流的落後發明。所以，按照艾爾曼的說法，清代中國沒有成功趕上西方世界的發展步伐或「文明進程」，並不全然因為傳統士大夫頑固保守、仇洋排外，又或如我在第四章所提及的「矛盾心態」所致；西洋傳教士在技術傳遞上的失誤、遲緩與不專業，也要在「清代中國落後他國文明」的罪名上，負上部分責任。[1]

---

1 Benjamin A. Elman, "Who Is Responsible for the Limits of Jesuit Scientific and Technical Transmission from Europe to China in the Eighteenth Century," in Clara Wing-chung Ho (ed.), *Windows on the Chinese World: Reflections by Five Historians* (Lanham: Rowman & Littlefield Publishers, Inc., 2009), pp. 45-66.

另一方面，來華任職的西方專才，是否皆猶如馬士、湯若望、南懷仁（Ferdinand Verbiest, 1623-1688）等人一心一意，以其所學，旨在改變中國，擺脫「次文明」的枷鎖呢？這裡也有一些值得討論的地方。譬如以曾經協助李鴻章操練北洋海軍的德國顧問漢納根為例，我們便可以看到一個不甚一樣的故事。事實上，漢納根受邀出任海軍的「洋顧問」，本身已經是一個錯誤的延聘，因為他在德國的軍事訓練與實戰經驗，都是以陸軍為主的。這個錯配，一方面可以歸咎李鴻章在選拔人才時的粗疏，但與此同時，漢納根在接收聘書後，不僅沒有向李鴻章交代他的專業背景，還對這項任務欣然接受，這種態度不啻就是東遮西掩、有所隱瞞，自然很難稱得上是一種旨在貢獻他國文明的高尚情操。再者，漢納根來華之後，便曾經多次去信他的父親，表示他對中國國情、社會與同僚的厭惡與鄙視，他亦明言來華工作的原因，無非希望在遠東積累更多軍務經驗，好讓他將來回歸德國軍隊時可以增添談判的籌碼而已。[2]由此可知，西方顧問來華的原因形形色色，想法不一，至於他們在華的抉擇和發展，亦不免受其際遇的改變而有所影響；換言之，他們決定來華的態度、對中國的憧憬、以至在工作原則上的堅持，也不是任何單元結論所能概括的。

《改變中國》還有一個論說，我覺得也可以利用馬士的例子，在這裡再作探究。史景遷提到大部分西洋專才，都是帶著一種高高在上的文明姿態，前往中國出任公職。這個觀察大概中肯，例子諸如赫德、琅威理、以及我在上文簡單介紹過的漢納根，他們來華任職時，大多帶有既定的立場，以西歐文化為尊，把中國的文明標準視之為差劣或落後，他們這些想法與偏見，都可以在其書信與文稿中找到端倪，合乎史實。不過，雖然這個論調有其情理，但它卻無形中衍生出一種二元的尺度，毅然把西方顧問與清代知識人硬性類分為兩大群組：前者是一群掌握先進技術、開明進取、且具備各種優良條件的「改造者」；而後者則是一群處於被動、既缺乏遠見、亦沒有能力推動革新的「被改造者」。這種對立式的描繪當然有它的問題。首先，中外學者早已指出，清季自第一次鴉片戰爭以來，便有一批富具批判眼光的學人文士，陸續在變局潮流中孕育而出，提出自強變革的反思；薛福成、丁日昌，便是其中的例子。除卻這批改革學人以外，清季放洋赴英、赴德、赴美等地學習，期後適時回國效力的留學生，更加足以證明清代中國絕對不是一個等待「被改造」的國度，因而前文所言及的二元尺度，在預設上已有值得斟酌的地方。當然，我們依舊可以嘗試辯釋，這些相對開明的知識人，大概只是全國大小官員中的一小部分，稱不上是政經格局中的主流。

2 Ricardo K. S. Mak, "Western Advisers and Late Qing Chinese Military Modernization: A Case Study of Constantin von Hanneken (1854-1925)," *The Journal of Northeast Asian History*, vol. 10 no. 2 (Winter, 2013), pp. 47-70.

不過，我在這裡並無意討論李鴻章、丁日昌等人究竟是不是清季學人的主流，又或者去論證「洋務派」對晚清政制發展的實際力度，我希望探討的，是這批相對開明的知識分子與自命為「改造者」的西洋顧問之間，究竟有沒有值得讀者注意的扣連呢。事實上，即使我們對薛福成與一些海外留學生已經取得一定的認知，但對於他們與西洋顧問之間的具體協作，其實仍有不少討論空間尚待開拓。就著目前的研究可見，每逢我們談及華官與洋顧問的歷史時，論說大多集中在這些西洋幕友與李鴻章的「從屬關係」，至於在李幕之內，有關華洋幕僚之間的「伙伴關係」，卻沒有足夠的掌握。如是者，我們大可朝著這個方向，找出更多有意義的例子，試圖填補這道研究縫隙。

相信讀者已經注意到，我們在上一章便曾透過馬士和盛宣懷之間的磨擦和衝突，梳理出一種關乎「華洋官員／幕友」之間的矛盾、甚至是將近敵對的「朋僚關係」。如果我們再次套用史景遷在《改變中國》的理論框架，由於西歐的「改造者」大多對中國官僚制度的範式和惡習表示輕蔑，所以最後步上這種不歡而散的結果，其實也不算稀奇。然而，即便馬士本人也曾經大肆抨擊清季官場的腐敗與營私，但這是否代表西洋顧問與中方官員只有衝突，彼此卻沒有合作，甚至是相互欣賞的例子？這個章節的題旨與目的，就是希望繼續從馬士的在幕生涯出發，嘗試尋找他在海關、哈佛網絡之外，曾否與華人官員形成一種健康的「伙伴關係」；如果這種關係是存在的，那麼箇中所涉及的華洋合作與互動，又可以為《改變中國》的論證帶來什麼新的啟示呢？

所謂「合作與互動」（Inter-corporate relations），按 Mark S. Mizruchi 的解釋，泛指個體與個體之間在既有工作或非工作空間內的經驗分享與資訊交流。[3]本文所選取的三位主角：馬士、馬相伯（一八四〇－一九三九）與馬建忠（一八四五－一九〇〇），都分別在一八八五至一八八七年之間，在輪船招商局內處理船務、航線策畫與發展藍圖等工作。事實上，除了盛宣懷之外，馬相伯和馬建忠兩兄弟，均被中外史家視為十九世紀八〇年代，李鴻章在招商局內的得力幕僚；而有關他們兩人的個別研究及專論早已面世，成果叫人激賞，現僅舉數例如下，以供讀者參考。早在一九七一年，張若谷便已經注意到馬相伯在洋務運動的重要性與影響，遂就其生平編著年譜，另附〈序文〉概述馬氏的生命歷程。[4]一九七二年，方豪目索手輯馬相伯的文稿百餘篇，彙集刊行，其後更有續編與新編兩部，為馬氏研究提供大量一手史料，貢獻良多。[5]在方豪出版這

---

3 Mark S. Mizruchi, Michael Schwartz, *Intercorporate Relations: The Structural Analysis of Business* (Cambridge, UK; New York: Cambridge University Press, 1987), p. 2.

4 張若谷，《馬相伯（良）先生年譜》（臺北：文海出版社，一九七一）。

5 方豪，《馬相伯（良）先生文集．續編．新編》（收入《近代中國史料叢刊》〔臺北：文海出版社，一九七二〕，第七七六冊）。

部《文集》之後，學者便集中對馬相伯在政治、經濟及教育等方面的貢獻作出林林總總的陳述及分析，譬如宗有恒與夏林根，便曾聚焦馬相伯如何推動復旦大學的發展，闡述他在教育史上的「慈愛意識」；[6]魏揚波則就馬氏在辦學、捐款、以及倡行國內教學等議題上，肯定他在教育發展上的卓越成就；[7]而朱維錚亦對馬氏的生命事略作出描繪，敘說他自洋務運動以來在政、經、文化界的貢獻與社會連結，[8]其他例子尚多，礙於篇幅所限，恕不一一列舉。

至於與馬建忠相關的研究成果亦為數不少。坂野正高早在一九八五年，便開始注意馬建忠在推動中國近代化的角色，他更在著作中說明馬氏在李鴻章身邊的重要性，指出「倘若李氏是自強運動的主舵的話，馬氏則是為主舵定位的輔助者」。[9]其後，曾潤梅以馬建忠為其論文題目，研討馬氏維新理念與近代中國思潮順時轉變的關係，[10]而蔣文野則以繫年形式概述馬建忠的一生仕途與經歷，並附〈馬建忠及《馬氏文通》研究記事〉一文，突顯他在近代翻譯史、知識傳播史上的貢獻。[11]及至九〇年代，鄭大華成功整理並點校馬建忠與馮桂芬就晚清自強、變法議題所著成的文稿，並把它們合編出版，為研究馬氏者提供不少方便。[12]除此之外，薛玉琴與岡本隆司則分別利用馬建忠的文稿，分析馬氏所倡議的自強理念，何以未能與清季的傳統意識形態接軌；按照薛玉琴的說法，馬建忠其實是「近代思想前驅者」的一個「悲劇角色」。另一方面，他們在著述中亦進一步透過馬建忠的例子，概述近代思想無法在十九世紀中國得以改造和演進的緣由。[13]

觀乎以上的研究述評，我們大致可以看到與馬氏兄弟有關的研究和專論，在內容及文獻運用方面也是詳盡可觀；不過，這些專著的主題，無非與教育、維新、近代工業化等方面有關，鮮有他們兩兄弟與馬士、甚至是其他洋幕僚在協作上的討論。有見及此，我們將會在這個章節，透過研讀現存哈佛大學的馬士書信、檔案與文稿，敘說三位馬氏在招商局內外的具體合作與交流，從而深化學界對清季幕府群體的認知與了解。

事實上，馬相伯與馬建忠在年青時已相繼接受法文與西學的訓練，故他們均被視為李氏幕府內的「新知識分子」與「維新思想家」。[14]馬氏兄弟對西學的接觸，相信起始於他們在上海徐滙

6　宗有恒、夏林根，《馬相伯與復旦大學》（太原：山西教育出版社，一九九六）。
7　魏揚波，《馬相伯：中國教育改革的先驅》（香港：香港中文大學崇基學院宗教與中國社會研究中心，二〇〇二）。
8　朱維錚，《馬相伯傳》（上海：復旦大學出版社，二〇〇五）。
9　坂野正高，《中國近代化と馬建忠》（東京：東京大學出版會，一九八五）。
10　曾潤梅，《馬建忠的維新思想》（香港大學碩士論文，一九八七）。
11　蔣文野，《馬建忠編年事輯》（石家莊：河北教育出版社，一九八八）。
12　鄭大華，《采西學議：張桂芬、馬建忠集》（瀋陽：遼寧人民出版社，一九九四）。
13　薛玉琴，《近代思想前驅者的悲劇角色：馬建忠研究》（北京：中國社會科學出版社，二〇〇六）；岡本隆司，《馬建忠の中国近代》（京都：京都大学学術出版会，二〇〇七）。
14　薛玉琴、劉正偉，《馬相伯：馬建忠，馬玉章》（石家庄市：河北教育出版社，二〇〇三），頁二。

公學肄業期間，共同得到學習國學、科學、法文與希臘文的機會。馬相伯其後甚至決定主攻哲學與神學，從事相關研究數十餘年；[15]而馬建忠則在加入李幕之後，被清廷保送前往法國巴黎留洋深造，研修國際公法、交涉、律例、政治、軍事等歷史與理論，一八七九年以優異的成績，取得法學士學位（Licences de l'École de Droit），學成歸國，再次加入李氏幕府。[16]平心而論，在十九世紀七〇至八〇年代，由於馬氏兄弟的西洋知識相較其他李幕成員深厚、加上馬建忠有海外留學的經驗，所以兩人很快便得到李鴻章的欣賞與器重。在李氏的安排下，他們更有機會屢次代表清廷處理外交訴訟，或與列強交涉等事宜。其後馬相伯與馬建忠亦分別被李氏安排於招商局內「稽查招商局帳目」、專責「草擬改革計畫」等工作，以期妥善發展局務的藍圖與發展。[17]馬氏兄弟就在這段期間，與馬士在招商內展開將近兩年的合作與互動。

李幕內東西人才兼容的光譜與特色

在詳細探討馬士三人在「李幕」，特別是招商局內的具體協作之前，我們應該先對「李幕」人才分布的光譜有一定的掌握。李鴻章於一八五九年以「剿平太平亂匪」之名籌組淮軍，學者多論其淮軍戎幕大抵是其洋幕的雛型，這個說法實在不無道理。[18]雖然李氏在戎幕階段所招攬的幕僚，大多是出身安徽的華官華將，但我們在這個時期，已經可以發視李幕內「華洋集處」的一大特色。按清人劉體智（一八七九－一八六三）等人的載述，不少洋員早於淮軍舍官就幕，擔任砲火總兵與軍旅團長，[19]當中最有名的莫過於馬格里（Macartney Halliday, 1833-1906）、司端里（William Winstanley）及李勤協（Oberfeuerwerker C. Lehmyer）等軍將幹才。及至李氏出任直隸總督，權掌洋務運動的鮮明旗幟，他可是十分清楚，單憑派遣中國留學生遠洋外學，並不足以解決國家依賴洋務自強的燃眉之急；所以大量引入西方人才入幕為官，便正好能夠滿足洋務運動「短期」發展的相應辦法。[20]

由於李鴻章在選拔西方人才的方法與準則上欠缺經驗，故他在「精選」洋駿專才時大多依

---

15 方豪編，《馬相伯（良）先生文集‧續編‧新編》，頁一－一二。
16 坂野正高，《中國近代化と馬建忠》，頁二七。
17 方豪編，《馬相伯（良）先生文集‧續編‧新編》，頁五。
18 馬昌華，《淮系人物列傳：文職‧北洋海軍‧洋員》（合肥：黃山書社，一九九五），頁五。
19 劉體智，《異辭錄》（北京：中華書局，一九八八），頁一五〇。
20 顧廷龍、戴逸主編，《李鴻章全集》，卷二十九，〈信函〉一，〈上曾中堂（同治元年十二月十五日）〉，頁一八六－一八七。

靠赫德和德璀琳的推薦和引介。[21]因此，大部分李幕洋員均曾任職海關關署，又或者與赫德有密切關係者；其中馬士的入幕歷程，便是其中的顯著例子之一。另一方面，我們從馬士的出身亦能夠檢視李鴻章取才用人的方向與心態。李中堂主理洋務自強，「富國強兵」是眾所周知的，所以「營商專才」與「軍事將領」的取用，自然也是意料之內。但倘若我們就著馬士的國籍加以分析，便可以進一步了解李氏取用歐美人才背後的目的和意圖。

李鴻章一方面選擇聘用美籍人才，另一方面則派遣中國留學生赴美學習，無非指望促進中美雙方的人才流動，藉此依靠美國並雄歐洲各國的形勢，培植中美關係的友好發展。在列強環伺的危機下，李氏充分明白美國在遠東的角色，對中國而言，或許可以減緩歐洲諸國在華的利益爭奪。與此同時，他也希望憑藉美國這個「遲來者」的勢力，適度地協調對中國虎視眈眈的歐、日列強，進而解救清廷飽受帝國主義欺侮的局面，所以他對美國國事和中美關係的重視程度，亦不免較當朝的士大夫加倍關切。雖然馬士在哈佛畢業之後便東渡來華，但是他對美國國情依舊十分眷注；在加入洋海關後，馬士更不時與在華的美國商人與報者見面，交流中美之間的消息。是故在他出任李幕幕僚之時，便經常與李鴻章討論美方在太平洋與東亞地區的動態與走向。而在輪船招商局和美方輪船公司出現利權紛爭之際，李鴻章更特別指派馬士代表清廷，與美方進行磋商和斡旋。[22]

當然，除了美籍幕僚之外，李鴻章亦曾延聘和招攬英、德兩國的軍事與商務人才。而德、美、英三國便正好代表李幕內的三種主要外國國籍。雖然，李氏最初取用德國顧問德璀琳，或許未有考慮他是否來自德籍的問題（由於德氏是由英人赫德所薦），但德璀琳其後屢次推薦的德國將領，大部分均成功獲得李鴻章取用的事實，相信亦可以引證李氏對「德式海防」抱存好感。[23]不過，李氏並沒有完全採用德製的船炮與訓練模式。他一方面在海軍部署上應用普魯士式的海陸聯防，另一方面則意識到英國在十九世紀海軍勢力的前列位置。他明白英國軍艦不論在速度、技術或攻擊力上也是冠絕歐美，所以他在赫德的協助下，便多次為清廷採購英國軍艦堅固內海一帶的防務。[24]總的來說，李鴻章對英國海軍的訓練方法也是「深感其精妙」，故他便大幅網羅英軍教

---

21 Kenneth E. Folsom, *Friends, Guests and Colleagues: The Mu-fu System in the Late Ch'ing Period* (Berkeley: University of California Press, 1968), p. 153.

22 "Morse to Li Hongzhang (not sent)", 1, December, 1886，載於 ML; John King Fairbank, Richard J. Smith, *H.B. Morse: Customs Commissioner and Historian of China*, pp. 70-72.

23 有關李鴻章與德式海防策略的關係，詳參麥勁生，〈德國海軍與李鴻章早年的海防思想〉，載李金強、麥勁生、丁新豹、蘇維初編，《我武維揚：近代中國海軍史新論》（香港：政府物流服務署，二〇〇四），頁二〇一－二二一。

24 〈復沈幼帥〔光緒元年十一月十九日〕〉，《李鴻章全集》，卷三十一，〈信函〉三，頁三二九；另參 Chia-chien Wang, "Li Hung-chang and the Peiyang Navy", in Sammuel C. Chu and Kwang-ching Liu (eds.), *Li Hung-chang and China's Early Modernization*, pp. 252-253.

習中的菁英人才培訓北洋水師。由此觀之，李鴻章在「精選」洋教習時，為何多以英、德兩國為主，相信以上的討論便是影響其決定的原因之一。但我們亦需注意，在李鴻章可選擇的「人才池」內，主要是由赫德和德璀琳所主導；換言之，英、德勢力廣布於李幕內的軍事界別，某程度上也是礙於李氏的選擇層面受到局限而已。

珠江航線開放計畫

對於三位馬氏確實認識的時間，由於資料不足，所以尚未能夠成功考證一個確實的日期，不過，我們大可以從檔案中得出一個時段，配合本文的討論。根據我目前所搜集的資料，初步估計三人應該在一八八六年一月至二月期間，在招商局內因為工作關係首次接觸。按照馬士的書信顯示，他在入幕前期（一八八六年一月至六月），除了一般的常規雜務外，與馬相伯的具體合作較馬建忠的為多，[25]當中最顯著的，相信便是二人在「珠江航線開放計畫」上的籌劃和配合。

所謂「開放珠江航線」，意思是開放南中國一帶河域的輪船航路；這個計畫的概念與藍圖，最先是由馬相伯草擬提出的。雖然馬相伯未在其〈改革招商局建議〉中明言他希望開放航線的發展願景，但他在〈開鐵路以圖自強論〉中便曾表達「擴充國營企業與建設貿易版圖以救中國積弱」的期許。[26]他堅信國營企業若然能夠在局務貿易上作出程度性的開放，這便會成為中國他日「早自圖謀、事權不落外人」[27]的自強關鍵。馬相伯的建議深得馬士欣賞。他在寄予廣州關長希皮斯利（A. E. Hippisley）的書信中，不但表示他理解馬相伯對於開放珠江、廣西一帶航線的熱衷想法，並且對這個計畫的長遠利益賦予肯定和支持。[28]所以我們可以估計，馬氏二人在加入招商局後已經互相認識，而就著這個珠江航線的開放計畫而言，雙方大概早有溝通，彼此也有一定的共識。

平心而論，對於馬士這位處事積極，且以實幹見稱的洋幕僚而言，他自然明白及早開放航線、擴展輪船網絡等路徑，無疑是擴充局源、穩定資本，以圖長遠發展的不二方針。為了促使馬相伯的計畫能夠順利推行，馬士遂主動在多方面作出配合。首先，他在赫德的允准下，以其關務內的人際網絡，成功聯繫時任廣州關關長希皮斯利、[29]廣州洋商布雷登（Mr. Bredon）與弗拉特

25 參一八八六年至一八八七年的ML。

26 馬相伯，〈開鐵路以圖自強論〉，載方豪編，《馬相伯（良）先生文集·續編·新編》，頁四－五。

27 同上註。

28 "Morse to A.E. Hippisley, June 15, 1886", ML.

29 "Morse to A.E. Hippisley, 15th June, 1886,"ML.

（A. Frater）等人，[30]希望他們可以對開放南中國航線的計畫作出專業評估與協助，他甚至安排廣州關員導覽馬相伯走訪廣東，視察珠三角河口一帶的地理情狀。馬士更加向希皮斯利一一詳析，說明南中國航線的開放，不僅對招商局的發展有利無害，洋海關在當地也可以憑藉貿易的延展而有所得益；箇中的協同效應與正面影響，自會達到一個雙贏的結果。與此同時，馬士也著力向當地的洋商大力宣傳這項計畫的可行性與潛在價值，解釋船務開放怎樣助建廣州港市的商貿繁榮。[31]馬相伯有感馬士的大力配合，遂加緊與馬士進一步商議有關航線在開放上的相應措施與藍圖，最後擬成一份周詳的計畫書，上呈李鴻章批閱。然而，儘管航線的發展藍圖在兩位馬氏的努力下初步成形，但李鴻章卻感覺招商局的業務不宜擴展過急，所以未有大力支持；加上兩廣總督也向李中堂表示擔心，認為一旦航線大開，無疑會對清廷的「釐金」制度造成衝擊，繼而影響官府的收入來源；如是者，馬氏二人首次的大型合作，只好被無奈擱置騰空，即便馬士離開招商局後，這項建議也沒有貫徹實行。[32]

雖然珠江航線的開放計畫未見成果，但這次合作卻大大加深和增進了馬士與馬相伯的「伙僚關係」。馬士充分認識到馬相伯的高瞻遠矚，同時亦感覺他所提出的改革與發展方向有板有眼、言之有理，相較招商局其他華人總辦、會辦無疑更加專業能幹。[33]再言，馬相伯之後也曾上書抨擊「招商局集團」內用人唯親、經理不善、有帳無實與朋黨營私等陋習和作風，這一系列的批駁，與我在上一章提及馬士希望衝擊幕府制度內的貪汙、結黨因子，可謂不約而同、相合一致。[34]針對以上的觀察，我們應該可以總結，自一八八六年六月開始，馬士與馬相伯大概是惺惺相識、彼此互為欣賞。

揚子江上游航線開放計畫

至於馬士與馬建忠在工作上的大型合作，便不得不提及由馬士一手籌措的「揚子江上游（Upper Yangtze）航線開放計畫」。與「開放珠江航線」的藍圖相似，這個揚子江計畫，旨在開放長江上游的重要港口，以期貫穿中國東、西兩端的航運商機。按照馬士的分析，長江西段的關

---

30 "Morse to Mr. Bredon, 27th May, 1886," ML.

31 "Morse to A.E. Hippisley, 15th June, 1886,"ML.

32 John King Fairbank, Richard J. Smith, *H.B. Morse: Customs Commissioner and Historian of China*, p. 79.

33 "Morse to Detring, 8th May, 1886," ML.

34 馬相伯，〈開鐵路以圖自強論〉，載方豪（編），《馬相伯（良）先生文集．續編．新編》，頁五。

鍵要港為重慶，所以要打開長江上游地區的經濟版圖，便需要及早利用招商局的資本與船務開放重慶一帶的航路，從而促進資金流動以及一系列對外發展。[35]馬士對這個「揚子江計畫」十分重視，[36]我們從他的書信和檔案中便可以發現，他所作的各項準備也是臻善仔細，絲毫沒有馬虎。例如，他在計畫草擬的階段，已經率先聯絡當時對開拓河道甚有經驗的英國公司 Messrs. Yarrow and Company，冀望他們可以提供技術上的支援與協助。[37]另一邊廂，他亦主動致函在華法商 Messr. Schneider & C'ie 的總辦，邀請他們派員評估輪船逆流而上的可行度，之後甚至繪出航線的路徑與船隻的種類，以供李鴻章參考。[38]

在一切準備就緒之後，馬士更向李鴻章建議，親自與馬建忠同往、又或者由馬建忠獨自前往重慶視察當地環境，藉以考察這項計畫的潛在風險與可見困難。[39]馬士這個提呈，一方面反映他與馬建忠的深厚關係，另一方面也告訴我們，在馬士眼中，綜觀招商局當時的華官同僚，相信只有馬氏兄弟才是他值得信賴、並且堪稱實事求事的改革者。事實上，馬建忠對馬士這建議也是深表支持，所以他很快便同意與馬士攜手合作，大力推動這項「長江計畫」，以收利源得以擴充之效。他不僅屢次代表馬士向李鴻章傳遞口訊，解釋這個項目的潛力與商機，期間更不厭其煩地協助馬士，向李氏與常駐天津的盛宣懷多次呈交計畫的評估和報告書，希望相關考察和工程能夠盡快上馬。然而，雖然李鴻章明白這個長江計畫或許可以為招商局、甚至是國家庫房帶來可觀的利潤與機遇，但他對馬士要求前往重慶視察一事卻屢番推遲，究其原因，相信是李氏對於招商局應否在短時間內大肆發展，始終還是有所保留，這與他回應「開發珠江航線」的想法看來大致類同。司馬富（Richard J. Smith）估計李鴻章應該是擔心清廷國庫涸力難支，風險太大，所以只好先後兩次擱置馬士的倡議。[40]作為幕僚的馬建忠亦只好支持幕主的立場，而馬士對此亦不禁慨嘆可惜。隨著英國船公司其後搶先以類近的計畫開放長江上游，馬士便去信德璀琳，表示他對李鴻章白白放棄這個黃金機會的失望之情。[41]

35 "Morse to Detring, 6th April, 1886," ML.
36 "Morse to Detring, 16th August, 1886," ML.
37 "H.B. Morse to Messr. Yarrow & Co., 1 May, 1886," ML; "H.B. Morse to Detring, 16th August, 1886," ML.
38 "Morse to The Yarrow & Co, 16th August, 1886," ML.
39 同上註。
40 John King Fairbank, Richard J. Smith, *H.B. Morse: Customs Commissioner and Historian of China*, p. 79.
41 "Morse to Detring, 19th October, 1886," ML.

馬建忠在「盛、馬糾紛」中的角色

我所指的「盛、馬糾紛」，意思就是盛宣懷與馬士在招商局內的磨擦和衝突。正如我在上一章節所論及，以實幹、廉潔見稱的馬士，在改革招商局的議題上，旗幟可是十分鮮明的。他深信如果不從管治模式與營運方針上進行革新，局務的發展只會停滯不前。所以他對盛宣懷與其「黨羽」的經營不善與貪汙結黨甚為反感，兩人的合作不甚愉快，同樣地，根據馬士的記載，盛宣懷對他的工作更是每事為難，多番駁阻；姑勿論馬士在這裡有沒有誇大其辭，我們大致可以肯定，他在招商局的工作並非想像中般稱心如意。由於馬相伯在李鴻章的安排下，於一八八六年調遷臺灣，協助劉銘傳處理臺島事務，是故馬士在招商局內可見的華人盟友，便非馬建忠莫屬了。與馬士和馬相伯的看法類近，馬建忠對於盛氏的管理與經營手法亦不甚滿意，他們二人在營商、行政等理念上，更不時出現方向上的分歧。由此可見，三位馬氏在去舊革新，打擊貪腐朋黨等方面，思維基本上是一致的；所以我認為他們不只是工作上的朋僚戰友，在工作以外，大是大非的議題上，相信也是理想相近的同道中人。順帶一提，馬相伯、馬建忠與盛宣懷在官場生態以至改革方針上背道而馳，一方面可以引證曾經接受西學訓練的「新知識分子」，對官僚體系的「約定俗成」與傳統陋習自會作出衝擊；另一方面，這裡也可以帶出「李幕」作為一集結多元人才的網絡，即便是華人幕僚之間，在工作上亦會存在意見不合、甚至排斥競爭等問題。正如我在〈第三章〉中便有言，「引繩排根，相互嫉妒」的情況更是不時發生。

話說回來，馬士除了在意見上與馬建忠連成一線外，他對馬建忠的工作水平與辦事能力也曾經作出高度評價，由此可見他對馬氏兄弟可是十分欣賞的。他甚至認為在招商局內，大概只有馬建忠的專業背景、訓練和願景，方能妥善處理局務；而他對馬建忠經常對其工作大力支持亦有表示欣慰。[42]當然，馬士對馬建忠的褒獎，或許是基於他與馬氏的交情深厚，但若我們從其評價中剖析，亦可以了解他的觀察未盡偏頗。綜觀當時招商局的總辦和經理，在盛宣懷的權力保護下，不是阿輿奉承，便是腐朽庸碌之輩。縱然招商局是有盈利、有發展，但以一個貪腐結黨的「組織」去掌理這項極具潛質的國營業務，長遠而言的確滿布問題。雖然李鴻章理解馬氏三人對盛宣懷的不滿，也曾經有意整頓招商局的業務管理，但由於李氏勢力在中法戰爭之後受盡朝野攻擊，中央亦因此大幅削減對招商局業務的各種支持，[43]李鴻章要策畫大規模的人事變動，自然要小心

42 "Morse to Detring, May 8, 1886", Morse Letter Books: Morse's semiofficial Letters to Hart and Others (Houghton Library, Harvard University).

43 經元善，《居易初集》（據浙江圖書館藏清光緒二十七年〔一九〇一〕澳門鉛本影印；《續修四庫全書》〔上海：上海古籍出版社，一九九五〕，第一五六四冊，〈集部・別集類〉），卷二，頁三八。

處理，如履薄冰。再者，由於招商局在盛宣懷的管理下盈利不俗、成績理想，李氏遂無意動搖以盛氏作為管治核心的招商局局務，對於馬士與馬建忠的批評只好置若罔聞。然馬士卻持續地對李氏表示不滿，及後更以辭去其幕僚身分的條件作出示威性抗議。李鴻章在衡權局勢下，不得不對馬士的「激烈態度」表示失望，最後更認為馬士的作風「不切實際」，認定他無法肆應幕府文化，繼而接受其請辭。[44]有關李鴻章對待「華洋糾紛」時偏袒華官的一貫態度，我在上一章節已經有所說明，有興趣的讀者可以翻前查看，我在這裡就不再重複了。

小結：有關馬士與馬氏兄弟關係的若干思考

透過馬氏三人在「李幕」內的合作與互動，我們看到三位具備不同背景、閱歷、專業範疇與生命歷程的幕僚角色，如何透過清季幕府這類自主性（autonomy）相對靈活的政治平臺（Private Bureaucracy）擦出火花。[45]當然，在眾多督撫大幕之中，由於李鴻章勵行洋務、大量吸納中西人才以裕幕府，這樣方才順利孕育一個「有異他者」的互動平臺。[46]然而，我們亦需要了解，儘管馬氏兄弟與馬士合作無間，但這卻不能反映李幕內華洋幕友共處任事的實際情況。事實上，本文所能看到的，只是在一個具備多元人才光譜的幕府框架下，存在著一些有效合作的線索與結局；

更重要的是，這些片段亦只能顯示整體畫面的其中數面而已。若然我們不能詳細釐清李幕內各種人際關係的獨特性與複雜性，便會輕易、錯誤地估量「李幕」是一個兼容東西、各地人才共治一爐的自強團隊。誠然，馬氏三人的可見和諧，主要由於馬氏兄弟自幼已從西學訓練，他們的價值觀與意識形態均有別於一般的傳統官僚。如是者，他們兩兄弟在尋覓國家自強的道路上，便與馬士針對貪腐、營私、結黨等方向不謀而合；正如我在上文有言，在大是大非的前題下，這種意識取態便是促令三者關係愈趨密切的關鍵原因。

另一方面，除卻馬士以外，「李幕」部分幕僚諸如琅威理、穆麟德（P. G. von Möllendorff, 1847-1901），以及我在文章開首所提到的漢納根，他們也曾經與未受西學訓練、抑或未曾赴洋留學的華官華將溝通困難、話不投機、甚至產生衝突。其中琅威理便因為有感中國傳統官僚處

44 "Morse to Li Chung-tang, 2 August 1887," in ML.

45 Private Bureaucracy 一詞最先由 Jonathan Porter 採用。意指清季督撫大幕所擁有的權力與一私人行政機構無異。見 Jonathan Porter, *Tseng Kuo-fan's Private Bureaucracy* (Berkeley: Center for Chinese Studies, University of California, 1972). 有關幕府制度時代特色的討論，請詳參本書〈第二章〉。

46 有關李鴻章在洋務運動時期各方面的重要性，詳參 Sammuel C. Chu and Kwang-ching Liu (eds.), *Li Hung-chang and China's Early Modernization*.

事「了無章法」而憤然返國；[47]而穆麟德則意識到清季中國在這些官場陋習充斥的氛圍下，是絕對無力富國自強的論斷。[48]有關琅威理與穆麟德在華的肆應，其實與馬士的經歷也不盡相同，值得另撰專文加以討論，但礙於篇幅，我們暫且先不具論；至於我在這裡帶出這些觀察，亦非有意斷言曾經接觸西學訓練的晚清學人，能力一定比「李幕」其他幕友實幹、眼界更加廣闊宏遠；事實上，在西力東進，清代中國飽受煎熬的大時代，我們也可以找到一些未曾留學外洋的傳統士大夫，同樣富具先知灼見，並且願意接受時移易轉的變局潮流。不過，這批相對開明的有識之士，終歸不屬於朝野上下的大多數。誠然，倘若我們以一宏觀視野觀之，即便在洋務運動推行期間，那些自命不凡、頑固守舊、據守六經而不知變通者，上至中央機樞，下至地方府縣、海軍衙署，依然大有人在、比比皆是；否則薛福成便不會有「倒毀以士為尊」的構想，而馬氏三人亦不會有衝擊招商局歪風的宣示。言則，我在這裡希望強調的，是留洋並成功回國者，大多因為赴洋學習而有效地擴闊其視野眼光，充分了解中國文明以外的特色與成功之道，進而明白故步自封與面向世界的視角距離。如此一來，他們在接受或配合外來文化的層面上，通常也較傳統士子顯得開明與靈活。相信這些基本差異，或許可以解釋李幕洋員與曾受西學訓練者在合作上多能妥善交流的緣故之一。

在結束全文以前，我還希望帶出兩個問題。首先，在華洋幕僚出現衝突的討論上，我們必須抽絲剝繭，盡量避免套用那些「華洋本質有異而頻生衝突」的空泛假設。單以馬士、馬相伯、馬建忠與盛宣懷之間的合作與角力為例，華洋幕僚們的對立面或許建基權力問題、或許建基自強方向、亦或許建基各種自身利益等等；箇中的千絲萬縷，自然不是普通的單元結論所能概括。另一方面，部分論者嘗以馬格里、福開森（John Calvin Ferguson）、漢納根等「失敗例子」，總結清季洋幕僚的功勞不應過分高估，[49]然而，我們斷不能就此忘卻馬士、德璀琳、畢德格、琅威理與宓吉等人透過李幕對中國自強所作出的各種貢獻。他們對中國自強方向的理解，不僅是各有觀感，而且是各有藍圖、各有對策，比方如馬士對招商局所建議的開放計畫與革新思想，便非一般

47 有關琅氏的生平事功，參王家儉，〈琅威理（Capt. William M. Lang）之借聘來華及其辭職風波〉，載氏著《中國近代海軍史論集》（臺北：文史哲出版社，一九八四），頁六一－九三；戚其章，〈琅威理與北洋海軍〉，《近代史研究》，一九九八年第六期，一九九八年十月，頁五三－七二。

48 有關穆氏的生平事功，參 Lee Yur-Bok, *West Goes East: Paul Georg Von Möllendorff and Great Power Imperialism in Late Yi Korea* (Honolulu: University of Hawaii Press, 1988); R. von Moellendorff, *P.G. von Moellendorff: Ein Lebensbild* (Leipzig: Otto Harrassowitz, 1930)；陳虬，《治平通議》（據北京大學圖書館藏清光緒十九年〔一八九三〕甌雅堂刻本影印，《續修四庫全書》，〈子部・儒家類〉第九五二冊），〈經世博議〉，卷四，〈擬援公法許高麗為局外之國議〉，頁三六；尚秉和，《辛壬春秋》（香港：文藝書屋，一九七〇），〈袁大總統略史〉，頁一九二。

49 張敏，〈論晚清幕府中的洋人〉，《史林》，第三期，一九九三年九月，頁四三。

華、洋幕僚能夠輕易倡行或安排的；不論是「珠江流域」還是「長江上游」的航路規劃，馬士也要憑藉他在洋海關、洋商、以及在華洋員中所築建的社會網絡，方可在短時間之內，促使有關計畫得見雛形。姑勿論這些方案最終能否落實執行，部分西方幕僚在自強運動上的積極參與，議者可是不能置一詞的。是故我們在探討有關洋幕僚的議題時，必須實事求是、仔細觀察，嘗試配合《改變中國》等專論所提供的概念框架，對這些西洋雇員作出恰當評析，切忌利用一個概念或論調，而貿然去解讀所有例子。

第六章

馬士、臺灣
與淡水關的海貿世界

在過去的數十年來，有關清代臺灣的研究成果豐碩堅實，論說推陳出新，至於臺灣與近代世界的關係，更加在人文與社會科學家的推動下，討論愈見深入成熟，其風至今未衰；[1]然而，我們對於清季在臺洋員的歷史，就好像只有李仙德（Charles W. Le Gendre, 1830-1899）、必麒麟的故事比較耳熟能詳。事實上，我們在十九世紀的清治臺灣，也可以找到不少西洋雇員在這個寶島上貢獻技能的蹤跡。馬士在離開李鴻章幕府後，輾轉被調度至臺灣淡水任職，他的境遇和仕宦，便是其中的一個有力例子。[2]雖然費正清、司馬富與柯立芝（Martha Henderson Coolidge）早已就馬士的成長背景、在華歷程、以及他與赫德的朋僚關係作出敘說；[3]但由於和馬士相關的書信、文件與檔案也較其他在臺洋員仔細與詳盡，我們大可利用這些珍貴史料，嘗試整合馬士在

1 清代臺灣史的研究自八〇年代以來可謂汗牛充棟，大放異彩。學者除了從一般的政治史、軍事史、經濟史角度出發外，亦嘗試將文化史、族群史、基督教史、以及環境史等視角劃入視線範圍，令討論更臻多元。此外，中、港、日、臺學者更相繼利用新的史料與傳統文獻作出互證，重新了解或深化不少歷史問題，令清治臺灣的形象更為完整。有關臺灣史的研究述評，參陳在正，《清代臺灣史研究》（廈門：廈門大學出版社，一九八六）；黃富三、古偉瀛、蔡采秀編，《臺灣史研究一百年：回顧與研究》（臺北：中央研究院臺灣史研究所籌備處，一九九七）；高明士編，《戰後臺灣的歷史學研究，一九四五－二〇〇〇》（臺北：行政院國家科學委員會，二〇〇四）；若林正丈、吳密察編，《跨界的臺灣史

研究：與東亞史的交錯》（臺北：播種者文化有限公司，二〇〇四）；陳小沖，〈日本國內殖民地臺灣史研究述評〉，載《臺灣研究集刊》，二〇〇四年第一期，二〇〇四年一月，頁八三－八八。

2 事實上，以一八七五至一八九二年間淡水海關的架構為例，洋稅務司已有五位（平均四年一任），分別是霍布森（Herbert Hobson）、I.M. Dane、W.T. Lay、法來格（E'Farago）和馬士。而其他任職幫辦（Assistant）、公事（Clerk）和總巡（Tide Supervisor）的洋員更達五十多人。他們在臺灣的工作與貢獻也有很多值得我們注意的地方，例如法來格便曾經協助清軍守備臺北地區，在中法戰爭時連同劉銘傳（一八三六－一八九六）加強炮臺防禦事務，並獻策轟擊法國鐵甲艦，戰後獲清廷賞三等寶星。見馬昌華，《淮系人物列傳：文職．北洋海軍．洋員》（合肥：黃山書社，一九九五），頁四二八；唐贊袞（一八七三年舉人），《臺陽見聞錄》（南投：臺灣省文獻委員會，一九九六），卷上，〈洋務〉，〈寶星〉，頁三五；而鮑郎爾則曾任基隆海關幫辦，中法戰爭期間成功保護基隆海關的煤藏，並於淡水與法來格共同襄助臺灣防務，安設炮基。見馬昌華，《淮系人物列傳：文職．北洋海軍．洋員》，頁四二八。

3 費氏與司馬氏透過閱讀與馬士有關的書信與檔案，構建馬士的青年時代、關務工作以及他離開海關後成為歷史學家的過程，實為「馬士研究」作出鑿空性的貢獻。詳參 John King Fairbank, Richard J. Smith, *H.B. Morse: Customs Commissioner and Historian of China* (Kentucky: The University Press of Kentucky, 1995)。至於中文著作方面，雖然及至目前為止，暫未見有專著對馬士的一生作出深入並全面的探討，然可喜的是，近年已有不少華文研究對馬士的關務工作與其史學貢獻有所留心，例見譚樹林，〈馬士及其中國近代對外關係史研究〉，《史學史研究》，二〇〇四年第四期，二〇〇四年十二月，頁五七－六五；林呈蓉，〈殖民地臺灣的「條約改正」——一八九五年淡水海關接收過程中的「永代借地權」問題〉，載周宗賢主編，《淡水學學術研討會：過去、現在、未來論文集》（臺北：國史館，一九九九），頁一六七－一八九；陳玉美，〈馬士（H.B. Morse, 1855-1934）與臺灣（一八九二－一八九五）〉，臺灣史青年學者國際研討會會議論文（由國立政治大學臺灣史研究所，日本東京大學總合文化研究科，日本一橋大學大學言語社會研究科主辦，於二〇〇八年三月二十三至二十五日假世新會館舉行）。

臺的三載仕途（一八九二－一八九五），藉此豐富學界對清季在臺洋員的了解和認識。[4]除此之外，透過馬士在淡水關的工作、遭遇、以及其社會網絡的組成，我們甚至可以解構和估量他在清代中國所持有的政治資本（political capital），進而分析他對臺灣關務與經貿發展所提出的意見與影響。

十九世紀中葉的跨地域性人才流動

我們在〈第四章〉已經論及馬士得到德魯的選拔後，決定與其哈佛學友共同來華工作的一段因由，所以在這裡就不再重複了。我只希望補充和強調一點：就是一個有關十九世紀人才流動的結構與模式。其實，倘若要明白既非買辦商人、亦非宣道教士的馬士何以願意遠涉重洋、東渡來華，我們或許可以從促進人才流動的推力（pushing factor）與拉力（pulling factor）入手。研究中外關係著稱的史家何偉亞（James L. Hevia）便曾經指出：「如果歐美國家的帝國主義與殖民地主義沒有在十九世紀中葉向東亞迅速擴展，那便不能刺激世界人才的跨地域性流動。」[5]何氏的說法以「帝國主義」的侵略性為軸，解釋西方角色意欲入侵、又或者「拯救」晚清中國，就此相繼「自西徂東」，見證中西文明的互動。這個說法其實與史景遷在《改變中國》的觀察頗為相

4 本文主要採用的資料包括：Morse Collection, Letters from Hart to his Commissioners (Houghton Library, Harvard University)〔及後簡稱 MC〕；Morse Letter Books, Pressed Copies of Morse's Semiofficial Letters to Hart and Others (Houghton Library, Harvard University)〔及後簡稱ML〕；Secretary's Report of the Class of 1874 of Harvard Colleague (Houghton Library, Harvard University)〔及後簡稱 SR〕, No.1; No.2 (July, 1874-June, 1877); No.3 (July, 1874-June, 1880); No.4 (June, 1880-June, 1884); No.5 (June, 1884-June, 1889); No.6 (June, 1889-June, 1894); No.7 (June, 1874-June, 1899); No.8 (June, 1899-June, 1904); No.9 (June, 1874-June, 1909); No.10 (June, 1874-June, 1914). 上述十份報告，No.2 (July, 1874-June, 1877)、No.3 (July, 1874-June, 1880) 分別刊印於美國劍橋（Cambridge）的 Press of John Wilson and Son；No.4 (June, 1880-June, 1884)刊印於波士頓（Boston）的 Addison C. Getchell Printer；No.5 (June, 1880-June, 1884) 及No.6 (June, 1889-June, 1894) 刊印於波士頓的 Alfred Mudge & Son Printers；No.7 (June, 1874-June, 1899) 及 No.8 (June, 1899-June, 1904) 刊印於波士頓的 Geo. H. Ellis Printer；No.9 (June, 1874-June, 1909) 刊印於劍橋的 Riverside Press；No.10 (June, 1874-June, 1914) 則刊印於劍橋的 Harvard University Press。值得補充的是，上述資料均存放在 Harvard University 的 Houghton Library，特此感謝 Carmella Napoleone 協助轉寄有關文獻檔案。此外，由於馬士曾任職清季海關長達三十五年（一八七四－一九〇九），故海關資料絕對不能忽視。事實上，清海關與近代中國發展的關係早在九〇年代已受到史家關注，研究亦如雨後春筍。有關九〇年代海內外海關史的研究概述，參夏良才，《近代中外關係史研究概覽》（天津：天津教育出版社，一九九一），頁一〇七－一一六；濱下武志，〈中國海關史關係資料目錄〉，載《中國近代經濟史研究——清末海關財政と開港場市場圈》（東京：東京大學東洋文化研究所，一九八九），頁六四一－七一六。另外，吳倫霓霞與何佩然分別修錄中、英文論文三十四篇，對海關與近代中國社會、對外貿易等議題作出深入研討，見《中國海關史論文集》（香港：香港中文大學崇基學院，一九九七）。

5 James L. Hevia, *English Lesson: The Pedagogy of Imperialism in Nineteenth-Century China* (Durham: Duke University Press ; Hong Kong: Hong Kong University Press, 2003), p. 26.

似。當然，在「帝國主義」的論題以外，正如我在上兩章也曾提及，傳教士的滿腔熱忱與東西市場商貿的愈趨頻繁，在歐亞人才流動的軌道上，也有著相當的影響；不過，這股「推力」的出現，或許是一系列關乎個人抉擇的問題，並不一定全然與殖民、剝削與侵略有關；由此推論，這些「推力」的內在意涵，自然不一定能夠引用特定的理論或時代框架去解釋，這是我們需要稍加注意的地方。

至於「拉力」方面，觀乎十九世紀的中國、日本，以及韓國，其中也不乏知識分子與官員，眼見形勢險竣，陸續延攬異國人才協辦洋務、驅策改革計畫的方向與進度；讀者在〈第四章〉與〈第五章〉，相信已經對這方面有一個大概的掌握，所以我在這裡只會簡單的綜合和補充幾句。這些相對開明的知識分子，大致上也察覺到國家要蓄勢自強，實有賴西洋將才引進各種先進技藝，爾後統籌這些技術的運作和應用，方才得以成功練兵製器、富國強兵。所以，如果以一個所謂「全球化」的研究視角而言，東亞世界無疑也在創造一種「拉力」，適度地吸納和招攬歐美世界的人才菁英，賦予他們不同的工作機會。如是者，在各種「推力」和「拉力」的相繼配合下，橫跨歐亞人才流動的節奏與律動，在十九世紀中葉以來，便開始出現一段前所未有的發展。在這個世界人才得以相互走動的棋局下，李鴻章與赫德便是在東亞世界創造「拉力」，推動大量西方人才東渡（又或者西渡）來華的重要人物。

眾所周知，李鴻章以直隸總督暨北洋大臣的身分統領各項洋務工程；他在太平天國之後，公務倥傯之際，為中國竭盡心力，重要性有目共睹，這裡也毋須詞費了。但我卻希望鄭重指出，在李鴻章的角度，洋務之根本，無非是「師夷狄之長技、育攬四方之人才」，他視這些「長技」為「夷狄的長技」，大概就是我之前所曾論及的一種「矛盾心態」。姑勿論這種「矛盾心態」孰好孰壞，李鴻章可是充分明白，國家若然要在短時間內變革發展，便必先擁有一群可靠的技術菁英以供國用。[6]然而，自明代以降，大部分士子均困囿於八股論道的教育空間，[7]即便在李中堂的幕府之中，對西方實務有所掌握，又或者曾經接觸「洋務技藝」的華人僚屬，其實也只占他人才庫內的少數；薛福成、丁日昌、馮桂芬、馬相伯、馬建忠等稍明國際形勢、兼且相對接受和偏好西學的知識人，都不算是主流的例子。在這種客觀環境的限制下，要在短期內培訓熟習西洋技藝

6 由於李鴻章明白到培育新式人才（針對西方技術層面）的重要，他遂於一八六四年向總理衙門建議，在科舉體制下專設一科，使關心西方技術的學人能夠專研「製器之器」。另外，他在一八七四年十二月亦上奏在海防邊省設立洋學局，提出「洋學局出身者與科舉士子功名等同」的方案。見寶鋆等修，《籌辦夷務始末．同治朝》（臺北：文海出版社，一九七一），卷二十五，頁四－一〇；另參 Kwang-ching Liu, "Li Hung-chang in Chihli: The Emergence of a Policy, 1870-1875", 載於 Samuel C. Chu & Kwang-ching Liu (eds.), *Li Hung-chang and China's Early Modernization* (New York: M.E. Sharpe, Inc., 1994), pp. 66-67。

的人才可謂障礙重重。有見及此，李鴻章唯有積極推動幼童留學歐美的學習計畫，以供洋務運動的長遠發展；[8]與此同時，他亦大幅網羅西方顧問，招攬歐美世界的洋人幕僚，用以配合自強運動的短期進程。[9]

正如我在〈序論〉中所提及，李鴻章的「洋幕」是晚清幕府的一個時代標誌，另一方面，它也是從「淮幕」中脫變而來的。由於授命對抗太平天國的關係，李鴻章便有機會接觸到西方的軍事人才與科技：其中馬格里（Halliday Macartney, 1833-1906）、華爾（Frederick Townsend Ward, 1831-1862）與戈登（Charles George Gordon, 1833-1885）三人，便是與他關係至為密切的西方角色。[10]不過，這些西洋幹才都不算是他的幕友，他們充其量也只是在沙場上並肩作戰的盟友而

---

7 有關八股文在內容、義理、評核方法與文體上如何限制明清士子的思想，詳參商衍鎏，《清代科舉考試述錄》（臺北：文海出版社，一九七五）；曾伯華，《八股文研究》（臺北：文政出版社，一九七〇）；Ichisada Miyazaki, translated by Conrad Schirokauer, *China's Examination Hell: The Civil Service Examinations of Imperial China* (New Haven: Yale University Press, 1981)；王德昭，《清代科舉制度研究》（香港：中文大學出版社，一九八二）。而艾爾曼（Benjamin A. Elman）則選擇以一文化史的視角，重寫中國的科舉教育史，當中亦有專章探討八股文在文化史角度下應具何種位置的討論，詳參 Benjamin A. Elman, *A Cultural History of Civil Examination in Late Imperial China* (Berkeley and Los Angeles: University of California Press, 2000), pp. 371-420。又林炳昌亦對「八股文」這議題進行重構，他一方面抨擊八股開科對文化的遺害與

破壞，另一方面亦對八股義理中值得注意的文化意識加以評估。詳見林炳昌，《八股文之研究》（奧克蘭：美國舊金山棠棣出版社，二〇〇二）。

8 李鴻章派遣留學生遠涉歐美，主要是希望他們能夠從力藝及數學中所包含「器用之微」的機械學原理探索「巧技造作之原」。見中央研究院近代史研究所編，《海防檔》（臺北：中央研究院近代史研究所，一九五七），〈機器局〉，卷三，頁一三；而他在寄予沈葆禎（一八二〇－一八七九）的信函中亦有言及：「宜先派精通製造、結實可靠之員，攜帶工匠，赴英德著名各學廠學習造駛……滬、閩廠內當有製造可靠之員，派令率生徒出洋。」見顧廷龍、戴逸主編，《李鴻章全集》（合肥：安徽教育出版社，二〇〇八），卷三十一，〈信函〉三，〈復沈幼帥〔光緒元年十一月十九日〕〉，頁三二九。有興趣的讀者，也可以參考江勇振新近出版的《楚材晉育：中國留美學生，一八七二－一九三一》（臺北：聯經出版公司，二〇二二）。

9 見顧廷龍、戴逸主編，《李鴻章全集》，卷二十九，〈信函〉一，〈致曾中堂〔同治四年五月十八日〕〉，頁三八九。

10 有關馬格里、華爾與戈登的記述與研究甚多，僅舉數例如下：Robert S. Rantoul 於一九〇八年記載華爾創立常勝軍（Ever Victorious Army）的過程與及其協助清室剿平太平天國的貢獻，書中有專章說明華爾與李鴻章的「戰友」關係，詳參 Robert S. Rantoul, *Frederick Townsend Ward: Organizer and First Commander of the Ever Victorious Army in the Tai Ping Rebellion* (Salem, Mass.: Printed for the Essex Institute, 1908). James Crichton-Browne 與馬士在一九二七年分別探討李鴻章與馬格里的結識與合作，從而反映洋顧問如何影響李氏善用西洋精巧抗匪的思維，詳參 James Crichton-Browne, *The Life of Sir Halliday Macartney, K.C.M.G.: Commander of Li Hung Chang's Trained Force in the Taiping Rebellion, Founder of the First Chinese Arsenal, for Thirty Years Councillor and Secretary to the Chinese Legation in London* (London ; New York: J. Lane, 1908). H. B. Morse, *In the Days of the Taipings* (Salem, Mass.: Essex Institute, 1927)。Hugh Evelyn Wortham 則以「中國戈登」（Chinese Gordon）說明戈氏在太平天國時的貢獻以及其在華生涯，當中有章節探討戈氏如何對中華文化作出肆應，參 Hugh Evelyn Wortham, *Chinese Gordon* (Boston: Little, Brown, 1933). 而有關近世學者的研究概況，不少論文已相繼作出介紹，在此不贅舉。

已。即便如此，李氏卻因為這些具體的合作，得以對西方軍事的訓練、應用、部署和理論更為了解。在這些歐美槍炮之前，李鴻章更加深感「我國軍器遠遜外洋為恥」，[11]隨即對這些「長技」產生一定的敬畏與仰慕。[12]這些經歷相信對他日後仿效西洋、勵行洋務的政治性格有所影響：在意識到「重道專中尚讓」並非救國救時的良策之際，一種「重力尊西尚爭」的理念亦同時在這位受傳統科舉訓練的士大夫思想中得以萌芽。[13]

至於赫德方面，近世學者大多指出，他的搜才政策是沒有地域和文化國族之分的，所以在他任內所招攬的洋關員可謂遍布世界各地，匯集多國人才。當中包括英國（一百五十二人）、德國（三十八人）、日本（三十二人）、法國（三十一人）、美國（十五人）、俄羅斯（十四人）、義大利（九人）、葡萄牙（七人）、挪威（六人）、丹麥（六人）、比利時（五人）、荷蘭（五人）、瑞典（四人）、西班牙（三人）與韓國（一人）等。[14]雖說赫德的搜才版圖非常全面，但就著以上的統計，我們卻不難發現，他對英國人才可是非常偏好；不過，單靠關員國籍的數目，也不一定代表赫德只是鍾情英國出身的海關屬員。他與馬士的關係，便顯示他對美籍人才的重視和欣賞。無論如何，以赫德為首的洋海關，自太平天國以來，已經堪稱是一個文化多元的人才光譜。這個團隊一方面為有意來華的西洋菁英提供一個工作管道與平臺，另一方面，它亦大大拉近了清代中國與西方世界的距離，在各種實務與建設上，發揮著先驅性和前瞻性的作用。[15]

馬士渡臺後所擁有的政治資本

要研究清季洋員在中國行政體系內所擔負的角色，其中一個取徑便是解構與估量他的「社會網絡」及「政治資本」。我們在上述兩章已經對馬士的社會網絡有所概括，所以我們會在這個章節，集中討論他「政治資本」的形成與運用。所謂「政治資本」，其實可以理解為從政者所掌握

---

11 李鴻章曾對曾國藩表示：「鴻章亦豈敢崇信邪教求利益於我，唯深以中國軍器遠遜外洋為恥」，以及「鴻章嘗往英法提督兵船，見其大礮之精純，子藥之精巧，器械之鮮明，隊伍之雄整，實非中國所能及。」見顧廷龍、戴逸主編，《李鴻章全集》，卷二十九，〈信函〉一，〈上曾中堂（同治元年十二月十五日）〉，頁一八六－一八七。

12 李鴻章在太平天國時期，主要是歆羡西方技術在武器質量上的精巧，與此同時，他亦有感西方的軍隊往往能夠「以少勝多」。例如他於一八六三年致函曾國藩便有言謂：「每思外國兵丁，口糧貴而人數少，至多以一萬人為率，即當大敵。」見顧廷龍、戴逸主編，《李鴻章全集》，卷二十九，〈信函〉一，〈上曾中堂（同治二年三月十七日未刻）〉，頁二一七。

13 有關清季知識分子主張向西方學習，並尊西尚爭的討論，參羅志田，〈從西學為用到中學不能為體：西潮與近代中國思想演變再思〉，載其《民族主義與近代中國思想》（臺北：東大圖書公司，一九九八），頁九三－一一八。

14 Stanley F. Wright, *Hart and the Chinese Customs* (Belfast: Mullan, 1950), pp. 289-290.

15 對這方面有興趣的讀者，可以詳參 Hans van de Ven, *Breaking with the Past: The Maritime Customs Service and the Global Origins of Modernity in China* (New York: Columbia University Press, 2014).

的政治籌碼與力量。[16]因為研究東方文化與歷史聞名一時的韋伯（Max Weber, 1864-1920），便對中國傳統官僚體制的權力結構作出以下觀察，在他看來：「中國很早便建立出一個中央集權式的官僚體制，這個網絡非常強大；內裡所包含的各種政治角力，爭奪點大概在於官位的分配，與西方世界那種重視土地分配的模式有所不同。在古代中國，名門大戶為了爭奪官位而進行劇烈的鬥爭……不論鬥爭的結果若何，它也會一直強化這種以官僚關係為重心的集體利益，令到這種模式得到永存。」[17]

在韋氏的理論發表後，中外學者對他的想法大致表示贊同，有學者甚至從這個論說出發，分析政治鬥爭的成敗，往往就是量化從政者政治資本的關鍵因素。換句話說，在中華帝制的政治體系內，建構「網絡勢力」便是其中重點，這樣或許能夠解釋，中國何以自古以來，不時也會出現以「位高權重」者為核心而形成的政治集團。不過，我們也應該知道，這些「政治集團」並非中國歷史上獨有；事實上，古今中外也會出現類似的勢力漫衍。[18]然而，學者奧爾加（Olga Lang）卻認為中國式的「政治集團」與西方世界的相比，在組合和性質上存在一定的分別，兩者不盡相同。在奧爾加的角度，這種分別主要源於傳統中國對朋僚，人際關係的注重，甚至可以說是一種依賴。他的觀察大概可以和楊聯陞有關的「報、包、保」的說明一起並讀，有興趣的讀者可以翻閱我在〈第三章〉對楊氏論說所作的介紹。簡單來說，奧爾加認為傳統中國的社會結構「都是奠基於私人關係之上」，而這些關係都可以解讀為「集團內個人與個人之間的從屬和效忠。雇員為雇主盡心盡力，並不全然是為他的工作單位盡職；而雇主則認為他必須任用跟他有私人關係，又或者是他可以信賴的人才為其下屬。」[19]雖然奧爾加的綜合看似有點粗疏，他不但沒有把儒家傳統「經世治學」之道納入討論，也沒有對明清皇權高度集中的現象加以探討，然而，他的觀察大可說明中國官僚系統中的「聯盟網絡」，往往是游離於明文法令以外的一個影子結構，與正式的官僚體制如影隨形。[20]在太平天國之後，清季幕府得以大盛的時代，奧爾加的理論也恰好能夠解釋地方督府如何利用幕府制度的私人性，進一步鞏固他們的政治集團。

馬士被調遷臺灣之後，頓時遠離了「李幕」的「直隸勢力」；故就此而論，他的「政治資本」必定大幅削減。不過，我們在估量這位洋顧問的「政治資本」時，萬萬不能忽略他在洋海關

---

16 Pierre, Bourdieu, *Language and Symbolic Power* (Cambridge: Polity Press, 1991), pp. 229-230.

17 韋伯著，簡惠美譯，《中國的宗教：儒教與道教》（臺北：遠流出版公司，一九八九年），頁三四。

18 有關「網絡的建成」和「人類相互合作」的天性，十九世紀英國史學家赫胥黎（Aldous Leonard Huxley，1894-1963）早已作出深入說明，詳參其 *Evolution and Ethics ,and Other Essays* (Bristol: Thoemmes Press, 2001), p. 19.

19 Olga Lang, *Chinese Family and Society* (New Haven: Yale University Press, 1946), p. 18.

20 另參 Kenneth E. Folsom, *Friends, Guests and Colleagues: The Mufu System in the Late Ch'ing Period*, p. 27.

中所具有的支持與聯結。換句話說，馬士的「政治資本」在他離開「李幕」之後，主要是建基於一個強而有力的關務網絡之上。晚清的「洋海關」之所以能夠成為一個舉足輕重的「政治集團」，具體原因大概需要追溯到清季關務自主權旁落的一段歷史，不過有關這方面的研究已經十分豐沛的成果，所以我在這裡只會綜合前人論著的一些重點，以供讀者參詳：首先，早在咸同期間（一八五〇－一八七四），「洋海關」已在社會上占據一個特殊的地位，與中國政制形成分庭抗禮的局面。[21]其架構之組成，以至各種運作的模式，都不全然在中央政府的管治之手。縱然鄭觀應、吳劍華、馬建忠、薛福成與陳熾（一八五五－一九〇〇）等學人曾分別提出「關務易歸華人」的建議，但他們的方案均被一一擱置，沒有對「洋海關」造成實際的衝擊。[22]由此便足見赫德權力的穩固、「洋海關」的特殊地位如何。中央政府之所以無法把「洋海關」重組為「華海關」，無非由於兩者存在著的一種互惠互利的關係。事實上，自十九世紀中葉以來，大部分洋務建設的經費，也是來自海關所徵獲的稅金與利潤。[23]在上者大概也有所估算，明白要毅然將「洋海關」連根拔起，不但無法輕易取得西方列強的支持，而且也難保取而代之的「華海關」，能夠妥善管理各式各樣、牽涉世界各地商賈的關務事宜。在這些大前題之下，「洋海關」得以屹立不倒，重要性得以與日俱增，自然不是一種偶然出現的歷史結果。話說回來，馬士在淡水關擔任稅務司期間所推行的種種革新之所以能夠順利進行，相信與赫德的支持與信任不無關係。當然，他的「哈佛網絡」也持續擔當著一個「精神支撐」的角色，而這種「精神支撐」，在某程度上也能夠轉化成為一種值得倚仗的「政治資本」。

---

21 在一六八四年海禁解除後，清政府為了妥善管理沿海的貿易情事，遂決定開設粵、閩、浙、江四個海關，並置海關監督。及至一八五八年，中英簽定〈中英通商章程善後條約〉，條約中的第十款規定：「關於海關任用洋員一事，各口劃一辦理……任憑總理大臣邀請英人幫辦稅務」，如是者，奕訢在一八六一年，便正式向英人李泰國（Horatio Nelson Lay, 1832-1898）頒發聘書，賦予他任命各埠稅務司之權。自此，徵收沿海通商口岸洋稅的「洋海關」，便從原有清廷的關稅制度獨立而出。

22 鄭觀應在《盛世危言》中便將清廷關稅制度與「泰西稅制」比較，列舉由外籍稅務司掌理中國海關的弊端，鄭氏認為：「應請明定章程，擇三品之上官員曾任關道熟悉情形者為稅務司。其各口稅司、幫辦等皆漸易華人，照章辦理，庶千萬巨款權自我操，不致陰袒西人阻撓稅則。」見夏東元編，《鄭觀應集》（上海：上海人民出版社，一九八二），上冊，頁五四六。而吳劍華在其《續罪音》內亦有云：「按海關之制，既有老關以收商課，又有新關以收洋稅，稅課總歸海關，而洋稅則另用外人掌之，名曰稅務司，積各海關之稅務司而轄之以一總稅務司，亦用外人濫觴已久，無有悟其非者，則凡為稅司者皆以為不歸關道轄治，儼成分庭抗禮之勢。輒以細事動致齟齬。而所用洋人扦手，類皆袒護洋商，而漠視華商。同為一色之貨，竟估二種之價。」《續罪音》，〈稅務司〉，轉引夏東元編，《鄭觀應集》，上冊，頁五四七－五四八。馬建忠、薛福成及陳熾也曾撰文，抨擊協定關稅制度的不平等，以及由洋人控制海關的問題。詳參戴一峰，〈中國近代海關史研究的回顧與展望〉，載吳倫霓霞編，《中國海關史論文集》，頁四八。

23 C. John Stanley, *Late Ch'ing Finance: Hu Kuang-yang as an Innovator* (Cambridge, Mass., East Asian Research Center, Harvard University, 1961), pp. 81-84.

另一方面，馬士在臺灣的「政治資本」能否有效維持，資金充裕與否也是一個不能漠視的因素。即使馬士得到赫德的充分支持與信賴，但礙於資源需要有效分布的原則下，總稅務司總不能無條件地對淡水關投放資源，導致一種資金分布的傾斜，馬士對於這方面也是深表理解。所以他在渡臺之後，便開始積極與當地的地區力量溝通合作，且成功推動他們參與大大小小的社會建設。這些地區力量主要是淡水關的華洋商人，有關他們如何配合馬士的改革計畫，我們將在下文作出詳細的分析。

馬士駐臺時期在淡水關推行的行政改革

在具體探討馬士在臺的各項改革計畫前，我們尚需對臺灣在洋務運動期間所經歷的風雲變化有所掌握。臺灣的清治時期，始於施琅（一六二一－一六九六）在一六八三年六月大破鄭（成功，一六二四－一六六二）氏政權，及至翌年四月，臺灣方被正式納入清室版圖。在十八紀初期，清政府的治臺政策大致上是「留恐無益，棄慮有害」，[24]是故朝廷在推行各種針對臺灣發展的政策時，也盡量不會投放太多的資源，務以減少行政上對中央可能造成的壓力。[25]總的來說，清代初期的治臺藍圖，基本上是從一個低成本、低風險的管理概念和路徑出發的。

及至十九世紀中葉，晚清國勢日蹙，列強進一步從海路侵擾，情勢愈見嚴峻；一八七四年，日本更藉口臺灣南部原住民殺害琉球漁民一案，出兵恆春半島，隨之爆發「牡丹社事件」。[26]日本在東亞海域的一舉一動，立時對清室的治臺政策響起警示。李鴻章明白到日軍有意進軍臺島的野心，同時亦了解到臺灣足以有效掌控閩粵一帶的必爭地利；倘若臺島失權日本，則中國其中一道邊防重線便會變得岌岌可危。如是者，在日軍決定出兵臺海的同年五月二十七日，李鴻章旋即向中央奏請，派遣沈葆楨（一八二〇－一八七九）渡臺，實行一系列的部署與改革。[27]在沈氏的努力下，臺灣的防衛力量明顯得以強化，這些軍事建設也進一步推動了臺島在行政、經濟等方面

---

24 曹永和，〈鄭氏時代之臺灣墾殖〉，載其《臺灣早期歷史研究》（臺北：聯經出版公司，二〇〇〇），頁二五五－二九三。

25 由於清初受到明鄭臺灣的威脅，以及「陸防重於海防」觀念的影響，所以康熙年間便一度出現「棄臺」不管的主張。其後施琅以親自征臺的經驗，上〈陳臺灣棄留利害疏〉，而待郎蘇拜抵臺視察後亦主張極力「保臺」，康熙方於一六八四年決定，設立隸屬福建省的臺灣府。見郭廷以，《臺灣史事概說》（臺北：正中書局，一九五八），頁九一－九七。

26 有關牡丹社事件之始末與影響，詳參戴寶村，《帝國的入侵：牡丹社事件》（臺北：自立晚報，一九九三）。

27 沈氏早期是以欽差大臣身分來臺視察，後期則回歸至原有的行政體系，以福建巡撫的身分定期移駐臺灣。參 David Pong, *Shen Pao-chen and China's Modernization in the Nineteenth Century* (Cambridge: Cambridge University Press, 1994)。

的發展。沈葆楨的繼任者，便是本書〈第二章〉的主角丁日昌。丁氏當時授命為福建巡撫，在李鴻章的指令下，大抵沿襲了沈氏的改革工程，架設電報線、築辦鐵路及開發煤礦、硫磺、鐵產等天然資源，為當地延承了一股講求進步和革新的浪潮。[28]一八八四年，法國軍隊出兵澎湖群島及臺灣北部，一年之後，清廷便正式設立獨立於福建府的臺灣省，任命劉銘傳（一八三六－一八九六）為第一任臺灣巡撫。[29]在劉氏的勵精圖治下，臺灣在短短五年之間，便躍升為當時現代化成效甚是顯著的試驗場；至於他的繼任者邵友濂（一八四〇－一九〇一），亦不斷致力投放資源，完善各種洋務建設，對臺灣的自強運動貢獻良多。[30]

從沈葆楨到邵友濂，臺灣在十九世紀晚期所經歷的種種變化，一方面改變了這個外海孤島的邊陲形象，另一方面，也成功刺激到不少有志勵行洋務、全心推動富國自強的晚清官僚在島上推動和試行各種改革維新。在這個大氣候下，馬士亦因此對其被調遷臺灣的安排產生一種熱忱，[31]按照司馬富的分析：「這或許是他（馬士）離開李幕之後，再次建立其實務形象的大好機會。」[32]總的來說，由於客觀環境與個人因素的相互配合，淡水關確實為馬士築建了一個合適的試煉舞臺，好讓他能夠著手推行各種務實進取的改革計畫。

除了負責處理關內的例行公務（routine paperwork）外，[33]馬士在改善淡水關工作環境的議題上亦進行了一系列的勘察和評估，務以提升關內的運作與行政品質。在硬體更新方面，馬士有感連接海關的道路網絡必須是完善和快捷的，所以他對貨物出入關口的暢達程度特別關注。他在一份寄往赫德的書信中便曾經表示，倘若貨物因為路網不通而無法順利過境海關，對整個淡水關的操作也會造成很大的窒礙。適逢一八九二年九月，淡水遇上颱風肆襲，連接淡水關的道路系統在風暴中受到破壞，馬士便藉著這個機會，聯絡當地的華洋商人，合資重修淡水關一帶的道路聯

---

28 謝紀康，〈丁日昌對臺灣防務的探討——以電報等洋務建設為例〉，載《育達科大學報》，二十二期，二〇一〇年三月，頁六五－八八。

29 詳參胥端甫，《劉銘傳抗法保臺史》（臺北：臺灣商務印書館，一九六七）；李國祁，〈中法戰爭期間劉銘傳在北臺灣迎戰法軍始末——根據法國檔案及當時外人記載所作檢討〉，載《歷史月刊》，一九〇期，二〇〇三年十一月，頁四一－四五。

30 有關丁日昌等人與臺灣近代化發展的關係，詳參呂實強，《丁日昌與自強運動》（臺北：中央研究院近代史研究所，一九七二）；宋邦強，《劉銘傳與臺灣》（福建：福建教育出版社，二〇〇七）；蘇梅芳，〈劉銘傳的自強維新思想與抱負〉，載《國立成功大學歷史學報》，二十二期，一九九六年十二月，頁一二九－一六一。例子尚多，不贅舉。

31 見"Morse to Robert Hart 10 April, 1893," 載ML。

32 參Richard J. Smith, "Hart's Man on The Margins: The Diplomatic and Advisory Role of H.B. Morse, 1874-1907," 載吳倫霓霞、何佩然主編，《中國海關史論文集》（香港：香港中文大學崇基學院，一九九七），頁五八四。

33 所謂例行公務，即為船務停泊、貨品貯置、出入關文、郵寄程序、職員工作安排等等。見John King Fairbank, Richard J. Smith, *H.B. Morse: Customs Commissioner and Historian of China*, p.108.

網。[34]無獨有偶，又或者可以說是禍不單行，同年十月，淡水關再一次受到颱風吹襲，馬士便決定去信朝廷的駐臺軍隊，在道路修葺工程上提供人力上的支援。[35]概而言之，雖然這兩次維修計畫的規模不算巨大，但最終成果尚算叫人滿意；隨著道路網的更新和改善，淡水關的交通暢達度遂得到顯著的提升。除此之外，我們也可以從這兩則例子中看到，西方顧問與中、外商人，甚至是駐臺清兵在實務上也存在一些地區上的具體合作；即使這些相互協作，遠遠不如製造火炮、操駛軍艦等關乎「富國強兵」的大問題，但在區域研究的角度上，它們卻更貼近民事民生，值得我們多加注意。

我在上文已經解釋過，馬士「政治資本」的構成，也要依賴當地商人在資金上的支持與援助。他總不能夠事事向總稅務司申請下撥經費，實行他的改革計畫。所以在馬士上任後不久，他便戮力與華、洋商人溝通聯絡，以期配合他大大小小的地區建設與設備更新；我們剛剛看到的道路維修，只是災後重建的一個特殊例子，在馬士的書信和檔案當中，我們可以看到他不時也有一籃子的計畫，隨時準備上馬。比方在一八九二年，馬士便有意重建海關關處以外的防波堤及碼頭設施，希望改善商船停泊時的穩定性，並且提升貨物上落和驗收的效率；然而，這項建議卻因為所需資金龐大，未有得到赫德的同意。不過，馬士卻沒有放棄這項計畫，且決定尋求在地商人的支援。剛巧當時一間英國船務公司拉普雷克（Lapraik）的主管卡斯（Cass）對馬士的倡議十分欣賞，遂主動向海關衙署提供資金上的援助，條件是要加建一座浮船塢和架浮橋，連接他在淡水關的倉庫與碼頭。馬士仔細評估卡斯的建議後，認為對淡水關的長遠發展利多於弊，所以便選擇與拉普雷克公司合作，加建碼頭一帶的基礎設施。[36]及至防波堤等計畫竣工之後，貨船來往上落的一貫效率的確大幅提升，船隻停泊時也不會因為風高浪急而造成太大的損失；由此足以證明，馬士在營運和實務方面，委實有他的遠見和眼光。

話說到這裡，讀者或許已有覺察，馬士是一個事事講求效率的人。所以他對於淡水關關員的辦事效率，也曾經提出不少意見，務求力臻完善，精益求精。在馬士上任之前，不論是本土還是外商的貨船，不分種類，凡是過境淡水關的，都需要駛進關內停泊候查；即便商船的終點站不在淡水，也不可以酌情豁免。停泊待查本來也沒有什麼問題，但由於關內人手不足，稽查的時間往往需時良久，一些商船甚至要在關外碼頭停泊數天，方才完成相關的查檢。在馬士看來，這種運作模式不僅廢時失事，對分秒必爭的商人而言，更會造成諸多不便；再者，一些新鮮農產品的

34 見“Morse to Robert Hart, 9, November, 1892,”載 ML。
35 見“Morse to Robert Hart, 16, November, 1892,”載 ML。
36 見“Morse to Robert Hart, 8, October, 1892,”載 ML。

品質，諸如利潤較高的優等茶葉，更會因為在海上停留日久，飽盡海潮而受到影響。有見及此，馬士便決定向赫德建議，准允運載已繳稅進口貨物的商船免卻停泊淡水。[37]自此以後，中外商船便可以直接駛運至其他商港，大大省卻了反覆查檢的時間；換言之，貨物載運便能夠達致「點對點」的往來效果，精簡了過境查檢的複雜；所以論者有謂臺海一帶在十九世紀後期的商務貿易得以更趨頻繁，其實與馬士這項建議也有一些關係的。

值得留意的是，馬士在商船過境查檢方面雖然有所鬆弛，卻不代表他對淡水關一帶的往來船隻掉以輕心。他對各項非法走私的海上活動，更加是厭惡至極，務求竭力打擊杜絕，沒有半點容忍。最顯著的例子，莫過於他在管治臺海洋面鴉片販賣的力度與決心。由於臺灣不適合種植鴉片，所以鴉片在當地的利潤往往是數倍之高，加上臺灣海峽的水師巡防經常出現漏洞，這自然催生了規模不一的走私瞞稅、鴉片私賣等問題。[38]與此同時，在馬士渡臺之前，不少在淡水關內合法藏有鴉片的華、洋商庫，亦時常發生失竊及被破壞的情況，由於這些倉庫隸屬海關管轄，所以便需要向受影響的商家作出巨額賠償。[39]有鑑於此，馬士認為必須在其任內著手處理相關問題，否則淡水關的商貿運作便會處處為難。為了解決走私逃稅愈趨猖獗的局面，馬士決定引進「貨物標籤」的制度，嚴厲打擊市場上不合法的無牌鴉片，令走私、盜竊者難以進行地下販賣；另一方面，他亦斥資增添倉庫、碼頭、船塢一帶的守備和保安工作，確保淡水關內外的人馬平安，藉此重拾華洋商人對海關衙署監控歹徒的信心。[40]在馬士的改革措施推行後，不出一年，淡水海域的走私活動的確有所抑制，而倉庫遭受破壞的情況也有了顯著的改善。

綜觀而言，淡水關的發展於馬士在任期間，的確展示出一股革新之風，吹拂了以往的墨守成規與拖泥帶水。換句話說，淡水關的硬體配套和管理程序得以日益精進，馬士實在付出不少汗馬功勞。縱然他的任職時間只有短短三年，但他卻未有敷衍失責，又或者得過且過、因循苟且。他對臺灣北部的發展不僅具有深切的觀察，同時亦推行了一系列實在的措施，其中包括改善道路、擴充碼頭等基建項目。這一系列硬體上的改進，無疑促使淡水關的關務工作愈臻完備；而在某程度上，也為臺灣得以緊接環球市場的未來作出相應準備。至於由馬士主導的行政改革，諸如改良

---

37 見"Morse to Robert Hart, 8, October, 1892," 載ML。

38 按連心豪的統計：「外國鴉片的輸入，在這十年（一八八二－一八九一）的末尾，剛剛到達上一個十年末尾的數字，約在一八八一年，鴉片輸入達到一個最高的程度。而達至一八八二年，吸鴉片的習慣和一八六八年是一樣的普遍。」可見鴉片的需求甚大，利潤亦有一定的保證。詳參其〈三〇年代臺灣海峽上走私與海關緝私〉，《中國社會經濟史研究》，一九九七年第三期，一九九七年九月，頁六四－七三。

39 見"Morse to Robert Hart, 11, May, 1892"、"Morse to Robert Hart, 6, July, 1892"、"Morse to Robert Hart, 2, August, 1893," 載ML。

40 同上註。

查檢制度、打擊走私活動等方向，在我看來，亦是臺海一帶鴉片私賣問題得以緩減、海貿發展更為健全的因素之一。凡此種種革新與蛻化，都是我們了解清季淡水，以至臺灣北部發展無庸忽視的地方。

馬士對臺提議的經濟發展計畫

除了在硬體建設、查檢程序與行政制度上對淡水關作出革新之外，馬士對於如何「增強臺灣本土生產值」，以及怎樣「推廣海外貿易」兩方面，都曾經提出不少精闢的見解。在他而言，臺灣四面環海，位處太平洋，所以它面對的不僅僅是南中國的市場，而是歐、亞、美洲大陸的各大商機，潛力無可限量。如是者，倘若島內的生產模式能夠有效擴展，這樣一來，不僅可以大幅增加關稅收入，與此同時，也有助臺灣本土農民自以營生，免受地主的無理剝削，以至是外資日益進侵的影響。[41]就著這些議題，馬士抵達臺灣不久，便決定查訪島內的經貿重地與農田茶園，分析臺灣的社會結構與經濟模式，並且參考淡水海關所保存的數據和資料，編成一份〈一八八二年－一八九一年臺灣淡水海關報告書〉（The Inspector General of Customs, Decennial Reports, 1882-1891）。[42]這份報告書內容詳盡，對臺灣貿易的多重面貌作出適當的評估。馬士更加在報告中，仔細整理淡水關近十年間的出口和入口貿易數額，且與當時的情況作出對照，從而制訂淡水在對外貿易與穩定民生等問題上，在往後五至十年理應採行的發展路線。換言之，這份〈海關報告書〉一方面是他對淡水關「過去」與「現在」的商貿評析，另一方面，也能夠反映馬士對臺灣未來經貿發展的理念與期許。

〈海關報告書〉所涵蓋的內容廣泛，[43]但其中有關茶葉貿易的篇幅明顯較其他章節周詳，所以我也會就著這方面多說一點。[44]首先，根據馬士的觀察，自十九世紀中葉以來，由中國本土

---

41 同上註。

42 這份報告書已被翻譯成中文，見馬士著，謙祥譯，〈一八八二－一八九一年臺灣淡水海關報告書〉，載臺灣銀行經濟研究室編，《臺灣經濟史六集》（臺北：臺灣銀行，一九五七），頁八五－一〇七。

43 這份〈報告書〉下分十八項專題，包括（一）貿易之檢討、（二）貿易之發展、（三）稅收、（四）鴉片、（五）兌換、（六）貿易之對照、（七）人口、（八）道路、路燈等方面之改進、（九）港口之道路問題、（十）航行的輔助設備、（十一）戰爭、叛亂與疫病、（十二）科舉、（十三）帆船貿易、（十四）海關工作、（十五）行玫、（十六）傳教工作、（十七）卓越的官員、（十八）淡水之前途。

44 馬士表示：「在淡水的商業中，最重要的因素是出口貿易，特別是茶葉的輸出。在這十年中出口貿易未經校定的總價值額是兩千九百七十一萬三千七百六十四海關兩，茶葉占百分之九十四，樟腦占百分之一．五，煤占百分之二。」可見茶業貿易實為臺灣出口貿易之支柱。同上註，頁八八。而林滿紅亦指出茶、糖、樟腦為出口貿易的主要商品，當中以茶葉的比重為各者最高。詳參林滿紅，《茶糖樟腦業與晚清臺灣》（臺北：臺灣銀行，一九七八）。

（特別是福建一帶）輸出的茶葉，已逐漸喪失市場上的前列位置，原因在於這些茶葉多含雜質，所以歐美商者對此難免有所失望，紛紛將他們的注意力轉向品質較有保證的臺灣山區茶葉。如是者，臺灣的茶葉出口便成為當時的貿易大宗。在一八八二年至一八八四年之間，臺灣茶葉的輸出額已達至二十八萬八千零二十七擔，當中有近百分之九十的貨量輸往美國，百分之七輸往英國，百分之三則輸出至其他海外殖民區域，這些數字都是非常樂觀的。[45]不過，雖然在數據上看來，臺灣茶葉的競爭力可謂日就月將，但馬士認為，在環球茶農紛紛各出其謀的年代，要有效、持續地穩健發展，並非一件容易事，所以他在固鞏臺灣茶葉競爭力這方面，比其他在臺洋員可謂更為留心。

馬士明白，只要茶葉的品質有所保障，臺灣茶商在市場上便足以占一席位，能夠與其他茶商爭一日長短。所以在他上任之後，便多次向茶農灌輸確保茶葉品質的重要性，多番提醒他們切忌急功近利，倉卒求成。有關這一點，我們在其文稿中便可以找到以下這個例子。由於歐美市場對臺灣茶葉的需求有所增加，一些在地茶農便決定稀化生產工序，炮製大數量的烏龍茶葉，藉以在短時間內取得豐厚利潤。[46]馬士得悉此事後大為震驚，隨即去信在臺的洋商代理，通知他們拒絕購買已被稀化的烏龍茶葉。馬士其後更明確的向臺灣茶農表示，品質保證方是臺灣茶葉的致勝之道，一旦在市場上出現漏網之魚，臺灣茶葉的優勢便會逐漸消失，久而久之，便會被鄰國的競爭者所取代。與此同時，馬士亦對日本的茶業市場作出分析，在他看來，除了福建茶農之外，日本茶商便是島外最大的競爭對手。不過，他堅信臺灣種植茶葉的方法及環境氣候，也與日本的不盡相同，所以「只要（臺農）在採製時處處小心，在包裝時忠厚誠實，臺灣的烏龍茶葉便不會失去它的優勢和地位。」[47]

根據馬士的觀察，日本與臺灣不但在茶葉出口方面有所競爭，在樟腦貿易的版圖上，日本也是臺灣在市場上的一個「可見敵人」。雖然臺灣與日本分別擁有品種類近的月桂樹，但令馬士

---

45 臺灣一八八二至一八九一年的茶葉輸出額如下：一八八二年九萬零三百零三擔（每擔二六・六〇海關兩）；一八八三年九萬九千零五十擔（每擔二二・五七海關兩）；一八八四年九萬八千六百七十四擔（每擔二三・六〇海關兩）；一八八五年十二萬二千七百三十擔（每擔二二・一〇海關兩）；一八八六年十二萬一千二百八十七擔（每擔二十七・四八海關兩）；一八八七年十二萬六千四百四十二擔（每擔二五・九九海關兩）；一八八八年十三萬五千七百四十一擔（每擔二一・四七海關兩）；一八八九年十三萬零七百零八擔（每擔二一・九八海關兩）；一八九〇年十二萬八千六百二十九擔（每擔二三・九八海關兩）；一八九一年十三萬五千七百五十三擔（每擔二十海關兩）。同上註，頁八八－八九。由此可見，臺灣的茶葉出口每年也有持續增加的趨勢。

46 見"Morse to Robert Hart, 24, May, 1894,"載ML。

47 馬士著，謙祥譯，〈一八八二－一八九一年臺灣淡水海關報告書〉，頁一〇七。〔按：由於原文的翻譯有些問題，所以我在引用時便作出了文字上的調整。〕

大惑不解的是，何以日本在樟腦貿易上所取得的利潤，卻較臺灣生產的高出三倍有多呢？經過反覆的調查，馬士終於發現，關鍵在於日本當局擁有較先進和精細的生產技術，能夠從月桂枝葉中提煉出純度較高的有機化合物。由於純度有所分別，日本的樟腦價值在市場上便較臺灣出產的為高。[48]有見及此，馬士隨即向邵友濂與唐景崧（一八四一－一九〇三）建議，撥款研發令臺灣樟腦產品更具競爭力的方案。可惜的是，臺灣府當時的經費實在有限，至於其他華、洋商人對這項計畫的興趣也不太熱衷；幾經商討之後，馬士的方案唯有被暫時擱置，臺農亦因而錯過此一機遇，在樟腦質易的競爭中突圍而出。[49]

除了茶葉與樟腦之外，馬士認為臺灣土產的硫磺、母牛角和水牛角，在市場上也富具一定的出口價值，倘若官方能夠有系統地開採這些天然資源，臺灣的貿易地位定必有所提升；長此以往，臺島的生產總值亦會大幅增加。事實上，臺灣寶島的資源又豈止硫磺、樟腦和水牛角呢？從馬士的〈報告書〉當中，我們還可以看到他對其他土產資源的描繪和簡述。[50]以他之見，清政府理應對臺島的天然資源進行一個全面的勘察和調查，繼而嘗試對外出口多樣化，致令臺灣經濟更臻多元。無奈清廷當時的外憂內患接踵而來，中央政府實在無暇投放相應資源，用以推動臺灣的經貿進步；加上馬士的方案只是收錄在他的〈報告書〉當中，一方面沒有得到任何中央大員、又或者赫德的全面支持，另一方面亦不是一個正式上奏朝廷的提綱，所以其建議難免變得鞭長莫及，所能造成的影響自然可想而知。

即便如此，馬士所作出的考察和倡議，至今看來，依舊不乏其可觀性和重要性，就以這份海關〈報告書〉為例，它除了有助我們了解十九世紀臺灣的經貿概況之外，亦可以加深讀者對馬士辦事態度與能力的認識。有關這一點，我們在馬士分析臺灣與鴉片貿易的關係時，便能夠找到進一步的佐證。正如我在上文所提及，馬士對鴉片貿易一直也十分留心，他在〈報告書〉內便清楚指出，由於鴉片在臺灣的需求與日俱增，所以淡水關實有需要對本地的消費市場作一評核，從而掌握島內最大和最受歡迎的鴉片入口商，制訂相關的監控措施，適當地調控賣買的情狀與市場變化。為了取得這些大數據，馬士首先連結在臺的華洋商人，收集他們所售賣的鴉片種類和品牌，然後把它們臚列成表，分門別類，最後成功總結出當時最受歡迎的鴉片煙磚，是從印度和土耳其

48 John King Fairbank, Richard J. Smith, *H.B. Morse: Customs Commissioner and Historian of China*, p. 111.

49 馬士在致赫德的書信中表示："I have given up any idea of the governor's doing anything, but I continue to talk over matters in the hope that some one remark may stick." 見 "Morse to Robert Hart 10 February, 1894," 載 ML。

50 當中包括苧麻、麻皮、月桃草、芭蕉、鳳梨、野鳳梨、楮、燈心草、大甲燈心草、扇葉棕櫚、龍舌蘭等等。詳見馬士著，謙祥譯，〈一八八二－一八九一年臺灣淡水海關報告書〉，頁一〇七。

一帶（波斯）種植場輸入進口的。[51]

按照馬士的統計，自一八五二年以來，印度進口鴉片的平均數量，大概占總輸入額的百分之九十一；然而，及至一八七二年，則下滑至百分之十七；至於從波斯地區入口的鴉片總數，卻在同一時期由百分之九大幅攀升至百分之八十三。這個此消彼長的現象並不只限於臺灣北部，而是差不多整個西臺灣，都出現類近的情況，[52]馬士因此決定查探箇中緣由。就他的探查得知，土耳其產品之所以在臺灣得以「暢銷」，大致與以下的原因有關。首先，馬士認為「土耳其鴉片得以大受歡迎……主要是因為貧窮人口願意購買這種鴉片；至於他們為什麼偏好這種產品，是因為這種鴉片的煙灰既多且濃，所以社會的低下階層便可以一次又一次，甚至是多次吸食這些鴉片煙灰。看在他們眼裡，自然是一個相對划算的消費方法。」此外，他亦根據法籍海關關員拉高（Farago）在一八八五年〈貿易報告書〉的觀察，[53]綜合出以下的說法：

「（土耳其鴉片能夠大賣），箇中還有很多因素，可以解釋這個現象；但在我看來，其中最直接的原由，無非因為不同品種的鴉片，在熬煮之後，往往不會得出相同價值和數量的煙膏。就以一擔去除皮殼的貝拿勒斯（Benares）鴉片為例，[54]在熬煮之後，它只能夠熬出大約六十斤煙膏，然而，土耳其出產的，則能熬出接近七十至八十斤不等的分量……除此之外，貝拿勒斯的鴉片，大多以大圓餅的形狀銷售，價格較高，所以只有中上階層可以負擔得起，反觀土耳其鴉片，在市面上會被製成一個個小圓球，價錢相對便宜，一般的貧苦大眾也可以吸食，不太費錢。可是，貝拿勒斯所出產的味道，的確較土耳其的品種為好，所以中、

---

51 土耳其（波斯）鴉片又名「小土」，其包裝形狀分為「宅庄」（圓錐狀）、「四方庄」、「元粒庄」、「幼碎油土」四種，外表包以紅唐紙，並用像綑纏，故又稱「紅土」，其重量較輕，約十二兩。見荒川淺吉，〈阿片吸食の風〉，載臺灣慣習研究會著，臺灣省文獻委員會編，《臺灣慣習記事：中譯本》（臺中：臺灣省文獻委員會，一九八四），卷四，頁六六。

52 波斯鴉片在臺灣的銷售情況由一八八二年的二千六百九十一擔增至一八九一年的四千五百擔，相對印度的貨品銷量在一八八二年時的一千五百三十六擔降至一八九一年的八百三十三擔而言，其在臺市場占有率達百分之八十四．四（印度貨品占有率為百分之十五．六）。見馬士著，謙祥譯，〈一八八二－一八九一年臺灣淡水海關報告書〉，頁九五，表二。

53 P.H.S. Montgomery著，謙祥譯，〈臺南貿易報告書〉，載臺灣銀行經濟研究室編，《臺灣經濟史六集》（臺北：臺灣銀行，一九五七），頁一〇八。

54 按戴寶村的研究，貝拿勒斯與帕特那（Patna）是在印度鴉片生產，由英政府專賣。進口後稱作「大王」，前者又名「叶仔」，後者稱「公班」。「貝拿勒斯鴉片在一八七一年之前，占有全部進口量的百分之九十以上，一八七二年以後，逐年下降，至一八九二至一九四三年間，只剩百分之十以下……一八八九年，貝拿勒斯鴉片在在淡水附近已近絕跡，所進口的主要是供應鹿港一帶的消費。」見戴寶村，《清季淡水開港之研究》，頁五二。

上流階級總會對它趨之若鶩；最後，我們還要注意，土耳其鴉片也有許多缺點。第一，它容易過熱，這個問題令人不太願意在潮濕且炎熱的天氣下吸食它；其次，它在熬煮時會發出一種難聞的異味。不過，我聽說土耳其鴉片近年來在這方面已有很大的進步，品質應該也有所改善了。」[55]

從上文得知，馬士對鴉片市場所作出的分析，並不止於數字上的琢磨，而是一個頗為全面、詳細的區域考研，在賣家及消費者之間進行調查，與一般的海關報告有所不同。我之所以對這份紀錄有所留意，便是基於它具備近乎是田野考察的珍貴性，能夠呈現鴉片等商品在消費市場上的在地圖景。誠然，馬士的報告不但展示出當時的貿易情狀，同時可以透過其中的轉變和肌理，分析臺灣在環球貿易中的角色和位置。姑勿論他的調查是不是一份精準無誤的史料，這些一手數據和著錄，無疑能夠豐富十九世紀中葉以來，臺灣進出口貿易的若干歷史片段。

不過，在結束本文之前，我還有一點希望在此再次強調的：即便馬士對臺灣的經貿發展建議良多，但從其書信得知，他的方案不時也會與在臺官員的經營原則出現分歧。這裡與他和盛宣懷在招商局內的意見相佐，感覺上有點類近，但實情又不盡相同。在我看來，馬士與盛氏的磨擦大多出於私怨，然而，他與邵友濂和唐景崧之間的矛盾，主要是因為後者過於保守所致。事實上，馬士出任淡水關關長之時，與邵、唐兩人的關係尚算要好，他們三者雖不及馬士和馬相伯兄弟般密切，但彼此也同時具備推行洋務事業的熱忱。可惜的是，邵友濂和唐景崧畢竟是舊學出身，處事往往有很多顧慮，所以經常以「風險過大」，又或者「未能確保長遠利益」等理由，推翻馬士一些比較大膽的提案。[56]由於馬士不再是李鴻章的得力幕僚，他亦只能倚重洋海關所能為他帶來的政治資本辦事，如是者，縱使他對臺灣的經貿前途建議累累，他的發揮空間亦只能局限於淡水廳所能觸及的領域與範疇；對於關乎臺灣經濟全盤發展的議題，他在書信中也曾確認，不時會遇到各式各樣的「阻礙」。其中一個例子，就是他曾經建議引進一系列現代化的機器，務以擴展臺灣採礦業務的範圍與產量。這個計畫看似合理可行，但邵友濂等人則認為採礦業在基隆北部已達可觀水平，實在毋須耗費資源增添設備。[57]有趣的是，倘若我們參考馬士在一八九四、九五年

---

55 馬士著，謙祥譯，〈一八八二－一八九一年臺灣淡水海關報告書〉，頁九五。〔按：由於原文的翻譯有些問題，所以我在引用時便作出了文字上的調整。〕

56 有關在臺華官的背景、任用法則、以至他們在上任後可能遇到的問題，可參湯熙勇，《清代臺灣文官的任用方法及其相關問題》（臺北：中央研究院三民主義研究所，一九八八年）。

57 見“Morse to Robert Hart, 25, April, 1895,”載 ML。

巡查基隆礦場後的記述，當地很多採礦工具早已曠日持久，至於部分電纜、船務設施更是破舊不堪，有待整收。所以馬士的提案被邵友濂駁阻之後，他便隨即致函赫德，語帶失望地表示：「如果由當地原住民自行管理這些採礦場，效果或許更加理想。」[58]

小結

由於這是本書正文的最後一個章節，也可以算是「馬士三部曲」的謝幕終章，所以我在這個部分，也會簡略地為〈第四章〉和〈第五章〉的討論作一總結，以便讀者有效掌握這三篇文章的思路、脈絡與重點。

十九世紀中葉以來，清室內憂外患紛至沓來，外受西方列強的猛力叩門、內歷人口膨脹、貧富懸殊等社會問題，國家面臨三千年來未有之變局。李鴻章臨危受命，執掌洋務運動的鮮明旗幟，勵行改革弊政，以救清廷的動輒無能。在自強運動推行之際，李氏以「仿效西方技術得以自強」的信念和態度，大幅網羅歐美世界的菁英顧問，務以配合他的維新藍圖與路線。時任海關總稅務司的赫德，曾經與李鴻章在太平天國相交相知，他很快便意識到李鴻章的改革方針，遂向李氏推薦具備不同專長的西洋顧問，務以配合他的變革方向和決心。曾經任職天津海關幫辦的馬士，便是透過赫德的引介，成為李鴻章「洋幕」內的一位得力幕僚。

馬士憑藉他實幹的作風與嚴謹的處事態度，旋即獲得李鴻章的倚重和信任；其後更被李中堂委派南下，協助輪船招商局擴展網絡，改善局務，增強它在市場上的競爭能力。然而，馬士針對官僚陋習的改革路線，不免對盛宣懷的「權力系統」造成威脅，李鴻章在衡權大局後，決定逐步停止馬士在招商局內的公務與職權，最後更加接受他的請辭。馬士離開招商局後，幾經調遷至臺灣淡水出任海關關長。此番調動，不僅標誌著馬士失去由李幕所能轉化的「政治資本」，同時也是西方顧問與中國傳統官僚屢生衝突的一個例子。

不過，馬士東渡臺灣之後，並沒有因此心灰意冷、做事變得因循苟且。或許因為性格使然，他務實、能幹的作風，對淡水關的釐革可謂建樹良多。事實上，十九世紀中葉以後的臺灣，正在經歷前所未有的革新進程，淡水更由清初時期的蠻瘴邊陲，逐漸成為臺灣經濟的重心區域。至於新海關的設立，更加令它躍升為臺灣進出口貿易的關鍵門戶，經貿地位日見緊要。對馬士而言，臺灣、淡水，無疑為他帶來一股開放進步的風氣，當中更伴隨著一系列改革浪潮的激盪。如是者，在客觀環境和個人因素的相互影響下，馬士便在淡水關推行了林林總總的建設與提議，以期

58 見“Morse to Robert Hart, 25, April, 1895,” 載 ML。

改善淡水關的硬體建設、行政效率與陳舊積習。

與此同時，馬士對臺灣的整體經貿發展也是處處留心，所以他在上任之後，便著手編製一份〈一八八二年至一八九一年臺灣淡水海關報告書〉，對臺灣經貿的過去、現在與未來作出整理及分析。然而，即便馬士在〈報告書〉內的提議，或許能夠改進及提升臺灣省在亞太市場的競爭力，但他的陳情卻沒有得到在臺官員的戮力支持。就以邵友濂為例，他與馬士在發展路徑上往往難以取得共識；至於唐景崧更不時認為馬士的建議不設實際、危機太大、代價太重。馬士對此也是無能為力，改革熱情難免有所褪色。及至一八九四年，黃海大戰爆發，日勝中敗，清廷無奈割讓臺灣，馬士因為無意替明治政府效命，最後決定離開淡水，結束他在臺島的三載仕途。自此之後，他再沒有參與政治改革等情事，反之決定潛心研究，著書立說，為清季中國留下珍貴的歷史紀錄與評析。

後記

原本以為把曾經刊載的論文結集出版，不會是一件太費勁的工作，但在修訂這本書稿之後，我才發現這不是一項簡單的任務。首先，要把文章有效地聯成一線，必先構思一個適當的主題，然後以之為骨幹，貫穿各個篇章的重點。所以我在提筆撰寫〈序論〉之前，便決定把各篇論文仔細重讀一遍，嘗試梳理自己的寫作思路，找出箇中的脈絡與共通點。雖說都是自己的作品，但有時候總要代入一個讀者的角度，再次消化文稿，才能找出問題，改善不足的地方。另一方面，正如我在〈序論〉中已有交代，《手挽銀河水》所選輯的章節，距離它們初次面世之時，至少也有十年左右的光景，倘若要更新再版，便需要作出適度修訂，且配合近年來的研究趨勢，補闕拾遺。如是者，書稿中有好幾個篇章的改寫幅度，都紛紛超出我的預期；內裡有些章節，更加猶如全新之作，甚至與我十多年前的想法不太一樣。或許因為這些原因，我方才知道，把論文集結成書，從來也不是一項輕鬆容易的寫作計畫。

不過，即使準備《手挽銀河水》的時間遠超預期，我仍是十分享受這個編寫過程；當中有些感受，更加是我在撰寫其他書稿時不曾經歷的。究其原因，無非因為集內所收錄的每一篇文章，也是我求學階段的一則小紀錄。雖然背後的故事，都稱不上是什麼與眾不同的歷程或遭遇，但對我個人而言，它們都充滿著悲喜交集的片段與回憶。可幸的是，今天回首過往，全賴家人、師長、戰友、同袍、以至學生們的支持與鼓勵，歡笑的情節與困愁的相比，前者大多歷歷在目，後者泰半變得模糊，凡此種種，都是我一直心存感恩的地方。

話說回來，這部著作得以順利出版，我要特別感謝時報的總編輯胡金倫先生，主編王育涵小姐。如果沒有他們的安排和鞭策，我可沒有這個機會，與廣大華語讀者分享我的作品。與此同時，我要衷心感謝馬幼垣教授的親筆贊語，以及盧正恒教授與李仁淵教授的專文推薦。馬教授是學界的中流砥柱，學術地位毋需多言。他對《水滸》人物的紮實點評，以至聚焦清季海軍的精闢考述，都無不令人拍案叫絕，擊節稱賞。這次成功邀得他親筆揮毫，實在是天大的榮幸；也希望藉此機會，再次多謝馬老師為學界所作的種種貢獻，同時誠心祝福他老人家身心健康，快樂安好。

至於正恒和仁淵，都是前途無可限量的學界新星。雖然我們見面的次數不多，但我一直也有關注他們出類拔萃的研究成果。這次有幸得到他們惠賜鴻文，分享想法，無疑令到這本小書生色不少。但願我們可以繼續在學術路途上互相提點、切磋交流、攜手合作、為學界略盡一點綿力。

畢竟在漫長的研究旅途上，能夠找到信念相近的知音戰友，可是非常難得的。

除此之外，我也要鳴謝香港浸會大學的劉詠聰、麥勁生與李金強教授。劉老師是我學士論文的指導老師，一直以來對我叮嚀有加，這次甚至在百忙之中，抽空改正書中錯漏，且不吝與我分享她的寶貴意見，實在不勝感激。至於麥老師與李老師，則分別是我碩士論文的指導教授與評審老師，我在這部著作中的很多想法，都是從他們的言傳身教中學習得來。其中麥老師對清季中德關係的探研，不但直接培養我對這方面的興趣，更加驅使我下定決心，離開香港到德國求學生活；這段出國因緣，至今依然沒齒難忘。

最後，我不得不感謝家人的包容與信任，特別是內子曉盈這兩年來的陪伴與照顧。雖然她不是學界中人，對歷史研究也沒有什麼濃厚興趣，但一路走來，她的扶持、體諒和肯定，都是推動我繼續寫作的最大動力。有妳相伴，是我的幸運，也是我莫大的成就。謝謝妳。

二〇二二年七月廿八日

書於英國阿克斯橋

參考書目／延伸閱讀

序論

Anderson, Jeffrey W., "Military Heroism: An Occupational Definition," *Armed Forces & Society*, vol. 12 no. 4 (1986), pp. 591-606.

Andrade, Tonio, "A Chinese Farmer, Two African Boys, and a Warlord: Toward a Global Microhistory," *Journal of World History*, vol. 21, No. 4 (December 2010), pp. 573-591.

Ankersmit, Frank, "Historiography and Postmodernism," *History and Theory*, vol. 28 no. 2 (1989), 137-153.

Bartlett, Beatrice S., *Monarchs and Ministers: The Grand Council in Mid-Ch'ing China, 1723-1820* (Berkeley: University of California Press, 1991).

Brown, Kerry, *The Berkshire Dictionary of Chinese Biography* (Oxford: Oxford University Press, 2014).

Carlyle, Thomas, *On Heroes, Hero-Worship, and the Heroic in History* (New York: D. Appleton & Co., 1841).

Chimombo, Moira, Robert L. Roseberry, *The Power of Discourse: An Introduction to Discourse Analysis* (New York: Routledge, 2009).

Cohen, Paul A., *Speaking to History: The Story of King Goujian in Twentieth-Century China* (Berkeley: University of

California Press, 2009).

Elman, Benjamin A., *On Their Own Terms: Science in China, 1550-1900* (Cambridge, Mass.: Harvard University Press, 2005).

Fairbank, John King and Têng Ssu-yü, *China's Response to the West: A Documentary Survey, 1839-1923* (Cambridge, Mass.: Harvard University Press, 1979).

Goodrich, L. Carrington, Zhaoying Fang (eds.), *Dictionary of Ming Biography, 1368-1644* (New York: Columbia University Press, 1976).

Harrison, Henrietta, *The Man Awakened from Dreams: One Man's Life in a North China Village 1857-1942* (Stanford: Stanford University Press, 2005).

Hill, Christopher, *The World Turned Upside Down: Radical Ideas during the English Revolution* (London: Penguin, 1991).

Hilton, Rodney, *Class Conflict and the Crisis of Feudalism: Essays in Medieval Social History* (London: The Hambledon Press, 1985).

Hilton, Rodney, *English and French Towns in Feudal Society: A Comparative Study* (Cambridge: Cambridge University Press, 1992).

Hilton, Rodney, *The English Peasantry in the Later Middle Ages* (Oxford: Oxford University Press, 1975).

Hindess, Barry, *Discourse of Power: From Hobbs to Foucault* (Oxford: Blackwell Publisher, Ltd., 1996).

Huang, Ray, *1587, A Year of No Significance: The Ming Dynasty in Decline* (New Haven and London: Yale University Press, 1981).

Hummel, Arthur W., *Eminent Chinese of the Ch'ing Period, 1644-1912* (Washington: United States Government Printing Office, 1943).

Kellner, Hans, *Language and Historical Representation: Getting the Story Crooked* (Madison: University of Wisconsin Press, 1989).

Kohen, Ari, *Untangling Heroism: Classical Philosophy and the Concept of the Hero* (New York: Routledge, 2014).

Lily Xiao Hong Lee, Agnes D. Stefanowska, Clara Wing-chung Ho (eds.), *Biographical Dictionary of Chinese Women: The Qing Period, 1644-1911* (New York: M.E. Sharpe, 1998).

Lily Xiao Hong Lee, Sue Wiles (eds.), *Biographical Dictionary of Chinese Women: Tang through Ming, 618-1644* (New York: M.E. Sharpe, 2014).

Lovell, Julia, *The Opium War: Drugs, Dreams and the Making of China* (London: Picador, 2011).

McMahon, Keith, *Celestial Women: Imperial Wives and Concubines in China from Song to Qing* (Lanham: Rowman & Littlefield, 2020).

Mosca, Gaetano; Hannah D. Kahn (trans.), *The Ruling Class [Elementi di Scienza Politica]* (New York and London: McGraw-Hill Book Company, Inc., 1939).

Palmer, Edward Thompson, *The Making of the English Working Class* (New York: Pantheon Books, 1963).

Perrett, Bryan, *Heroes of the Hour: Brief Moments of Military Glory* (London: Orion, 2001).

Platt, Stephen, *Autumn in the Heavenly Kingdom: China, the West, and the Epic Story of the Taiping Civil War* (London: Atlantic Books, 2012).

Price, John, *Everyday Heroism: Victorian Constructions of the Heroic Civilian* (London and New York: Bloomsbury, 2014).

Rawlinson, John L., *China's Struggle for Naval Development, 1839-1895* (Cambridge, Mass.: Harvard University Press, 1967).

Ricoeur, Paul; John B. Thompson (trans.), *Hermeneutics and the Human Sciences: Essays on Language, Action and Interpretation* (Cambridge: Cambridge University Press, 1981).

Robinson, James Harvey, *The New History—Essays Illustrating the Modern Historical Outlook* (New York: The Macmillan Company, 1912).

Rowe, William, *Speaking of Profit: Bao Shichen and Reform in Nineteenth-Century China* (Cambridge, Mass.: Harvard University Press, 2018).

Smith, Gregory, *Nietzsche, Heidegger and the Transition to Postmodernity* (Chicago: University of Chicago Press, 1996).

Smith, Richard J., *The Qing Dynasty and Traditional Chinese Culture* (London: Rowman & Littlefield, 2015).

Spence, Jonathan, *The Death of Woman Wang* (New York: Penguin Books, 1978).

Spence, Jonathan, *To Change China: Western Advisers in China, 1620-1960* (Boston and Toronto: Little, Brown and Company, 1969).

Spence, Jonathan, *Tsao Yin and the Kang-Hsi Emperor: Bondservant and Master* (New Haven: Yale University Press, 1988).

Turner, Jonathan H. (ed.), *Handbook of Sociological Theory* (New York: Springer, 2001).

Vico, Giambattista, Thomas Goddard Bergin and Max Harold Fisch (trans.), *The New Science of Giambattista Vico* (Ithaca and London: Cornell University Press, 1970).

Wensheng Wang, *White Lotus Rebels and South China Pirates: Crisis and Reform in the Qing Empire* (Cambridge, Mass.: Harvard University Press, 2014).

Wright, Mary C., *The Last Stand of Chinese Conservatism: The T'ung Chih Restoration, 1862-1874* (Stanford: Stanford University Press, 1957).

天津圖書館歷史文獻部（編），《三十三種清代人物傳記資料匯編》（濟南：齊魯書社，二〇〇九）。

支偉成，《清代樸學大師列傳》（上海：上海人民出版社，二〇一四）。

方良，《明清文化名人》（北京：中國言實出版社，二〇一四）。

王世貞，《名卿績紀》（北京：中華書局，一九九一）。

王世禎，《民國人豪圖傳》（臺南：東風圖書社，一九七七）。

王民信（編），《中國歷代名人年譜彙編》（臺北：廣文書局，一九七一）。

王思治、李鴻彬（編），《清代人物傳稿》（北京：中華書局，一九九五）。

王恆展，劉志剛，《清代人物》（濟南：齊魯書社，二〇〇八）。

王炳燮，《國朝名臣言行錄》（臺北：明文書局，一九八五）。

王軍雲，《清朝二十四臣》（北京：中國華僑出版社，二〇〇六）。

王迪諏、嚴寶善（編），《清代名人信稿》（杭州：浙江古籍出版社，一九八七）。

王晴佳、古偉瀛，《現代與歷史學：中西比較》（濟南：山東大學出版社，二〇〇六）。

王逸明，《新編清人年譜稿三種》（北京：學苑出版社，二〇〇〇）。

王開璽，《晚清的四張面孔：晚清人物的思想與事功》（北京：東方出版社，二〇一六）。

王粲，《英雄記鈔》（臺北：藝文印書館印行，一九六五－一九七〇）。
王達人、林軍、李凡（編），《中國歷代名人事略》（瀋陽：東北工學院出版社，一九九一）。
王爾敏，〈儒家傳統與近代中西思潮之會通〉，《新亞學術集刊》，第二期，一九七九，頁一六三－一七八。
王爾敏，《清季兵工業的興起》（桂林：廣西師範大學出版社，二〇〇九）。
司馬遷，《史記》（北京：中華書局，一九六三）。
布琮任，《海不揚波：清代中國與亞洲海洋》（臺北：時報出版，二〇二一）。
田原禎次郎，《清末民初中國官紳人民錄》（北京：中國研究會，一九一八）。
田漢雲，《清代山東名儒》（濟南：山東文藝出版社，二〇〇四）。
白化文，《中國近現代歷史名人軼事集成》（濟南：山東人民出版社，二〇一五）。
白壽彝、楊懷中，《回族人物志》（銀川：寧夏人民出版社，二〇〇〇）。
石耿立，《晚清民國那些人》（北京：現代出版社，二〇一五）。
石雲濤，《唐代幕府制度研究》（北京：中國社會科學出版社，二〇〇三）。
安徽師範大學「歷史人物傳記選注」編寫組（編），《歷史人物傳記選注》（蕪湖：安徽師範大學，一九七六）。
朱孔彰，《中興名臣事略》（上海：上海書局，一九〇一）。
江慶柏，《清代人物生卒年表》（北京：人民文學出版社，二〇〇五）。
何力群，《紙上風雲：晚清民國政論人物小傳》（北京：中央廣播電視大學出版社，二〇一三）。
何冠彪，《明清人物與著述》（臺北：臺灣商務印書館，一九八五）。

何黎萍，《正說清代風雲人物》（北京：九州出版社，二〇〇八）。
佘三樂，《清代宮廷中的外國人》（香港：香港中和出版有限公司，二〇一一）。
余英時，《歷史人物與文化危機（三版）》（臺北：三民書局，二〇二〇）。
吳光遠，《正說清朝十二臣》（北京：大眾文藝出版社，二〇〇五）。
吳海林、李延沛（編），《中國歷史人物生卒年表》（哈爾濱：黑龍江人民出版社，一九八一）。
宋濂，《浦陽人物記》（臺北：藝文印書館，一九六六）。
宋璐璐，《細說清朝風雲人物》（北京：中國紡織出版社，二〇一二）。
李元度，《國朝先正事略》（臺北：文海出版社，一九六七）。
李君明，《明末清初廣東文人年表》（廣州：中山大學出版社，二〇〇九）。
李春光，《清代名人軼事輯覽》（北京：中國社會科學出版社，二〇〇四）。
李春光，《清代學人錄》（瀋陽：遼寧大學出版社，二〇〇一）。
李桓，《國朝耆獻類徵》（揚州：廣陵書社，二〇〇七）。
李細珠，《變局與抉擇：晚清人物研究》（北京：北京師範大學出版社，二〇一七）。
李富民，《明亡清興六十人》（北京：中國社會科學出版社，二〇〇七）。
李揚帆，《走出晚清：涉外人物及中國的世界觀念之研究》（北京：北京大學出版社，二〇〇五）。
李揚帆，《晚清三十人》（北京：世界知識出版社，二〇〇八）。
李夢生，《清代名人軼事》（南昌：江西教育出版社，二〇〇七）。
李闞勇，《清代歷城人物與著述研究》（濟南：山東大學出版社，二〇一九）。

李躍乾、孫欽梅（編），《明清時期臺灣先賢先烈傳記》（北京：華藝出版社，二〇一六）。
村物，《中國歷史著名人物簡介》（香港：香港青年出版社，一九七七）。
杜連喆、房兆楹（編），《三十三種清代傳記綜合引得》（北京：中華書局，一九八七）。
杜貴墀，《巴陵人物志》（揚州：廣陵書社，二〇〇七）。
杜維運，《清代史學與史家》（臺北：三民書局，二〇一三）。
汪小軍（編），《宋元明清人物》（北京：華文出版社，二〇〇四）。
汪能肅，《嘉慶道光魏塘人物記》（揚州：廣陵書社，二〇〇七）。
汪榮祖，〈記憶與歷史：葉赫那拉氏個案論述〉，《近代史研究集刊》，第六十四期，二〇〇九年六月，頁一－三九。
汪榮祖，〈新時代的歷史話語權問題〉，《國際漢學》，卷十五，二〇一八年第二期，頁九－一〇。
沃邱仲子，《近代名人小傳》（北京：中國書店，一九八八）。
阮元，《儒林傳稿》（上海：上海古籍出版社，一九九五）。
阮元，《疇人傳》（臺北：明文書局，一九八五）。
來新夏，《近三百年人物年譜知見錄》（北京：中華書局，二〇一〇）。
來新夏，《清代科舉人物家傳資料彙編》（北京：學苑出版社，二〇〇六）。
周軒、高力，《清代新疆流放名人》（烏魯木齊：新疆人民出版社，一九九四）。
周駿富（編），《明代傳記叢刊》（臺北：明文書局，一九九一）。
周駿富（編），《清代傳記叢刊》（臺北：明文書局，一九八六）。

林思進，《華陽人物志》（揚州：廣陵書社，二〇〇七）。
林景忠，《國朝忠義私淑錄初編》（臺北：明文書局，一九八五）。
邵延淼，《古今中外人物傳記指南錄》（南京：江蘇教育出版社，一九九〇）。
保定直隸總督署博物館（編），《直隸總督史料叢刊：人物傳記卷》（廣州：廣東人民出版社，二〇二三）。
俞樟華，《清代傳記研究》（上海：三聯書店，二〇一三）。
姜亮夫，《歷代人物年里碑傳綜表》（臺北：文史哲出版社，一九八五）。
姜鳴，《天公不語對枯棋：晚清的政局和人物》（香港：香港中和出版有限公司，二〇一六）。
胡仲弓，《葦航漫遊稿》（欽定四庫全書版）。
范福潮，《清末民初人物叢談》（武漢：湖北人民出版社，二〇〇九）。
倪玉平，《清代嘉道財政與社會》（北京：商務印書館，二〇一三）。
唐博，《清朝疆臣回憶錄》（臺北：遠流出版公司，二〇一〇）。
夏曉虹，《返回現場：晚清人物尋踪》（南昌：江西教育出版社，二〇〇二）。
孫甫語，〈唐史論斷〉，收入紀昀等總纂，《文淵閣四庫全書》（臺北：臺灣商務印書館，一九八三），冊六八五。
陳三井，《臺灣近代史事與人物》（臺北：臺灣商務印書館，二〇一〇）。
徐世昌，《大清畿輔先哲》（北京：北京古籍出版社，一九九三）。
徐汾，《廣羣輔錄》（濟南：齊魯書社，一九九七）。
徐泓，《聖明極盛之世?：明清社會史論集》（臺北：聯經出版公司，二〇二一）。

浙江采訪忠義局（編），《浙江忠義錄》（揚州：廣陵書社，二〇〇七）。
海天、肖煒，《沉重的轉身：晚清文人實錄》（北京：中國友誼出版社，二〇〇九）。
海登．懷特（著），張萬娟、陳永國（譯／編），《後現代歷史敘事學》（北京：中國社會科學院出版，二〇〇三）。
袁韶，《錢塘先賢傳贊》（臺北：藝文印書館印行，一九六五－一九七〇）。
陝西省教育廳編審室（編），《陝西鄉賢事略》（揚州：廣陵書社，二〇〇七）。
馬子木，《清代大學士傳稿（一六三六－一七九五）》（濟南：山東教育出版社，二〇一三）。
馬其昶，《桐城耆舊傳》（揚州：廣陵書社，二〇〇七）。
國史館（編），《滿名臣傳》（臺北：台聯國風出版社，一九七〇）。
國史館（編），《漢名臣傳》（臺北：明文書局，一九八五）。
國家圖書館古籍館（編），《中國古代地方人物傳記匯編》（北京：燕山出版社，二〇〇八）。
國家圖書館地方志家譜文獻中心，《清代民國名人家譜選刊續編》（北京：燕山出版社，二〇〇六）。
國家圖書館特藏組（編），《臺灣歷史人物小傳：明清時期》（臺北：國家圖書館，二〇〇一）。
張玉法，《近代變局中的歷史人物》（北京：九州出版社，二〇一九）。
張宏杰，《飢餓的盛世：乾隆時代的得與失》（臺北：廣場出版，二〇一五）。
張朋園，《知識分子與近代中國的現代化》（南昌：百花洲文藝出版社，二〇〇二）。
張星徽，《歷代名吏錄》（濟南：齊魯書社，一九九七）。
張國驥，《清嘉慶道光時期政治危機研究》（長沙：嶽麓書社，二〇一二）。

張維驤，《清代毗陵名人小傳稿》（揚州：廣陵書社，二〇〇七）。
張慧劍，《明清江蘇文人年表》（上海：上海古籍出版社，一九八六）。
張麗婕，《清朝那些人》（北京：新世界出版社，二〇〇七）。
曹文奇（編），吳國柱（繪），《清前史人物圖譜》（瀋陽：遼寧民族出版社，二〇〇七）。
梁乙真，《民族英雄百人傳》（臺北：青年出版社，一九三九）。
梁廷燦、于士雄（編），《歷代名人生卒年表》（北京：北京圖書館出版社，二〇〇二）。
梁啟超，《中國歷史研究法》（長沙：湖南人民出版社，二〇一〇）。
梁啟超，《中國歷史研究法補編》（臺北：五南圖書公司，二〇一二）。
梁啟超，《李鴻章傳》（武漢：湖北人民出版社，二〇〇四）。
梁啟超，《飲冰室合集》（北京：中華書局，一九八九）。
梁章鉅，《國朝臣工言行記》（臺北：明文書局，一九八五）。
梁霄羽，《晚清十傑》（北京：中國友誼出版公司，二〇〇七）。
盛代儒，《清代名人千家著作舉要》（北京：華夏出版社，一九九二）。
章學誠，《文史通義》（道光壬辰年版）。
習鑿齒，《襄陽耆舊記》（上海：上海古籍出版社，二〇〇二）。
許義強，《清代人物故事》（北京：北京語言大學出版社，二〇〇五）。
許雋超，《清人生平家世考》（揚州：廣陵書社，二〇一八）。
郭廷以，《近代中國的變局》（臺北：聯經出版公司，一九八七）。

郭磬（編），《中國歷代人物像傳續編》（濟南：齊魯書社，二〇一四）。

陳永明，《清代前期的政治認同與歷史書寫》（上海：上海古籍出版社，二〇一一）。

陳永霞，《清季民國時期貴州文化的變革：以人物為中心的研究》（貴陽：貴州大學出版社，二〇一六）。

陳伯陶，《勝朝粵東遺民錄》（揚州：廣陵書社，二〇〇七）。

陳祖武（編），《乾嘉名儒年譜》（北京：北京圖書館出版社，二〇〇六）。

陳捷先，《清史事典》（北京：紫禁城出版社，二〇一〇）。

陳鳴鐘（編），《清代南京學術人物傳》（南京：南京大學出版社，二〇〇三）。

陳學霖，《明代人物與傳說》（香港：香港中文大學出版社，一九九七）。

陳繼聰，《忠義紀聞錄三十卷》（臺北：明文書局，一九八五）。

陸丹林（著），蔡登山（增訂），《晚清民國名人志：從康有為到張大千》（臺北：獨立作家，二〇一五）。

傅軍龍、李柏田、竹天潤，《晚清文化地圖：一八四〇至一九一一年的中國文化人》（北京：團結出版社，二〇〇六）。

曾國藩（著），石晶（編），《曾國藩點評歷史人物》（北京：中國人事出版社，二〇一一）。

溫廷敬，《明季潮州忠逸傳》（揚州：廣陵書社，二〇〇七）。

程美寶，〈「Whang Tong」的故事：在域外撿拾普通人的歷史〉，《史林》，二〇〇三年第二期，頁一〇六—一一六。

程美寶，《遇見黃東：十八至十九世紀珠江口的小人物與大世界》（香港：中華書局，二〇二一）。

費有容，《分類清代人物論》（上海：沅益書社，一九一六）。

費行簡，《近代名人小傳》（臺北：文海出版社，一九六七）。
馮恕，《庚子辛亥忠烈像贊》（出版地缺：出版社缺，一九三四）。
馮爾康，《清代人物傳記史料研究》（北京：商務印書館，二〇〇〇）。
黃佐，《廣州人物傳》（臺南：莊嚴文化事業有限公司，一九九六）。
楊東甫、楊驥，《清代廣西巡撫列傳》（桂林：廣西師範大學出版社，二〇一四）。
萬國編輯部，《明清傳記文選》（臺北：萬國圖書公司，一九五六）。
葉明、石軍，《大清風雲人物》（北京：中國長安出版社，二〇〇六）。
葉衍蘭、葉恭綽（編），陳祖武（校補），《清代學者象傳校補》（北京：商務印書館，二〇一七）。
葛虛存，《清代名人軼事》（上海：會文堂新記書局，一九三三）。
賈蕊華，《傳統與現代之間：晚清人物評介》（廣州：暨南大學出版社，二〇一三）。
廖曉晴，《清代文化名人傳略》（瀋陽：遼海出版社，二〇一七）。
滿學研究會（編），《清代帝王后妃傳》（北京：中國華僑出版公司，一九八九）。
熊湘，〈史家看文人：文史關係下的身分認同及批評意義〉，《中南大學學報》，第二十五卷第三期，二〇一九年五月，頁一六〇－一六七。
端木橋，《清初嶺南三大家》（廣州：廣東人民出版社，二〇〇六）。
趙昌智，《揚州學派人物評傳》（揚州：廣陵書社，二〇〇七）。
趙爾巽，《光宣列傳》（臺北：文海出版社，一九七四）。
齊汝萱，《清代秘密會黨人物研究》（臺北：文史哲出版社，二〇一四）。

劉廷鑾、孫家蘭（編），《山東明清進士通覽》（瀟南：山東文藝出版社，二〇一五）。

劉邵，《人物志》（南京：江蘇人民出版社，二〇一九）。

劉剛，《晚清兩江總督傳略》（廣州：廣東人民出版社，二〇〇三）。

劉龍心，《學術與制度：學科體制與現代中國史學的建立》（臺北：遠流出版公司，二〇〇二）。

潘光旦，《明清兩代嘉興的望族》（上海：商務印書館，一九四七）。

潘光哲，《華盛頓在中國：製作「國父」》（臺北：三民書局，二〇〇六）。

潘光哲，《華盛頓神話與近代中國政治文化》（臺北：國史館，二〇二〇）。

潘挹奎，《武威耆舊傳》（揚州：廣陵書社，二〇〇七）。

蔡卓之，《中國一百仕女》（北京：中國青年出版社，二〇一三）。

蔡冠洛，《清史列傳》（臺北：啟明書局，一九六五）。

蔡登山，《情義與隙末：重看晚清人物》（臺北：新銳文創，二〇二〇）。

蔣希賢，《長元鄉賢小志》（揚州：廣陵書社，二〇〇七）。

蔣維明，《明清巴蜀人物述評》（成都：巴蜀書社，二〇〇五）。

鄧占雲，《清代的一百個老百姓》（北京：中國文史出版社，二〇〇九）。

鄭永福、呂美頤，《晚近歷史人物論稿》（鄭州：大象出版社，二〇一五）。

鄭吉雄，《近三百年歷史：人物與思潮》（臺北：臺灣學生書局，二〇一三）。

鄭貞文，《閩賢事略初稿》（揚州：廣陵書社，二〇〇七）。

鄭樵，《鄭樵文集》（北京：書目文獻出版社，一九九二）。

震鈞（撰），蔣遠橋（校），《清朝書人輯略》（上海：上海書畫出版社，二〇二〇）。
歷史研究編輯部（編），《明清人物論集》（成都：四川人民出版社，一九八三）。
遲雙明，《辛棄疾詞全鑑》（北京：中國紡織出版社，二〇二〇）。
錢穆，《中國歷史研究法》（北京：新華書店，二〇〇一）。
閻崇年，《清朝皇帝列傳》（北京：紫禁城出版社，二〇〇七）。
戴海斌，《晚清人物叢考》（北京：三聯書店，二〇一八）。
戴逸，《清代人物研究》（北京：故宮出版社，二〇一四）。
鞠寶兆、曹瑛（編），《清代醫林人物史料輯纂》（瀋陽：遼寧科學技術出版社，二〇一三）。
韓明輝，《民國風流：大人物的情與傷》（太原：北岳文藝出版社，二〇一七）。
韓瑞麟，《文縣耆舊傳》（揚州：廣陵書社，二〇〇七）。
瞿林東，《中國史學史綱》（臺北：五南圖書公司，二〇〇二）。
羅伽，《清代名人傳》（上海：教育書店，一九三七）。
譚慧生，《清代偉人傳記》（廣西：百成書店，一九六八）。
嚴懋功，《清代徵獻類編》（北京：中華書局，一九六八）。
蘇文，《晚清民國人物另類檔案》（北京：中華書局，二〇〇六）。
蘇同炳，《中國近代史上的關鍵人物（全二冊）》（天津：百花文藝出版社，二〇〇〇）。
蘇同炳，《清代史事與人物》（臺北：臺灣商務印書館，一九九六）。
蘇州大學圖書館（編），《耆獻寫真：蘇州大學圖書館藏清代人物圖像選》（北京：中國人民大學出版社，二〇〇八）。

蘇慶彬，《清史稿全史人名索引》（北京：中華書局，二〇一五）。

龔肇智，《嘉興明清望族》（北京：方志出版社，二〇一一）。

第一章

《民報臨時增刊・天討》（收入黃季陸主編，《中華民國史料叢編》〔臺北：中國國民黨中央委員會黨史史料編纂委員會，一九八三〕，第四冊）。

《清實錄》（北京：中華書局，一九八五－一九八七）。

David Pong, *Shen Pao-chen and China's Modernization in the Nineteenth Century* (Cambridge: Cambridge University Press, 1994).

Fairbank, John K., Kwang-ching Liu (Eds.), *The Cambridge History of China, vol. 10, Late Ch'ing, 1800-1911* (Cambridge, England; New York: Cambridge University Press, 1995).

Halbwachs, Maurice; Francis J. Ditter Jr. and Vida Yazdi Ditter (trans), T*he Collective Memory* (New York: Harper and Row, 1980).

Kwang-ching Liu, Samuel C. Chu (Eds.), *Li Hung-chang and China's Early Modernization* (New York: M.E. Sharpe Inc., 1994).

Porter, Jonathan, *Tseng Kuo-fan's Private Bureaucracy* (Berkeley: Center for Chinese Studies, University of California, 1972).

Ssu-yü Teng, John King Fairbank, *China's Response to the West: A Documentary Survey, 1839-1923* (New York: Atheneum, 1954).

凡禹，《李鴻章：晚清的裱糊匠》（北京：華文出版社，二〇一七）。

止水，《左宗棠傳》（北京：中國華僑出版社，二〇一六）。

王之平，《曾胡左兵學綱要》（北京：北京中獻拓方科技發展有限公司，二〇一二）。

王先謙，《東華續錄．咸豐朝》（據復旦大學圖書館藏清光緒十六年〔一八九〇〕陶氏籀三倉室刻本影印；《續修四庫全書》，第三七六－三七八冊）。

王汎森，《中國近代思想與學術的系譜》（石家莊：河北教育出版社，二〇〇一）。

王第，《晚清三傑》（石家莊：花山文藝出版社，二〇一六）。

王爾敏，《淮軍志》（臺北：中央研究院近代史研究所，一九六七）。

王鍾翰，《清史列傳》（北京：中華書局，一九八七）。

王闓運，《湘綺樓全集》（據光緒三十三年〔一九〇七〕墨莊劉氏長沙刻本影印，《續修四庫全書》，第一五六八冊，〈集部．別集類〉）。

王韜，《弢園文錄外編》（據天津圖書館藏清光緒九年〔一八八三〕鉛印本影印；《續修四庫全書》，第一五五八冊）。

加島祥造、古田島洋介，《袁枚：十八世紀中国の詩人》（東京：平凡社，一九九九）。

史夢蘭，《爾爾書屋詩草》（據遼寧省圖書館藏清光緒元年〔一八七五〕止園刻本影印；《續修四庫全書》，第一五四一冊）。

左宗棠（著），任光亮、朱仲岳（編），《左宗棠未刊書牘》（長沙：岳麓書社，一九八九）。
左宗棠（著），劉泱泱等（編），《左宗棠全集》（長沙：岳麓書社，二〇一四）。
左宗棠，《左宗棠全集》（長沙：岳麓書社，二〇〇九）。
甘險峰，《中國漫畫史》（濟南：山東畫報出版社，二〇〇八）。
皮錫瑞，《師伏堂春秋講義》（據北京大學圖書館藏清宣統元年〔一九〇九〕鉛印本影印；《續修四庫全書》，第一四八冊）。
朱孔璋，《中興將帥別傳》（收入《近代中國史料叢刊》，卷一一二）。
朱壽朋，《光緒朝東華錄》（北京：中華書局，一九八四）。
朱維錚，《求索真文明——晚清學術史論》（上海：上海古籍出版社，一九九六）。
江銘忠，《清代畫史補錄》（收入周駿富編，《清代傳記叢刊》，第七十九冊）。
池子華，《曠世名相曾國藩》（合肥：安徽人民出版社，二〇〇八）。
何茂春、師曉霞，《中國歷代外交家》（北京：中國經濟出版社，一九九三）。
何貽焜，《曾國藩評傳》（臺北：正中書局，一九七〇）。
余英時（著），沈志佳（編），《歷史人物考辨》，收入《余英時文集·第九卷》（廣西：廣西師範大學出版社，二〇〇六）。
吳汝綸（撰），施培毅、徐壽凱（校），《吳汝綸全集》（合肥：黃山書社，二〇〇二）。
吳汝綸著，吳闓生（編），《桐城吳先生（汝綸）文集》（據光緒三十年〔一九〇四〕本影印，收入《近代中國史料叢刊》〔臺北：文海出版社，一九六九〕，第三六五冊）。

呂賢基，《呂文節公（鶴田）奏議》（據光緒三十年（一九〇四）本影印，收入《近代中國史料叢刊》（臺北：文海出版社，一九六七），第七十二冊）。
局中門外漢（張祖翼），《倫敦竹枝詞》（據光緒十四年（一八八八）觀自得齋叢書本影印；《叢書集成續編》（臺北：新文豐出版公司，一九八九），第二四五冊）。
志剛，《初使泰西記》（長沙：岳麓書社，一九八五）。
李放，《皇清書史》（收入周駿富編，《清代傳記叢刊》，第八十三冊）。
李金銓，《文人論政：知識分子與報刊》（桂林：廣西師範大學出版社，二〇〇八）
李恩涵，《左宗棠收復新疆的幾次重要戰役》（新加坡：新加坡國立大學中文系，一九八四）。
李書春，《清李文忠公鴻章年譜》（臺北：臺灣商務印書館，一九七八）。
李提摩太（著）；李先堂、侯林莉（譯），《親歷晚清四十五年：李提摩太在華回憶錄》（南京：江蘇人民出版社，二〇一八）。
李鼎芳，《曾國藩及其幕府人物》（香港：遠東出版社，一九六七）。
李劍農，《中國近百年政治史》（臺北：臺灣商務印書館，一九七四）。
李瀚章，《曾國藩全集》（北京：中國華僑出版社，二〇〇三）。
李靈年、楊忠（編），《清人別集總目》（合肥：安徽教育出版社，二〇〇〇）。
汪兆鏞，《碑傳集三編》（收入周駿富編，《清代傳記叢刊》，第一二六冊）。
汪衍振，《一代名臣曾國藩》（北京：北京大學出版社，二〇一五）。
周佳榮，《新民與復興：近代中國思想論》（香港：香港教育圖書公司，一九九九）。

尚小明，《學人游幕清代學術》（北京：社會科學文獻出版社，一九九九）。

抱璞藝術文編全組（編），《名賢墨寶：曾左李林名賢墨寶輯錄》（臺北：抱璞國際，二〇一七）。

金梁，《近世人物志》（北京：北京圖書館出版社，二〇〇七）。

俞樾，《春在堂詩編》（據光緒二十五年〔一八九九〕墨莊劉氏長沙刻本影印，《續修四庫全書》，第一五六八冊）。

俞樾，《春在堂襍文》（收入《春在堂全書》，第四冊）。

奕訢，《欽定剿平粵匪方略》（據清光緒內府鉛活字本影印；《續修四庫全書》，第四〇三－四一二冊，〈史部·紀事本末類〉）。

柯愈春，《清人詩文集總目提要》（北京：北京古籍出版社，二〇〇二）。

胡林翼，《胡文忠公遺集》（據華東師範大學圖書館藏清同治六年〔一八六七〕刻本影印；《續修四庫全書》，第一五四〇－一五四一冊）。

胡濱，《賣國賊李鴻章》（上海：新知識出版社，一九五五）。

茅海建，《天朝的崩潰：鴉片戰爭再研究》（北京：三聯書店，一九九五）。

凌林煌，《曾國藩幕賓探究》（臺北：特優社，二〇一八）。

唐振常，《半拙齋古今談》（太原：山西教育出版社，一九九八）。

唐浩明，《大清名相曾國藩》（北京：北京聯合出版公司，二〇一六）。

徐世昌，《晚清簃詩匯》（北京：中國書店，一九八九）。

徐志頻，《左宗棠與李鴻章》（北京：現代出版社，二〇二二）。

徐志頻，《震盪晚清六名臣》（北京：團結出版社，二〇一七）。
徐珂，《清稗類鈔》（北京：中華書局，一九八四）。
徐哲身，《晚清三傑》（臺北：新文豐出版社，一九八一）。
徐潤，《清徐雨之先生潤自敘年譜：一名愚齋自敘年譜》（臺北：臺灣商務印書館，一九八一）。
徐鋒華，《補天術：大變局中的李鴻章》（杭州：浙江大學出版社，二〇一七）。
祝勇，《一八九四，悲情李鴻章》（南京：江蘇文藝出版社，二〇一三）。
秦燕春，《清末民初的晚明想象》（北京：北京大學出版社，二〇〇八）。
袁基亮，《中興名臣：曾國藩》（臺北：驛站文化出版，二〇〇二）。
馬平安，《大變局下的晚清君臣》（北京：團結出版社，二〇一八）。
馬曉坤，《清季淳儒：俞樾傳》（杭州：浙江人民出版社，二〇〇五）。
高伯雨，《中興名臣曾胡左李：李鴻章周游列國》（香港：波文書局，一九七七）。
高鴻志，《李鴻章與甲午戰爭前中國的近代化建設》（合肥：安徽大學出版社，二〇〇八）。
張朋園，《梁啟超與清季革命》（臺北：中央研究院近代史研究所，一九九九）。
張家昀，《功過難斷李鴻章》（臺北：印刻文學，二〇〇九）。
張家昀，《左宗棠：近代陸防海防戰略的實行家》（臺北：聯鳴文化有限公司，一九八一）。
張家昀，《誤國能臣李鴻章》（臺北：萬象圖書股份有限公司，一九九六）。
張祖佑（輯），林紹年（鑑訂），《張惠肅公年譜》（臺北：廣文書局，一九七一）。
張祖翼，《清代野記》（北京：中華書局，二〇〇七）。

張舜徽，《清人文集別錄》（北京：中華書局，一九八〇）。
梁小進，《左宗棠研究著作述要》（長沙：湖南大學出版社，二〇一二）。
梁思光，《李鴻章賣國史》（天津：知識書店，一九五一）。
章君穀，《咸同十傑》（臺北：皇冠出版社，一九七一）。
章炳麟，《章太炎全集》（上海：上海人民出版社，一九八五）。
許瑤光，《上元初集》，載其《雪門詩草》（據上海辭書出版社圖書館藏清同治十三年〔一八七四〕刻本影印；《續修四庫全書》〔上海：上海古籍出版社，一九九五〕，第一五四六冊）。
郭崑燾（編），《八賢手札》（臺北：武學書局，一九五七）。
陳乃乾，《清代碑傳文通檢》（北京：中華書局，一九五九）。
陳乃乾（編），丁寧、何文廣、雷夢水（補編），《室名別號索引》（北京：中華書局，一九八二）。
陳永和，《晚清重臣李鴻章：中興名臣左宗棠》（北京：中國戲劇出版社，二〇〇五）。
陳其元，《庸閑齋筆記》（臺北：臺灣商務印書館，一九七六）。
陳忠倚（輯），《皇朝經世三編》（據光緒壬寅〔一九〇二〕上海書局刊本影印；〔臺北：文海出版社，一九七二〕，卷四）。
陳明福，《晚清名將左宗棠全傳》（北京：軍事科學出版社，二〇〇九）。
陳衍，《石遺室文集》（據天津圖書館藏清刻本影印；《續修四庫全書》，第一五七六冊）。
陳壽恆，《清代中興名將左宗棠》（臺北：拔提書局，一九五六）。
陳澹然，《權制》（據一九〇二版影印；收入《近代中國史料叢刊》，卷一九七）。

陶湘編，《昭代名人尺牘續集小傳》（收入周駿富編，《清代傳記叢刊》〔臺北：明文出版社，一九八五〕，第三十三冊）。
傅嵐，《走在救國與誤國之間的人：李鴻章》（武漢：華中科技大學出版社，二〇一五）。
曾國藩（著），王啟原（校），《求闕齋日記類鈔》（北京：朝華出版社，二〇一八）。
曾國藩（著），梁啟超（編），《曾文正公嘉言鈔》（昆明：雲南人民出版社，二〇一六）。
曾國藩（著），賈泓傑，王誠偉（編），《曾國藩日記》（北京：九州出版社，二〇一四）。
曾國藩，《冰鑑》（南京：江蘇鳳凰美術出版社，二〇一五）。
曾國藩，《曾文正公家書》（北京：團結出版社，二〇一二）。
費正清、劉廣京（編），中國社會科學院歷史研究所（譯），《劍橋中國史：晚清篇，一八〇〇—一九一一》（北京：社會科學出版社，二〇〇七）。
黃漢昌，《李鴻章家族百年縱橫》（武漢：崇文書局，二〇一一）。
黃遠林，《百年漫畫》（北京：現代出版社，二〇〇四）。
楊廷福、楊同甫編，《清人室名別稱字號索引》（上海：上海古籍出版社，一九八八）。
楊逸，《海上墨林》（上海：上海古籍出版社，一九八九）。
楊慎之（編），《左宗棠研究論文集》（長沙：岳麓書社，一九八六）。
董蔡時，《左宗棠評傳》（北京：中國社會科學出版社，一九八四）。
賈小葉，《晚清大變局中督撫的歷史角色——以中東部若干督撫為中心的研究》（上海：上海書店出版社，二〇〇八）。

鄒容，《革命軍》（北京：中華書局，一九五八）。
雷祿慶，《李鴻章新傳》（臺北：文海出版社，一九八三）。
雷頤，《李鴻章與晚清四十年：歷史漩渦裏的重臣與帝國》（太原：山西人民出版社，二〇〇八）。
裴章傳，《大清重臣李鴻章》（合肥：安徽文藝出版社，二〇〇八）。
趙焰，《晚清三部曲之二：李鴻章》（香港：中華書局（香港）有限公司，二〇一一）。
趙爾巽，《清史稿》（北京：中華書局，一九七七）。
劉申寧，《評說李鴻章》（合肥：安徽人民出版社，二〇〇八）。
劉緒義，《晚清危局中的曾國藩》（北京：中國戲劇出版社，二〇〇九）。
劉憶江，《李鴻章年譜長編》（保定：河北大學出版社，二〇一五）。
劉憶江，《曾國藩評傳》（北京：經濟日報出版社，二〇〇八）。
劉體智，《異辭錄》（北京：中華書局，一九九七）。
潘小平，《前朝舊事：晚晴風雲人物》（合肥：安徽教育出版社，二〇一三）。
蔡東杰，《李鴻章與清季中國外交》（臺北：文津出版社，二〇〇一）。
蔡冠洛，《清代七百名人傳》（收入周駿富編，《清代傳記叢刊》，第一九六冊）。
鄭文東，《文化符號域理論研究》（武漢：武漢大學出版社，二〇〇七）。
黎庶昌（編），《清曾文正公（國藩）年譜》（臺北：臺灣商務印書館，一九七八）。
蕭一山，《曾國藩傳》（南京：江蘇人民出版社，二〇一五）。
駱秉章，《清駱秉章先生自敘年譜》（臺北：臺灣商務印書館，一九七八）。

薛福成，《庸庵筆記》（據天津圖書館藏清光緒二十三年〔一八九七〕遺經樓刻本影印；《續修四庫全書》，第一一八二冊）。
薛福成，《庸菴文編》（據清光緒十四年〔一八八八〕本影印；收入《近代中國史料叢刊》，卷九四三）。
羅正鈞（編），朱悅、朱子南（校），《左宗棠年譜》（長沙：岳麓書社，一九八三）。
羅斌、王海山，《李鴻章全傳》（呼和浩特：內蒙古文化出版社，二〇一〇）。
竇宗一（儀），《李鴻章年（日）譜》（香港：友聯書報發行公司，一九六八）。

第二章

Adler, Hans (ed.), *A Companion to the Works of Johann Gottfried Herder* (Rochester: Camden House, 2009).
Allen, Robert C., *The British Industrial Revolution in Global Perspective* (Cambridge: Cambridge University Press, 2009).
Benjamin, Andrew, *The Problems of Modernity: Adorno and Benjamin* (London; New York: Routledge, 1991).
Berlin, Isaiah, *Vico and Herder: Two Studies in the History of Ideas* (New York: Viking Press, 1976).
Berman, Marshall, *All that is Solid Melts into Air: The Experience of Modernity* (London: Verso, 1983, c1982).
Calinecau, Metei, *Faces of Modernity: Avant-Garde* (Bloomington: Indiana University Press, 1977).
Cohen, Paul A., *Discovering History in China: American Historical Writing on the Recent Chinese Past* (New York: Columbia University Press, 1984).
Crossley, Pamela Kyle, *What is Global History?* (Cambridge: Polity, 2008).
Draper, John William, *History of the Intellectual Development of Europe* (New York: Harper & Brothers, 1863).

Eyerman, Ron, Lennart G. Svennson, and Thomas Söderqvist, *Intellectuals, Universities, and the State in Western Modern Societies* (Berkeley: University of California Press, 1987).

Fairbank, John King (ed.), *The Chinese World Order: Traditional China's Foreign Relations* (Cambridge, Mass.: Council on East Asian Studies, Harvard University Press, 1968).

Frisby, David, *Fragments of Modernity: Theories of Modernity in the Work of Simmel, Kracauer, and Benjamin* (Cambridge: Polity Press, 1985).

Guo, Wu, *Zheng Guanying: Merchant Reformer of Late Qing China and his Influence on Economics, Politics, and Society* (Amherst: Cambria Press, 2010).

Harrison, Charles, *Modernismus* (Ostfildern-Ruit: Hatje Cantz Verlag, 2001).

Jansen, Marius B. (ed.), *Changing Japanese Attitudes toward Modernization* (Princeton: Princeton University Press, 1965).

Keßler, Martin (ed.), *Johann Gottfried Herder: Aspekte seines Lebenswerks* (Berlin: de Gruyter Verlag, 2005).

Lewis, Pericles, *The Cambridge Introduction to Modernism* (Cambridge; New York: Cambridge University Press, 2007).

Löchte, Anne, *Johann Gottfried Herder: Kulturtheorie und Humanitätsidee der Ideen, Humanitätsbriefe und Adrastea* (Würzburg: Königshausen & Neumann Verlag, 2005).

Mitchell, Timothy (ed.), *Questions of Modernity* (Minneapolis: University of Minnesota Press, 2000).

Ping-ti Ho, *Studies on the Population of China, 1368-1953* (Cambridge, MA: Harvard University Press, 1959).

Pomeranz, Kenneth, Steven Topik, *The World that Trade Created: Society, Culture, and the World Economy, 1400 to the Present* (Armonk, New York: M.E. Sharpe, 1999).

Pyle, Kenneth B., *The New Generation in Meiji Japan: The Problem of Cultural Identity, 1885-1895* (Stanford: Stanford University Press, 1969).

Walker, Kathy Le Mons, *Chinese Modernity and the Peasant Path* (Stanford: Stanford University Press, 1999).

Wendt, Reinhard, *Vom Kolonialismus zur Globalisierung: Europa und die Welt seit 1500* (Paderborn; München; Wien; Zürich: Schöningh Verlag, 2007).

Wright, Harrison. M., *The New Imperialism: Analysis of Late Nineteenth-Century Expansion* (Boston: Heath Publication, 1961).

丁鳳麟，《薛福成》（南京：江蘇古籍出版社，一九八三）。

丁鳳麟，《薛福成評傳》（南京：南京大學出版社，一九九八）。

中華文化復興運動總會編，《曾國藩，郭嵩燾，王韜，薛福成，鄭觀應，胡禮垣》（臺北：臺灣商務印書館，一九九九）。

王汎森，《中國近代思想與學術的系譜》（臺北：聯經出版公司，二〇〇三）。

王爾敏，〈商戰觀念與重商思想〉，《中央研究院近代史研究所集刊》，第五期（一九七六年六月），頁一－九二。

王爾敏，《薛福成，鄭觀應》（臺北：臺灣商務印書館，一九七九）。

王霆震，《古文集成》（載《景印文淵閣四庫全書》〔上海：上海古籍出版社，一九八七〕，第一三五九冊）。

朱維錚，《走出中世紀》（上海：人民出版社，一九八七）。

池田英泉，《風俗士農工商》（京都：川口屋卯兵衛，一八二〇）。

西順蔵，《洋務運動と変法運動》（東京：岩波書店，一九七七）。
何良俊，《四友齋叢說》（北京：中華書局，一九五九）。
何炳棣，《中國歷代土地數字考實》（臺北：聯經出版公司，一九九五）。
余英時，《中國近世宗教倫理與商人精神》（臺北：聯經出版公司，二〇〇四）。
余英時，《史學與傳統》（臺北：允晨文化實業股份有限公司，二〇二一年再版）。
李相玉，《士農工商의生活》（漢城：教文社，一九六四）。
李陳順妍，〈晚清的重商主義運動〉，《中央研究院近代史研究所集刊》，第三期（上），一九七二年七月，頁二〇七－二二二。
杜甫，《杜工部集》（臺北：新文豐出版公司，一九七九）。
汪榮祖，〈「天地之盜」：明清帝國生態危機綜說〉，《中國文化研究所學報》，第五十一期，二〇一〇年七月，頁八七－一一五。
和田幸司，〈「士農工商」的身分観の払拭をめざす社会科歴史授業開発〉，《翰苑》，第六期，二〇一六年十一月，頁一三九－一五四。
奈良本辰也，《武士、官吏：仕事と暮らし江戸明治》（東京：平凡社，一九七九）。
奈良本辰也，《商人：仕事と暮らし》（東京：平凡社，一九七九）。
岡本隆司、箱田恵子、青山治世，《出使日記の時代：清末の中国と外交》（名古屋：名古屋大学出版会，二〇一四）。
岡田章雄、豊田武、和歌森太郎（編），《日本の歴史：士農工商》（東京：読売新聞社，一九五九）。

岡和田常忠，〈青年論と世代論〉，《思想》，號五一四，一九六七年四月，頁四四五－四六五。
易春秋，〈薛福成工商立國思想述論〉，《臨沂師範學院學報》，第二十六卷第五期，二〇〇四年十月，頁三七－四〇。
易惠莉，《鄭觀應評傳》（南京：南京大學出版社，二〇一一）。
林發欽，《思索踐行：鄭觀應與近代中國》（澳門：澳門理工學院，二〇一九）。
芳賀徹，《西洋の衝撃と日本》（東京：東京大学出版会，一九七三）。
近代中國研究委員會（編），《左宗棠、張之洞、薛福成、張謇奏議目錄》（東京：近代中國研究委員會，一九五六）。
邵建，《一個上海香山人的人際交往：鄭觀應社會關係網研究》（上海：上海辭書出版社，二〇一四）。
金觀濤、劉青峰，《興盛與危機：論中國社會超穩定結構》（香港：中文大學出版社，一九九二）。
青山治世，《近代中国の在外領事とアジア》（名古屋：名古屋大学出版会，二〇一四）。
星山京子，《徳川後期の攘夷思想と「西洋」》（東京：風間書房，二〇〇三）。
胡代聰，《晚清時期的外交人物和外交思想》（北京：世界知識出版社，二〇一二）。
凌曙，《公羊禮疏》（臺北：藝文印書館，一九八六）。
張俊萍，《薛福成出使日記中的英國形象》（南昌：江西高校出版社，二〇一二）。
深谷克己，《士農工商の世》（東京：小学館，一九八八）。
清水勝太郎，《士農工商：幕藩制下の四民の生活》（東京：評論社，一九七七）。
章太炎（著），徐復（注），《旭書詳註》（上海：上海古籍出版社，二〇〇〇）。

郭嵩燾、曾紀澤、薛福成、何天柱（編），《三星使書牘》（上海：廣智書局，一九二三）。
陳昌遠，《中國歷史地理簡編》（開封：河南大學出版社，一九九一）。
陳洪英，〈新四民論——試論唐五代文人對士農工商的新認識〉，《柳州師專學報》，第二十三卷第四期，二〇〇八年八月，頁二八－三〇。
陳群松，《宏謀報國一書生：薛福成評傳》（香港：超媒體出版有限公司，二〇一四）。
植松忠博，〈士農工商論における中日比較〉，《国民経済雑誌》，第一七三期四號，一九九六年四月，頁一五－三〇。
植松忠博，《士農工商：儒教思想と官僚支配》（東京：同文館出版，一九九七）。
程大昌，《考古篇》（上海：商務印書館，一九三九）。
程公說，《春秋分記》（載《景印文淵閣四庫全書》，第一五四冊）。
程文德，《程文恭公遺稿》（據浙江圖書館藏明萬曆十二年〔一五八四〕程光裕刻本影印；《四庫全書存目叢書》〔臺南：莊嚴文化事業有限公司，一九九七〕，第九十冊）。
華立，《清代新疆農業開發史》（哈爾濱：黑龍江教育出版社，一九九八）。
費成康，《薛福成》（上海：上海人民出版社，一九八三）。
黃樹生，《薛福成文學評傳》（南京：東南大學出版社，二〇一〇）。
楊海雲，〈淺析薛福成的重商思想〉，《湖南省政法管理幹部學院學報》，第十八卷第二期，二〇〇二年十二月，頁一六九－一七〇，一九八。
管仲，《管子》（上海：上海古籍出版社，一九八七）。

劉悅斌，《薛福成外交思想研究》（北京：學苑出版社，二〇一一）。
劉聖宜，《近代強國之路的探索者：鄭觀應》（廣州：廣東人民出版社，二〇〇六）。
德富豬一郎，《德富蘇峰集》（東京：改造社，一九三〇）。
歐陽修，《新唐書》（北京：中華書局，一九七五）。
鄧景濱，《鄭觀應叢考》（澳門：澳門理工學院，二〇一六）。
鄭玄，《周禮》（臺北：臺灣商務印書館，一九八三－一九八六）。
鄭觀應，《盛世危言》（北京：華夏出版社，二〇〇二）。
鄭觀應，《盛世危言新編》（據湖北省圖書館藏清光緒二十三年〔一八九七〕成都刻本影印；《續修四庫全書》〔上海：上海古籍出版社，一九九五〕）。
薛福成（著），丁鳳麟、王欣之（編），《薛福成選集》（上海：上海人民出版社，一九八七）。
薛福成（著），蔡少卿（整理），《薛福成日記》（長春：吉林文史出版社，二〇〇四）。
薛福成（編），《捻亂彙錄》（臺北：古亭書屋，一九七五）。
薛福成，《出使日記續刻》（長沙：岳麓書社，一九八五）。
薛福成，《出使奏疏》（北京：朝華出版社，二〇一八）。
薛福成，《出使英、法、義、比四國日記》（長沙：岳麓書社，一九八五）。
薛福成，《浙東籌防錄》（北京：朝華出版社，二〇一八）。
薛福成，《庸庵文編．外編》（臺北：文海出版社，一九七三）。
薛福成，《庸庵海外文編》（據上海圖書館藏清光緒刻庸庵全集本影印；《續修四庫全書》〔上海：上海古籍出版社，一九九五），第一五六二冊）。
薛福成，《滇緬劃界圖說》（臺北：成文出版社有限公司，一九七四）。
薛福成，《薛福成日記》（長沙：吉林文史出版社，二〇〇八）。
薛福成，《籌洋芻議》（北京：朝華出版社，二〇一七）。

第三章

Elman, Benjamin A., *A Cultural History of Civil Examinations in Late Imperial China* (Berkeley, California: University of California Press, 2000).
Folsom, Kenneth E., *Friends, Guests and Colleagues: The Mu-fu System in the Late Ch'ing Period* (Berkeley: University of California Press, 1968).
Fried, Morton H., *Fabric of Chinese Society: A Study of Social Life of a Chinese County Seat* (London: Atlantic Press, 1956).
Ocko, Jonathan K., *Bureaucratic Reform in Provincial China: Ting Jih-ch'ang in Restoration Kiangsu, 1867-1870* (Cambridge, Mass. and London: Harvard University Press, 1983).
T'ung-tsu Ch'u, *Local Government in China under the Ch'ing* (Cambridge, Mass.: Harvard University Press, 1962).
Yang Lien-sheng, "The Concept of Pao as a Basic for Social Relations in China," in John King Fairbank (ed.), *Chinese Thought and Institutions* (Chicago: University of Chicago Press, 1957), pp. 291-309.
丁日昌（著），范海泉（整理），《百蘭山館古今體詩》（廣州：廣東省社會科學院，一九八七）。
丁日昌（編），范海泉、劉治安（校），《丁禹生政書》（香港：志濠印刷公司，一九八七）。

文廷式著，汪叔子編，《文廷式集》（北京：中華書局，一九九三）。
方道，《曾國藩做人性格絕學》（北京：中國華僑出版社，二〇〇三）。
牛秋實、范展、高順艷，《李鴻章幕府》（北京：中國廣播電視出版社，二〇〇五）。
王先謙，《東華續錄．咸豐朝》（據清光緒十六年〔一八九〇〕陶氏籀三倉室刻本影印；《續修四庫全書》，〈史部．編年類〉，第三七六冊）。
王曼雋，《李鴻章和他同時代的人》（上海：上海錦繡文章出版社，二〇一一）。
王繼平，《曾國藩的思想與事功》（湘潭：湘潭大學出版社，二〇〇八）。
古鴻廷，《清代官制研究》（臺北：五南圖書公司，二〇〇五）。
史林，《曾國藩和他的幕僚》（北京：中國言實出版社，二〇〇三）。
田澍，《曾國藩與湖湘文化》（長沙：湖南大學出版社，二〇〇四）。
任立達、薛希洪，《中國古代官吏考選制度史》（青島：青島出版社，二〇〇三）。
全增祐，〈清代幕僚制度論〉，《思想與時代》，第三十二卷，一九四四年二月，頁二九。
成曉軍，《風雨晚清：曾國藩與他的精英們》（北京：團結出版社，二〇〇九）。
成曉軍，《晚清第一智庫：曾國藩的幕僚們》（上海：東方出版中心，二〇〇〇）。
成曉軍，《晚清第一智庫：曾國藩的幕僚們》（臺北：捷幼出版，二〇〇二）。
朱志勇、李永鑫（編），《紹興師爺與中國幕府文化》（北京：人民出版社，二〇〇七）。
朱東安，《曾國藩集團與晚清政局》（瀋陽：遼寧人民出版社，二〇一七）。
江世榮編，《曾國藩未刊信稿》（北京：中華書局，一九五九）。

江村，《丁日昌生平大事紀》（廣州：廣東人民出版社，一九八八）。
何烈，《清咸、同時期的財政》（臺北：國立編譯館中華叢書編審委員會，一九八一年。
吳道鎔（纂），盧尉猷（修），《海陽縣志》（清光緒二十六年〔一九〇〇〕刊本；臺北：成文出版社，一九六七）。
呂實強，《丁日昌與自強運動》（臺北：中央研究院近代史研究所，一九七二）。
李志茗，《晚清四大幕府》（上海：上海人民出版社，二〇〇二）。
李志茗，《晚清幕府：變動社會中的非正式製度》（上海：上海社會科學院出版社，二〇一八）。
李喬，《中國的師爺》（北京：商務印書館國際有限公司，一九九五）。
李劍農，《中國近百年政治史》（臺北：臺灣商務印書館，一九七四）。
李輝，《老師曾國藩學生李鴻章》（北京：中國工人出版社，二〇一〇）。
李鴻章、吳汝綸（編），《李文忠公朋僚函稿》（臺北：文海出版社，一九六七）。
李鴻章、吳汝綸（編），《李鴻章奏議目錄》（東京：近代中國研究委員會，一九五五）。
汪輝祖，《佐治藥言》（北京：中華書局，一九八五）。
汪輝祖，《病榻夢痕錄》（臺北：臺灣商務印書館，一九八〇）。
阮元（校），《十三經注疏》（北京：中華書局，一九八〇年第一版，二〇〇八年第八版）。
尚小明，《學人游幕與清代學術》（北京：社會科學文獻出版社，一九九九）。
邱澎生，〈明清訟師的興起及其官司致勝術〉，《歷史人類學學刊》，第七卷（二〇〇九），頁三一－七一。
邱澎生，〈以法為名：明清訟師與幕友對法律秩序的衝擊〉，《新史學》，第十五卷，第四期，二〇〇四年，頁九三－一四八。
邱澎生，〈真相大白？明清刑案中的法律推理〉，收入熊秉真（編），《讓證據說話——中國篇》（臺北：麥田出版公司，二〇〇一），頁一三五－一九八。
邵之棠（編），《皇朝經世文統編》（光緒二十七年〔一九〇一〕上海寶善齋刊本；臺北：文海出版社，一九七九）。
姜正成，《大清幕僚故事》（北京：中國文史出版社，二〇二〇）。
若尾正昭，《清朝・大官の幻影——李鴻章と丁日昌》（東京：透土社，一九九七）。
孫生，〈門生舉主之關係與漢室覆亡〉，《西北民族學院學報》（哲學社會科學版），一九九九年第四期，一九九九年四月，頁五二－五八。
孫淑彥，《丁日昌先生年譜》（哈爾濱：黑龍江人民出版社，二〇〇六）。
馬昌華主編，《淮系人物列傳：文職・北洋海軍・洋員》（合肥：黃山書社，一九九五）。
崇效天，《仕途師徒：曾國藩與李鴻章》（武漢：華中科技大學出版社，二〇一三）。
崑岡等；吳樹梅等纂，《欽定大清會典事例》（上海：上海古籍出版社，一九九五）。
常樺，《曾國藩居官筆記》（武漢：華中師範大學出版社，二〇一二）。
張宏杰，《曾國藩的友人與敵人》（北京：國際文化出版公司，二〇一四）。
張集馨，《道咸宦海見聞錄》（北京：中華書局，二〇〇八）。
張雲，韓洪泉，《曾國藩與湘軍》（瀋陽：遼寧人民出版社，二〇〇八）。
盛康（編），《皇朝經世文續編》（同治六年〔一八六七〕重校本；臺北：文海出版社，一九七九）。

眭達明，《清朝三大幕》（南昌：江西人民出版社，二〇一五）。
章學誠，《章學誠遺書》（據吳興劉氏嘉業堂本影印；北京：文物出版社，一九八五）。
莫友之，《持靜齋藏書記要》（戊午季春廣州華英書局印本）。
郭潤濤，《官府、幕友與書生——「紹興師爺」研究》（北京：中國社會科學出版社，一九九六）。
陳明福，《左宗棠傳略》（北京：軍事科學出版社，二〇一二）。
陳鐵軍，〈晚清幕府的特點及歷史影響——試以曾國藩、李鴻章幕府為例〉，《紹興文理學院學報》，第二十六卷第一期，二〇〇六年二月，頁一—一六。
陸方、李之渤，《晚清淮系集團研究：淮軍、淮將和李鴻章》（長春：東北師範大學出版社，一九九三）。
陸其國，《晚清民國談逸錄》（上海：學林出版社，二〇一七）。
傅宗懋，《清代督撫制度》（臺北：國立政治大學出版社，一九六三）。
寒波，《李鴻章與曾國藩》（上海：上海人民出版社，二〇〇四）。
曾仕強，《曾國藩識人用人之道》（北京：北京聯合出版公司，二〇一四）。
曾國藩（著），常萬里（編），《曾國藩處事謀略》（長沙：湖南人民出版社，二〇一四）。
曾國藩（著），鍾叔河（輯），《曾國藩往來家書全編》（北京：中央編譯出版社，二〇一一）。
曾國藩，《曾文正公書札》（據清光緒二年〔一八七六〕傳忠書局刻增修本影印；《續修四庫全書》，〈集部・別集類〉，第一五三八冊）。
曾國藩，《湘鄉曾氏文獻》（臺北：臺灣學生書局，一九六五）。
湘潭大學曾國藩研究中心（編），《湘淮人物與晚清社會》（北京：社會科學文獻出版社，二〇一一）。

賀濤，《賀先生文集》（據民國三年〔一九一四〕徐世昌刻本影印；《續修四庫全書》，〈集部・別集類〉，第一五六七冊）。
閔爾昌，《碑傳集補》（收入周駿富，《清代傳記叢刊》〔臺北：明文出版社，一九八五〕，卷一二〇－一二三）。
楊國強，《義理與事功之間的徊徨》（北京：三聯書店，二〇〇八）。
楊聯陞，《中國文化中報、保、包之意義》（香港：中文大學出版社，一九八七）。
葛曙（纂），許普濟（重纂），吳鵬（續纂），《續修豐順縣志》（光緒十年〔一八八四〕刻本）。
雷頤，《一個人和一個帝國：李鴻章與晚清四十年》（香港：三聯書店（香港）有限公司，二〇一一）。
趙春晨，《晚清洋務活動家：丁日昌》（廣州：廣東人民出版社，二〇〇七）。
劉俠，《曾國藩用人之道》（新北：新潮社，二〇一一）。
劉建強，《曾國藩幕府》（北京：中國廣播電視出版社，二〇〇五）。
劉虹，《中國選士制度史》（長沙：湖南教育出版社，一九九二）。
劉剛，《曾國藩與兩江總督署》（南京：南京出版社，二〇〇一）。
劉錦藻，《清朝續文獻通考》（上海：商務印書館，一九三六）。
劉體智，《異辭錄》（北京：中華書局，二〇〇七）。
歐陽躍峰，《人才薈萃：李鴻章幕府》（長沙：岳麓書社，二〇〇一）。
歐陽躍峰，《李鴻章和他的幕僚們》（北京：團結出版社，二〇一三）。
蔡鍔（輯），肖玉葉（編），《曾胡治兵語錄》（桂林：漓江出版社，二〇一四）。

鄭偉章、李萬健，《中國著名藏書家傳略》（北京：書目文獻出版社，一九八六）。
黎庶昌，《曾國藩編年大傳》（合肥：安徽人民出版社，二〇一三）。
鮑永軍，《一代名幕汪輝祖》（杭州：杭州出版社，二〇一四）。
繆全吉，《清代幕府人事制度》（臺北：中國人事行政月刊社，一九七一）。
薛福成，〈敘曾文正公幕府賓僚〉，收入《筆記小說大觀十二編》（臺北：新興書局，一九八八）。
豐吉，《李鴻章與淮軍》（瀋陽：遼寧人民出版社，二〇〇八）。
羅爾綱，《綠營兵志》（北京：中華書局，一九八四）。
譚運良、譚華，《曾國藩與湘鄉》（長沙：湖南人民出版社，二〇〇九）。
龐劍鋒，《曾國藩的朋友圈》（北京：西苑出版社，二〇二〇）。
寶鋆等（修），《籌辦夷務始末．同治朝》（據一九三〇年故宮博物院影印抄本影印；臺北：文海出版社，一九七一）。
顧廷龍、戴逸主編，《李鴻章全集》（合肥：安徽教育出版社，二〇〇八）。
龔未齋（著），朱詩隱、徐慎幾（註），《新體廣註雪鴻軒尺牘》（上海：廣文書局，一九二六）。

第四章

"Morse Collection, Letter from Hart to his Commissioner," Houghton Library, Harvard University.
"Morse Letter Books (Pressed copies of Morse's Semi-Official Letters to Hart and others), Houghton Library, Harvard University.

"Secretary's Report of the Class of 1874 of Harvard College," Houghton Library, Harvard University.

Cohen, Paul A., *China and Christianity: The Missionary Movement and the Growth of Chinese Anti-Foreignism, 1860-1870* (Cambridge: Harvard University Press, 1963).

Fairbank, John King, *China: A New History* (Cambridge, Mass.: Belknap Press of Harvard University Press, 1992).

Fairbank, John King, Katherine Frost Bruner, Elizabeth MacLeod Matheson (eds.), *The I.G. in Peking: Letters of Robert Hart, Chinese Maritime Customs, 1868-1907* (Cambridge, Mass.: Harvard University Press, 1975).

Fairbank, John King, Richard J. Smith, *H.B. Morse: Customs Commissioner and Historian of China* (Kentucky: The University Press of Kentucky, 1995).

Fairbank, John King, *Trade and Diplomacy on the China Coast: the Opening of the Treaty Ports, 1842-1854* (Cambridge: Harvard University Press, 1953).

Gaske, Elisabeth, *Das Bismarcks Missionäre: Deutsche Militärinstrukture in China, 1884-1890* (Wiesbaden: Harrassowitz, 2002).

Immanuel C.Y. Hsü, *The Rise of Modern China* (Oxford; New York: Oxford University Press, 1999).

Kuhn, Philip A., *Rebellion and its Enemies in Late Imperial China: Militarization and Social Structure, 1796-1864* (Cambridge, Mass.: Harvard University Press, 1970).

Leffman, David, *The Mercenary Mandarin: How a British Adventurer became a General in Qing Dynasty China* (Hong Kong: Blacksmith Books, 2016).

Mak, Ricardo K. S., "Western Advisers and Late Qing Chinese Military Modernization: A Case Study of Constantin von

Hanneken (1854-1925)," *The Journal of Northeast Asian History*, vol. 10 no. 2 (Winter, 2013), pp. 47-70.

Morse, Hosea Ballou, *The Chronicles of the East India Company: Trading to China, 1635-1834* (Oxford: The Clarendon Press, 1926-1929).

Morse, Hosea Ballou, *The Trade and Administration of China* (London: Russell, 1967).

Morse, Hosea Ballou, Farnsworth MacNair Harley, *Far Eastern International Relations* (Boston: Houghton Mifflin Company, 1931).

Morse, Hosea Ballou, *Some Problems of the Chinese Republic: Being Certain Papers on Extraterritoriality and the Present position in China* (London: Central Asian Society, 1928).

Morse, Hosea Ballou, *The International Relations of the Chinese Empire: The Period of Conflict* (New York and London: Longmans, Green & Co., 1910).

Morse, Hosea Ballou, "British Trade in China," *Journal of the Royal Society of Arts*, vol. 68, no. 3498 (December 5, 1919), pp. 34-44.

Morse, Hosea Ballou, *In the Days of the Taipings: An Historical Retrospect. Being the Recollections of Ting Kienchang otherwise Meisun, sometime Scoutmaster and Captain in the Ever-Victorious Army and Interpreter-in-chief to General Ward and General Gordon* (Salem, Mass.: Essex Institute, 1927).

Morse, Hosea Ballou, "Book Review: *Histoire de l'Extrême-Orient*," *Journal of the Royal Asiatic Society of Great Britain and Ireland*, no. 3 (July, 1931), pp. 700-701.

Morse, Hosea Ballou, "Book Review: *Book Review: China and the Occident: The Origin and Development of the Boxer*

Movement," *Journal of the Royal Asiatic Society of Great Britain and Ireland*, no. 2 (April, 1928), pp. 459-461.

Morse, Hosea Ballou, "Book Review: *The Penetration of Money Economy in Japan and Its Effects upon Social and Political Institutions*," *The English Historical Review*, vol. 43, no. 170 (April, 1928), pp. 275-277.

Morse, Hosea Ballou, "Book Review: *Raffles, 1781-1826*," *Journal of the Royal Asiatic Society of Great Britain and Ireland*, no. 2 (April, 1927), pp. 385-388.

Morse, Hosea Ballou, "Book Review: *China To-Day: Political*," *Journal of the Royal Asiatic Society of Great Britain and Ireland*, no. 2 (April, 1928), p. 459.

Morse, Hosea Ballou, "The Provision of Funds for the East India Company's Trade at Canton during the Eighteenth Century," *Journal of the Royal Asiatic Society of Great Britain and Ireland*, no. 2 (April, 1922), pp. 227-255.

Morse, Hosea Ballou, "Book Review: *Economics of the Silk Industry: A Study in Industrial Organization*," *Journal of the Royal Asiatic Society of Great Britain and Ireland*, no. 2 (October, 1920), pp. 620-622.

Morse, Hosea Ballou, "Book Review: *Tsêng Kuo-fan and the Taiping Rebellion*," *The English Historical Review*, vol. 43, no. 171 (July, 1928), pp. 447-449.

Morse, Hosea Ballou, "Book Review: *International Rivalries in Manchuria, 1689-1922*," *The English Historical Review*, vol. 43, no. 169 (January, 1928), pp. 126-128.

Morse, Hosea Ballou, "The New Constitution of China," *Journal of Comparative Legislation and International Law*, vol 1. no. 3 (January, 1919), pp. 183-195.

Morse, Hosea Ballou, "Book Review: *The Development of Extraterritoriality in China*," *The English Historical Review*, vol.

44, no. 175 (July, 1929), pp. 479-482.

Morse, Hosea Ballou, "Book Review: *China and the Occident: The Origin and Development of the Boxer Movement*," *Journal of the Royal Asiatic Society of Great Britain and Ireland*, vol. 60 no. 2 (April, 1928), pp. 459-461.

Morse, Hosea Ballou, *The Gilds of China: With an Account of the Gild Merchant or Co-hong of Canton* (London: Longmans, Green & Co., 1909).

Morse, Hosea Ballou, "The Provision of Funds for the East India Company's Trade at Canton during the Eighteenth Century," *Journal of the Royal Asiatic Society of Great Britain and Ireland*, vol. 54 no. 2 (April, 1924), pp. 227-255.

Morse, Hosea Ballou, "The Factories at Canton, 1807," *Journal of the Royal Asiatic Society of Great Britain and Ireland*, vol. 59 no. 2 (April, 1927), pp. 313-315.

Morse, Hosea Ballou, "A Chinese Court of Justice," *Journal of the Royal Asiatic Society of Great Britain and Ireland*, vol. 54 no. 4 (October, 1922), pp. 573-575.

Ralston, David B., *Importing the European Army: The Introduction of European Military Techniques and Institutions into the Extra-European World, 1600-1914* (Chicago: The University of Chicago Press, 1990).

Schmidt, Vera, *Aufgabe und Einfluss der europäischen Berater in China: Gustav Detring (1842-1913) im Dienste Li Hung-changs* (Wiesbaden: Harrassowitz, 1984).

Smith, Richard J., "Hart's Man on the Margins: The Diplomatic and Advisory Role of H.B. Morse, 1874-1907 (Final Version)" (文章發表於the Third International Conference on the History of Chinese Maritime Customs)

Smith, Richard J., "The Employment of Foreign Military Talents: Chinese Tradition and the Late Ch'ing Practice," *Journal of the Hong Kong Branch of the Royal Asiatic Society*, vol.15 (1975), pp, 113-138.

Smith, Richard J., *China's Cultural Heritage: The Qing Dynasty, 1644-1912* (Colorado, Oxford: Westview Press, Inc., 1994), p. 137.

Smith, Richard J., John K. Fairbank, Katherine F. Bruner (eds.), *Entering the China's Service: Robert Hart and China's Early Modernization: His Journals, 1863-1866* (Cambridge, Mass.: East Asian Studies, Harvard University, 1991).

Spence, Jonathan D., *The Search for Modern China* (New York: Norton, 1999).

Spence, Jonathan D., *To Change China: Western Advisers in China, 1620-1960* (New York: Penguin Books, 1980).

Ssu-yu Teng, John King Fairbank, *China's Response to the West: A Documentary Survey, 1839-1923* (Cambridge, Mass.: Harvard University Press, 1979).

von Hanneken, Constantin, Rainer Falkenberg (ed.), *Briefe aus China 1879-1886: Als deutscher Offizier im Reich der Mitte* (Köln: Böhlau, 1998).

Wang Yi, *Constantin von Hanneken in China* (St. Ingbert: Röhrig Universitätsverlag, 2015).

Waugh, John C., *The Class of 1846, From West Point to Appomattox: Stonewall Jackson, George McClellan and Their Brothers* (New York: Ballantine Books Inc, 2000).

Williams, C.A.S., *Chinese Tribute* (London: Literary Services and Production, 1969).

Wright, Stanley F., *Hart and the Chinese Customs* (Belfast: Mullan, 1950).

小鍾，《大清洋帥漢納根：一個德國貴族在中國的傳奇》（南京：鳳凰出版社，二〇〇九）。

夫馬進，《中国東アジア外交交流史の研究》（京都：京都大学学術出版会，二〇〇七）。

王元深，《聖道東來考》（香港：出版社缺，一八九九）。
田川，《李鴻章外交得失錄》（南京：譯林出版社，二〇一一）。
白春岩，《李鴻章の対日観：「日清修好条規」を中心に》（東京：成文堂，二〇一五）。
吉田宇之助，《李鴻章》（東京：民友社，一九〇一）。
朱滸，《洋務與賑務：盛宣懷的晚清四十年》（北京：中國人民大學出版社，二〇二一）。
汪衍振，《大清皇商盛宣懷：一個超越胡雪巖的紅頂商人》（武漢：華中科技大學出版社，二〇一四）。
沈定平，《明清之際中西文化交流史——明代：調適與會通》（北京：商務印書館，二〇〇一）。
岡本隆司，《李鴻章：東アジアの近代》（東京：岩波書店，二〇一一）。
金丸裕一，《近代中国と企業・文化・国家》（東京：ゆまに書房，二〇〇九）。
崔瑞德、牟復禮（編），張書生等（譯），《劍橋中國明代史》（北京：中國社會科學院出版社，一九九二）。
張廷玉，《明史》（北京：中華書局，一九七四）。
張恩龍，《明清兩代外人來華考略》（香港：中山圖書公司，一九七二）。
張暢、劉悅著，《李鴻章的洋顧問：德璀琳與漢納根》（新北：傳記文學出版社股份有限公司，二〇一二）。
章開沅（編），《傳播與植根：基督教與中西文化交流論集》（廣州：廣東人民出版社，二〇〇五）。
靳會永，《晚清第一外交官李鴻章傳》（北京：企業管理出版社，二〇一四）。
劉晉秋，《李鴻章的軍事顧問：漢納根傳》（上海：文匯出版社，二〇一一）。
劉鵬超，《晚清政局研究：以奕劻為視角》（長春：吉林大學出版社，二〇二〇）。
蔡爾康（輯），林樂知譯，《李傅相（鴻章）歷聘歐美記》（臺北：文海出版社，一九七二）。

鄭潔、劉文鵬，《李鴻章外交之道》（西安：陝西師範大學出版社，二〇〇二）。
錢鋼，《海葬：大清海軍與李鴻章》（香港：中華書局〔香港〕有限公司，二〇一四）。
錢鍾書（編），李天綱（校），《萬國公報文選》（香港：三聯書店〔香港〕有限公司，一九九八）。
謝洪賚，《中國耶穌教小史》（上海：基督教青年協會書報部，一九一八）。
顧衛民，《基督教與近代中國社會》（上海：上海人民出版社，一九九六）。

第五章

"Morse Collection, Letter from Hart to his Commissioner," Houghton Library, Harvard University.
"Morse Letter Books (Pressed copies of Morse's Semi-Official Letters to Hart and others), Houghton Library, Harvard University.
"Morse Letter Books: Morse's semiofficial Letters to Hart and Others," Houghton Library, Harvard University.
Elman, Benjamin A., "Who Is Responsible for the Limits of Jesuit Scientific and Technical Transmission from Europe to China in the Eighteenth Century," in Clara Wing-chung Ho (ed.), *Windows on the Chinese World: Reflections by Five Historians* (Lanham: Rowman & Littlefield Publishers, Inc., 2009), pp. 45-66.
Lee Yur-Bok, *West Goes East: Paul Georg Von Möllendorff and Great Power Imperialism in Late Yi Korea* (Honolulu: University of Hawaii Press, 1988).
Mizruchi, Mark S., Michael Schwartz, *Intercorporate Relations: The Structural Analysis of Business* (Cambridge, UK; New York: Cambridge University Press, 1987).

Moellendorff R. von, *P.G. von Moellendorff: Ein Lebensbild* (Leipzig: Otto Harrassowitz, 1930).

方豪（編），《馬相伯（良）先生文集・續編・新編》（臺北：文海出版社，一九七二）。

方豪，《馬相伯（良）先生文集・續編・新編》（收入《近代中國史料叢刊》〔臺北：文海出版社，一九七二〕，第七七六冊）。

王家儉，〈琅威理（Capt. William M. Lang）之借聘來華及其辭職風波〉，載氏著《中國近代海軍史論集》（臺北：文史哲出版社，一九八四），頁六一－九三。

王海棻，《馬氏文通與中國語法學》（合肥：安徽教育出版社，一九九八）。

呂章申（編），《中國近代留法學者傳》（北京：紫禁城出版社，二〇〇八）。

朱傳譽，《馬相伯傳記資料》（臺北：天一出版社，一九八一）。

朱維錚，《馬相伯傳》（上海：復旦大學出版社，二〇〇五）。

吳曉明，《復旦先賢教育思想論集》（北京：三聯書店，二〇二一）。

坂野正高，《中國近代化と馬建忠》（東京：東京大學出版會，一九八五）。

李金強、麥勁生、丁新豹、蘇維初（編），《我武維揚：近代中國海軍史新論》（香港：政府物流服務署，二〇〇四）。

宗有恒、夏林根，《馬相伯與復旦大學》（太原：山西教育出版社，一九九六）。

尚秉和，《辛壬春秋》（香港：文藝書屋，一九七〇）。

岡本隆司，《馬建忠の中国近代》（京都：京都大学学術出版会，二〇〇七）。

孫玄常，《馬氏文通札記》（合肥：安徽教育出版社，一九八四）。

馬昌華，《淮系人物列傳：文職．北洋海軍．洋員》（合肥：黃山書社，一九九五）。
馬建忠，《東行三錄》（石家莊：河北教育出版社，一九九六）。
馬建忠，《東行初錄》（臺北：廣文書局，一九六四）。
馬建忠，《東行續錄》（成都：巴蜀書社，二〇〇〇）。
馬建忠，《法國海軍職要》（武昌：質學會，一八九七）。
馬建忠，《馬氏文通》（上海：商務印書館，一九三九）。
馬建忠，《勘旅順記》（北京：中華書局，二〇一二）。
馬建忠，《朝俄交界考》（香港：蝠池書院出版有限公司，二〇〇七）。
馬建忠，《適可齋記言》（上海：上海古籍出版社，二〇〇二）。
張若谷，《馬相伯（良）先生年譜》（臺北：文海出版社，一九七一）。
戚其章，〈琅威理與北洋海軍〉，《近代史研究》，一九九八年第六期（一九九八年十月），頁五三－七二。
陳虬，《治平通議》（據北京大學圖書館藏清光緒十九年〔一八九三〕甌雅堂刻本影印，《續修四庫全書》，〈子部．儒家類〉第九五二冊）。
曾潤梅，《馬建忠的維新思想》（香港大學碩士論文，一九八七）。
黃樹林，《馬相伯故事》（上海：上海文藝出版社，二〇一二）。
經元善，《居易初集》（據浙江圖書館藏清光緒二十七年〔一九〇一〕澳門鉛本影印；《續修四庫全書》〔上海：上海古籍出版社，一九九五〕，第一五六四冊）。
趙長天，《孤獨的外來者：大清海關總稅務司赫德》（上海：文匯出版社，二〇〇三）。

劉體智，《異辭錄》（北京：中華書局，一九八八）。
蔣文野，《馬建忠編年事輯》（石家莊：河北教育出版社，一九八八）。
鄭大華（編），《采西學議：馮桂芬、馬建忠集》（瀋陽：遼寧人民出版社，一九九四）。
薛玉琴、劉正偉，《馬相伯，馬建忠，馬玉章》（石家莊：河北教育出版社，二〇〇三）。
薛玉琴，《近代思想前驅者的悲劇角色：馬建忠研究》（北京：中國社會科學出版社，二〇〇六）。
魏揚波，《馬相伯：中國教育改革的先驅》（香港：香港中文大學崇基學院宗教與中國社會研究中心，二〇〇二）。

第六章

"Morse Collection, Letters from Hart to his Commissioners," Houghton Library, Harvard University.
"Morse Letter Books, Pressed Copies of Morse's Semiofficial Letters to Hart and Others," Houghton Library, Harvard University.
"Secretary's Report of the Class of 1874 of Harvard Colleague," Houghton Library, Harvard University.
Allee, Mark A., *Law and Local Society in Late Imperial China: Norther Taiwan in the Nineteenth Century* (Stanford: Stanford University Press, 1994).
Bourdieu, Pierre, *Language and Symbolic Power* (Cambridge: Polity Press, 1991).
Crichton-Browne, James, *The Life of Sir Halliday Macartney, K.C.M.G.: Commander of Li Hung Chang's Trained Force in the Taiping Rebellion, Founder of the First Chinese Arsenal, for Thirty Years Councillor and Secretary to the Chinese*

Legation in London (London ; New York: J. Lane, 1908).

Elman, Benjamin A., *A Cultural History of Civil Examination in Late Imperial China* (Berkeley and Los Angeles: University of California Press, 2000).

Hevia, James L., *English Lesson: The Pedagogy of Imperialism in Nineteenth-Century China* (Durham: Duke University Press; Hong Kong: Hong Kong University Press, 2003).

Huxley, Aldous Leonard, *Evolution and Ethics, and Other Essays* (Bristol: Thoemmes Press, 2001).

Ichisada Miyazaki, translated by Conrad Schirokauer, *China's Examination Hell: The Civil Service Examinations of Imperial China* (New Haven: Yale University Press, 1981).

Lang, Olga, *Chinese Family and Society* (New Haven: Yale University Press, 1946).

Morse, H. B., *In the Days of the Taipings* (Salem, Mass.: Essex Institute, 1927).

Rantoul, Robert S., *Frederick Townsend Ward: Organizer and First Commander of the Ever Victorious Army in the Tai Ping Rebellion* (Salem, Mass.: Printed for the Essex Institute, 1908).

Stanley, C. John, *Late Ch'ing Finance: Hu Kuang-yang as an Innovator* (Cambridge, Mass., East Asian Research Center, Harvard University, 1961).

Teng, Emma, *Taiwan's Imagined Geography: Chinese Colonial Travel Writing and Pictures, 1683-1895* (Cambridge, Mass.: Harvard University Press, 2006).

van de Ven, Hans, *Breaking with the Past: The Maritime Customs Service and the Global Origins of Modernity in China* (New York: Columbia University Press, 2014).

Wortham, Hugh Evelyn, *Chinese Gordon* (Boston: Little, Brown, 1933).

中央研究院近代史研究所編，《海防檔》（臺北：中央研究院近代史研究所，一九五七）。

井振武，《留美幼童與天津》（天津：天津人民出版社，二〇一六）。

尹全海，《清代渡海巡台制度研究》（北京：九州出版社，二〇〇七）。

王世慶，《清代臺灣社會經濟》（臺北：聯經出版公司，一九九四）。

王德昭，《清代科舉制度研究》（香港：中文大學出版社，一九八二）。

申治稷，《留美學童》（貴陽：貴州教育出版社，二〇一五）。

江勇振，《楚材晉育：中國留美學生，一八七二－一九三一》（臺北：聯經出版公司，二〇二二）。

吳倫霓霞，何佩然，《中國海關史論文集》（香港：香港中文大學崇基學院，一九九七）。

宋邦強，《劉銘傳與臺灣》（福建：福建教育出版社，二〇〇七）。

李天鳴，《軍機處奏摺錄副臺灣原住民史料彙編》（臺北：國立故宮博物院，二〇〇九）。

李其霖，《清代臺灣軍工戰船廠與軍工匠》（新北：花木蘭文化，二〇一三）。

李國祁，〈中法戰爭期間劉銘傳在北臺灣迎戰法軍始末——根據法國檔案及當時外人記載所作檢討〉，載《歷史月刊》，一九〇期，二〇〇三年十一月，頁四一－四五。

周宗賢，《清代臺灣海防經營的研究》（臺北：渤海堂文化公司，一九九一）。

松浦章，《清代臺灣海運發展史》（臺北：博揚文化事業有限公司，二〇〇二）。

林呈蓉，〈殖民地臺灣的「條約改正」：一八九五年淡水海關接收過程中的「永代借地權」問題〉，載周宗賢主編，《淡水學學術研討會：過去、現在、未來論文集》（臺北：國史館，一九九九），頁一六七－一八九。

林炳昌，《八股文之研究》（奧克蘭：美國舊金山棠棣出版社，二〇〇二）。
林滿紅，《茶糖樟腦業與晚清臺灣》（臺北：臺灣銀行，一九七八）。
洪安全（編），《清宮月摺檔臺灣史料》（臺北：國立故宮博物院，一九九四－一九九五）。
洪安全（編），《清宮廷寄檔臺灣史料》（臺北：國立故宮博物院，一九九八）。
洪安全（編），《清宮洋務始末臺灣史料》（臺北：國立故宮博物院，一九九九）。
胥端甫，《劉銘傳抗法保臺史》（臺北：臺灣商務印書館，一九六七）。
若林正丈、吳密察（編），《跨界的臺灣史研究：與東亞史的交錯》（臺北：播種者文化有限公司，二〇〇四）。
韋伯著，簡惠美譯，《中國的宗教：儒教與道教》（臺北：遠流出版公司，一九八九）。
唐贊袞，《臺陽見聞錄》（南投：臺灣省文獻委員會，一九九六）。
夏良才，《近代中外關係史研究概覽》（天津：天津教育出版社，一九九一）。
夏東元編，《鄭觀應集》（上海：上海人民出版社，一九八二）。
荒川淺吉，〈阿片吸食の風〉，載臺灣省文獻委員會編，《臺灣慣習記事：中譯本》（臺中：臺灣省文獻委員會，一九八四），卷四，頁六六。
馬士著，謙祥譯：〈一八八二－一八九一年臺灣淡水海關報告書〉，載臺灣銀行經濟研究室編，《臺灣經濟史六集》（臺北：臺灣銀行，一九五七），頁八五－一〇七。
馬幼垣，《靖海澄疆：中國近代海軍史事考詮》（臺北：聯經出版公司，二〇〇九）。
馬昌華，《淮系人物列傳：文職．北洋海軍．洋員》（合肥：黃山書社，一九九五）。

高明士（編），《戰後臺灣的歷史學研究，一九四五－二〇〇〇》（臺北：行政院國家科學委員會，二〇〇四）。

高傳棋，《清代臺北交通：穿山越洋貫東西》（臺北：臺北市民政局文獻委員會，二〇〇八）。

商衍鎏，《清代科舉考試述錄》（臺北：文海出版社，一九七五）。

張翔（編），《清代臺灣檔案史料全編》（北京：學苑出版社，一九九九）。

曹永和，《臺灣早期歷史研究》（臺北：聯經出版公司，二〇〇〇）。

莊吉發，《海疆鎖鑰：故宮檔案與清代臺灣史研究》（臺北：文史哲出版社，二〇二〇）。

許丙丁，《清代臺灣人物誌》（臺南：海東山房，一九五八）。

許毓良，《清代臺灣軍事與社會》（北京：九州出版社，二〇〇八）。

許毓良，《清代臺灣海防》（北京：社會科學文獻出版社，二〇〇三）。

連心豪，〈三〇年代臺灣海峽上走私與海關緝私〉，《中國社會經濟史研究》，一九九七年第三期，一九九七年九月，頁六四－七三。

郭廷以，《臺灣史事概說》（臺北：正中書局，一九五八）。

陳小沖，〈日本國內殖民地臺灣史研究述評〉，載《臺灣研究集刊》，二〇〇四年第一期，二〇〇四年一月，頁八三－八八。

陳孔立，《臺灣歷史綱要》（北京：九州出版社，二〇二〇）。

陳玉美，〈馬士（H.B. Morse, 1855-1934）與臺灣（一八九二－一八九五）〉，臺灣史青年學者國際研討會會議論文（由國立政治大學臺灣史研究所，日本東京大學總合文化研究科，日本一橋大學大學言語社會研究科主辦，於二〇〇八年三月二十三至二十五日假世新會館舉行）。
陳在正，《清代臺灣史研究》（廈門：廈門大學出版社，一九八六）。
陳秋坤，《清代臺灣土著地權：官僚，漢佃與岸裡社人的土地變遷，一七〇〇－一八九五》（臺北：中央研究院近代史研究所，二〇〇九）。
曾伯華，《八股文研究》（臺北：文政出版社，一九七〇）。
湯熙勇，《清代臺灣文官的任用方法及其相關問題》（臺北：中央研究院三民主義研究所，一九八八）。
黃富三、古偉瀛、蔡采秀（編），《臺灣史研究一百年：回顧與研究》（臺北：中央研究院臺灣史研究所籌備處，一九九七）。
楊熙，《清代臺灣：政策與社會變遷》（臺北：天工書局，一九八五）。
臺灣史料集成編輯委員會（編），《清代臺灣關係諭旨檔案匯編》（臺北：文建會，二〇〇四）。
蔡志展，《清代臺灣水力開發研究》（臺中：昇朝出版社，一九八〇）。
鄭用錫，《淡水廳志稿》（臺北：遠流出版公司，二〇〇六）。
穆彰阿（著），臺灣史料集成編輯委員會（編），《清一統志臺灣府》（臺北：行政院文化建設委員會，二〇〇七）。
賴福順，《鳥瞰清代臺灣的開拓》（臺北：日創社文化事業有限公司，二〇〇七）。
戴寶村，《帝國的入侵：牡丹社事件》（臺北：自立晚報，一九九三）。
戴寶村，《清季淡水開港之研究》（臺北：臺灣師範大學歷史研究所，一九八四）。
濱下武志，〈中國海關史關係資料目錄〉，載《中國近代經濟史研究——清末海關財政と開港場市場圈》（東京：東京大學東洋文化研究所，一九八九），頁六四一－七一六。

謝紀康，〈丁日昌對臺灣防務的探討——以電報等洋務建設為例〉，載《育達科大學報》，二十二期，二〇一〇年三月，頁六五－八八。

羅志田，《民族主義與近代中國思想》（臺北：東大圖書公司，一九九八）。

譚樹林，〈馬士及其中國近代對外關係史研究〉，《史學史研究》，二〇〇四年第四期，二〇〇四年十二月，頁五七－六五。

寶鋆等（修），《籌辦夷務始末．同治朝》（臺北：文海出版社，一九七一）。

蘇梅芳，〈劉銘傳的自強維新思想與抱負〉，載《國立成功大學歷史學報》二十二期，一九九六年十二月，頁一二九－一六一。

歷史與現場 322

手挽銀河水：清季人物、歷史與記憶

作者	布琮任
主編	王育涵
責任企畫	郭靜羽
美術設計	江孟達工作室
內頁排版	張靜怡
總編輯	胡金倫
董事長	趙政岷
出版者	時報文化出版企業股份有限公司 108019 臺北市和平西路三段 240 號 7 樓 發行專線｜ 02-2306-6842 讀者服務專線｜ 0800-231-705 ｜ 02-2304-7103 讀者服務傳真｜ 02-2302-7844 郵撥｜ 1934-4724 時報文化出版公司 信箱｜ 10899 臺北華江橋郵局第 99 信箱
時報悅讀網	www.readingtimes.com.tw
人文科學線臉書	http://www.facebook.com/humanities.science
法律顧問	理律法律事務所｜陳長文律師、李念祖律師
印刷	家佑印刷有限公司
初版一刷	2022 年 10 月 21 日
定價	新臺幣 420 元

ISBN 978-626-335-970-3 ｜ Printed in Taiwan

時報文化出版公司成立於一九七五年，並於一九九九年股票上櫃公開發行，於二〇〇八年脫離中時集團非屬旺中，以「尊重智慧與創意的文化事業」為信念。

手挽銀河水：清季人物、歷史與記憶／布琮任著．
-- 初版．-- 臺北市：時報文化出版企業股份有限公司，2022.010
320 面；14.8×21 公分．｜ ISBN 978-626-335-970-3（平裝）
1. CST：人物志 2. CST：清代 3. CST：中國｜ 782.17 ｜ 111014932